Dimensões da violência
Conhecimento, subjetividade e sofrimento psíquico

Mériti de Souza
Francisco Martins
José Newton Garcia de Araújo
(Orgs.)

Dimensões da violência
Conhecimento, subjetividade e sofrimento psíquico

Casa do Psicólogo®

© 2011 Casapsi Livraria e Editora Ltda.
É proibida a reprodução total ou parcial desta publicação, para qualquer finalidade, sem autorização por escrito dos editores.

1ª Edição
2011

Editores
Ingo Bernd Güntert e Juliana de Villemor A. Güntert

Assistente Editorial
Aparecida Ferraz da Silva

Capa
Carla Vogel

Projeto Gráfico e Editoração Eletrônica
Najara Lopes

Produção Gráfica
Najara Lopes

Preparação de Original
Luciane Helena Gomide

Revisão
Gabriel Madeira Fernandes

Revisão Final
Lucas Torrisi Gomediano

Dados Internacionais de Catalogação na Publicação (CIP)
(Câmara Brasileira do Livro, SP, Brasil)

Dimensões da violência: conhecimento, subjetividade e sofrimento psíquico / Mériti de Souza, Francisco M. M. C. Martins, José Newton Garcia de Araújo, organizadores. -- São Paulo : Casa do Psicólogo®, 2011.

Vários autores
Bibliografia
ISBN 978-85-8040-035-9

1. Sofrimento 2. Violência 3. Violência - Aspectos sociais 4. Violência - Aspectos psicológicos I. Souza, Mériti de. II. Martins, Francisco M. M. C.. III. Araújo, José Newton Garcia de.

11-04019	CDD - 153.8

Índices para catálogo sistemático:
1. Violência : Sofrimento psiquico : Psicologia 153.8

Impresso no Brasil
Printed in Brazil

As opiniões expressas neste livro, bem como seu conteúdo, são de responsabilidade de seus autores, não necessariamente correspondendo ao ponto de vista da editora.

Reservados todos os direitos de publicação em língua portuguesa à

Casapsi Livraria e Editora Ltda.
Rua Santo Antônio, 1010
Jardim México • CEP 13253-400
Itatiba/SP – Brasil
Tel. Fax: (11) 4524-6997
www.casadopsicologo.com.br

Sumário

Prefácio 7
  Luis Roberto Cardoso de Oliveira

Apresentação - Violência: dentro e fora de nós,
está em toda parte. 13
  Mériti de Souza, Francisco Martins e José Newton Garcia de Araujo

A Violência complexa, paradoxal e multívoca 19
  Jacqueline Barus-Michel

Violência e "ninguenidade" 35
  Francisco Martins

Violência ou dominação? 57
  Christophe Dejours

Vazio, feminino e restos..73
  Mériti de Souza

Vida e morte no pensamento social e político brasileiro
e as teses fundamentais de *Totem e tabu* : O caso
dos linchamentos..93
  Paulo Cesar Endo

Crônica de uma tragédia anunciada 103
  Maria Regina Greggio e José Newton Garcia de Araújo

Fetichização e banalização da violência: A clivagem do eu e a
"foraclusão" do sujeito..129
  Pedro Humberto Faria Campos e Denise Teles Freire Campos

6 | Dimensões da violência

Violência e supereu 151
Ana Maria Rudge

Casamento forçado, uma violência intrafamiliar: Sujeito e
subjetividade 163
Edwige Rude-Antoine

O assédio moral como expressão da violência no
local de trabalho 187
Suzana Tolfo

Trabalho docente, modo degradado de funcionamento
institucional e patologias do trabalho 207
Roberto Moraes Cruz

Reinterpretar o nazismo para pensar o contemporâneo:
Algumas pistas 223
Gérard Rabinovitch

A violência sexual intrafamiliar: A psicanálise e a lei 239
Alex Simon Lodetti e Maria Juracy F. Toneli

Violência em paralaxe 259
Gisálio Cerqueira Filho

Sobre os autores 277

Prefácio

Luis Roberto Cardoso de Oliveira[1]

Prefaciar um livro é tarefa frequentemente atribuída a pessoas renomadas no campo, ou a especialistas no tema, e nenhuma das duas qualidades se aplicaria a mim. Não tenho formação em psicologia, ou em disciplinas congêneres como a psicanálise e a psiquiatria, nem sou reconhecido por contribuições ao estudo da violência, embora já tenha escrito sobre o tema e minhas pesquisas sobre conflito e direitos de cidadania permitam alguma interlocução com os especialistas. Desse modo, tomo esta oportunidade como um convite ao diálogo, que me parece extremamente profícuo para a compreensão dos temas abordados no livro, com forte interface interdisciplinar.

No final do século XIX, Durkheim (1898) publicaria um ensaio hoje clássico procurando estabelecer fronteiras entre a psicologia e a sociologia, com o objetivo de demarcar o objeto de estudo desta última, que ainda estava se afirmando como disciplina. Com as respectivas disciplinas plenamente consolidadas neste início do século XXI, tal empreendimento não mais se justifica. Tanto para os mais como para os menos afeitos à interdisciplinaridade, a contemporaneidade demanda maior diálogo entre as disciplinas, e gostaria de sugerir algumas possibilidades interessantes de interlocução neste prefácio.

Nas ciências sociais meu lugar de fala privilegiado é o da antropologia, a partir da qual pretendo encaminhar o diálogo. Além de serem disciplinas voltadas para a pesquisa empírica com ênfase em estudos de caso e de se distinguirem pelo foco na dimensão social ou individual dos problemas em tela, antropologia e psicologia compartilham a preocupação em compreender experiências vividas, inseridas no *Lebenswelt* (mundo vivido) ou em *Lebensformen* (formas de vida) determinados, seja tomando o mundo social como um universo simbolicamente

---

[1] Professor titular e pesquisador no Departamento de Antropologia da Universidade de Brasília (UNB).

8 | Dimensões da violência

pré-estruturado (a marca da etnografia), ou o psíquico como uma dimensão importante e substancialmente autônoma do substrato biológico ou fisiológico em que está ancorado (a marca das terapias discursivas).

Na mesma direção, ambas as disciplinas privilegiam a dimensão relacional dos problemas estudados (contexto social e alteridade), e um dos artigos nesta coletânea sugere que "não existe realidade pré-discursiva...". Isto é, para a psicologia, assim como para a antropologia, a realidade estudada está embebida em símbolos ou representações, o que me levou a caracterizar o ofício do antropólogo como a atividade de "desvendar evidências simbólicas" (Anuário Antropológico, 2008).

Quando voltamos os olhos para a temática da violência, a dimensão simbólica ou psíquica do problema é particularmente realçada, pois sua compreensão é totalmente impermeável à perspectiva do observador externo, que não dá a atenção devida à percepção do ator ou do sujeito exposto aos atos de violência examinados. Como se o caráter empírico e concreto destes atos perdesse sentido e significação quando dissociado das interpretações e dos sentimentos que tornam a violência uma experiência inteligível. Assim, as várias contribuições ao volume tratam as respectivas situações de violência como envolvendo experiências de humilhação, de negação de identidade (por exemplo, "ninguenidade"), ou de sofrimento psíquico. Da mesma forma, minhas pesquisas sobre conflito e direitos de cidadania têm focalizado demandas de reparação, de respeito e de reconhecimento de direitos, as quais expressam, acima de tudo, uma insatisfação com a qualidade do elo ou vínculo social entre as partes, vivido como uma imposição do agressor e sofrido como uma experiência de violência. Nesse quadro, tenho dialogado com teorias sobre demandas de reconhecimento (Charles Taylor, 1994; Axel Honneth, 1996) e com o famoso "Ensaio sobre a dádiva", de Marcel Mauss (1925/1974), o que me permitiu caracterizar este tipo de agressão a direitos como um insulto ou ato de desconsideração.

Tanto no caso dos ensaios aqui reunidos como nos resultados de minhas pesquisas, trata-se de experiências nas quais os atos de violência implicam défices de significado para os envolvidos, vividos como uma arbitrariedade nos planos cognitivo e normativo, e sofridos como um abuso no plano das emoções ou dos sentimentos. Se, como antropólogo, tenho me interessado pela dimensão social do problema, focalizando interpretações e sentimentos intersubjetivamente compartilhados, sua compreensão não dispensa uma melhor apreensão do aspecto individual, subjetivo ou psíquico da questão. Nesse sentido, por exemplo, os traumas produzidos pelo assédio moral, pela "violência doméstica", ou por condições de trabalho que agridem sistematicamente a saúde do trabalhador, quando analisados no plano de seu impacto psíquico, permitem maior elaboração da relação entre direito, emoção e afetividade, que constituem um aspecto importante do problema. Da mesma forma, como indicam várias das contribuições a este volume, o contexto social e o diálogo com as ciências sociais em sentido amplo têm iluminado a análise psicológica das experiências de violência vividas pelos atores.

Se a relação entre identidade social e identidade individual constitui um tema tradicional de discussão entre as disciplinas, transformações recentes no mundo contemporâneo têm ampliado substancialmente o universo de situações em que essa relação tem se tornado mais relevante. Seja devido à intensificação do processo de democratização em várias partes do mundo, inclusive no Brasil, seja devido à intensificação das relações entre diferentes povos e grupos sociais como produto de processos descritos como de globalização ou de mundialização, ou ainda devido ao desenvolvimento dos meios e das tecnologias de comunicação que ampliaram incrivelmente o acesso à informação e as oportunidades de expressão ou de manifestação de pontos de vista e opiniões diversas das dos sujeitos em escala planetária, a relação entre identidade, direito(s) e cidadania tem se revelado cada vez mais complexa e abrangente. Tanto na ótica do Estado como na do cidadão, as tensões oriundas dessa relação triangular constituem uma preocupação permanente ou problemas de experiência cotidiana, como sugerem os exemplos listados a seguir: políticas de ação afirmativa; direitos de minoria; pluralismo jurídico; relações de gênero; violência doméstica; homofobia; práticas de racismo, discriminações de todo tipo etc.

Uma noção que me parece englobar a relação triangular descrita anteriormente, e que aglutinaria as dimensões social e individual do problema, é a de dignidade. Nesse sentido, gostaria de sugerir que estudos que focalizassem formas específicas de viver, perceber e representar a dignidade, ou a sua negação, tanto na dimensão social como na individual, seriam particularmente fecundos para o debate interdisciplinar, assim como para uma melhor compreensão do fenômeno da violência. De certo modo, parece-me que todas as situações discutidas neste volume e definidas como envolvendo humilhação, negação da identidade ou sofrimento psíquico seriam vividas pelo cidadão como atos de violência por negarem a sua dignidade como sujeito, o qual merece respeito e consideração.

Se a transformação da noção de honra em dignidade na passagem do Regime Antigo para a Sociedade Moderna teria viabilizado a implantação de direitos igualitários, como argumenta Charles Taylor (1994), as ideias de igualdade e de dignidade não são concebidas da mesma maneira em todos os lugares e, portanto, as demandas de tratamento adequado ou a percepção do insulto também não o seriam (Cardoso de Oliveira, no prelo). Taylor argumenta ainda que um desdobramento dessa transformação da noção de honra em dignidade seria o desenvolvimento de demandas por reconhecimento de uma identidade autêntica, tanto no plano individual como no coletivo, cuja singularidade seria exigir o reconhecimento de um valor ou de um mérito dissociado de desempenho na identidade ou no modo de ser específico daquele indivíduo ou grupo que faz a demanda.

10 | Dimensões da violência

Como sugere a literatura, tais demandas encontram pelo menos dois tipos de dificuldade para a sua satisfação: (a) não podem se constituir em direito positivo, com suporte do Estado e do respectivo sistema jurídico, na medida em que não se pode exigir ou obrigar um cidadão a reconhecer um valor ou mérito em práticas culturais de um grupo social diferente do seu, ainda que compartilhe com os seus membros o *status* de cidadão na sociedade abrangente; (b) as condições de dialogia embutidas na demanda tornam sem efeito qualquer manifestação de reconhecimento que seja apenas o produto de uma imposição jurídico-legal, a qual, inclusive, poderia ser percebida como uma agressão. Para que a demanda seja satisfeita, é necessário que aquele que reconhece o faça com convicção e que seja capaz de demonstrá-la. Em uma palavra, o reconhecimento da dignidade só pode ser produto de uma negociação cujo resultado ou satisfação nunca se dá de forma definitiva. Pois o reconhecimento é um direito e uma prática que precisam ser permanentemente cultivados para subsistirem.

Evidentemente, todas as situações tratadas nesta coletânea estão longe da ideia de negociação já mencionada, quando não se traduzem em atos de agressividade contundente, chegando mesmo em alguns casos à aniquilação do outro, como revela a discussão sobre linchamentos. Não obstante, a meu ver, o problema de fundo é o mesmo e está igualmente presente nos ensaios que abordam as relações de trabalho, o "casamento forçado", o assédio moral, a violência sexual na família, e em todos os demais. Gostaria de sugerir nesse quadro que a violência seria sempre vivida como a imposição de um símbolo inaceitável para aquele que sofre a agressão, cujo corolário seria a negação de sua dignidade enquanto ator, sujeito ou cidadão.

Não seria supérfluo concluir este prefácio enfatizando a presença de um poder ou força ilegítima em todos esses casos que envolva sistematicamente a supressão de símbolos essenciais para a compreensão das situações em tela. Há cerca de 40 anos, Jürgen Habermas propôs um paralelo interessante entre a teoria psicanalítica da neurose e situações de interação social caracterizadas por processos de comunicação sistematicamente distorcida, que encobririam relações de poder impositivas, arbitrárias e ilegítimas. Assim como o recalque no caso da neurose, ou a foraclusão no caso da psicose, os discursos da dominação no mundo social também implicam a repressão ou exclusão de símbolos do horizonte do cidadão que, no caso brasileiro, são agravadas por práticas que gostaria de caracterizar como de *exclusão discursiva*, para marcar a dificuldade do Estado e de nossas instituições públicas em ouvir (substantivamente) o cidadão sem qualquer justificativa ou explicação. Finalmente, espero que a publicação desta coletânea seja um estímulo para o diálogo interdisciplinar e contribua para a renovação dos estudos sobre violência no Brasil.

Referências bibliográficas

Durkheim, E. (1898, maio). Représentations individuelles et représentations collectives. *Revue de Métaphysique et de Morale*, tomo VI.

Habermas, J. (1970). On systematically distorted communication. *Inquiry* 3(13), 205-18.

Honneth, A. (1996). *The struggle for recognition: the moral grammar of social conflicts. Cambridge*, Massachussets: MIT Press.

Mauss, M. (1925/1974). Ensaio sobre a dádiva: forma e razão da troca nas sociedades arcaicas. In *Sociologia e antropologia* (pp. 37-184). São Paulo: Edusp.

Oliveira, L.R. Cardoso de (2008). O Ofício do Antropólogo, ou Como Desvendar Evidências Simbólicas. *Tempo Brasileiro* (pp. 9-30). Rio de Janeiro.

Oliveira, C. (no prelo) Concepções de igualdade e (des)igualdades no Brasil. In R. K. Lima; L. Eilbaum; L. Pires. (Orgs.), *Estudos sobre os processos de administração institucional de conflitos em perspectiva comparada.* [FINEP/PRONEX-CNPq-FAPERJ]. Rio de Janeiro: Garamond.

Taylor, C. (1994). The politics of recognition. In A. Gutmann (Org.), *Multiculturalism and "The politics of recognition"* (pp. 25-73). New Jersey: Princeton University Press.

Apresentação

Violência: dentro e fora de nós, está em toda parte

Seria improvável um levantamento completo dos livros, teses e artigos escritos sobre a violência e suas reverberações nos mais diversos setores da vida em sociedade, nos espaços público e privado. A amplitude e a complexidade do fenômeno, bem como sua constância na história, sempre suscitaram os esforços investigativos de estudiosos das múltiplas áreas de pesquisa e intervenção.

Por ser complexa, a noção de violência não é unívoca. Chesnais (1981) afirma que ela é mutável, muitas vezes difícil de ser definida, além de designar realidades bastante diferentes, segundo lugares, épocas, meios e circunstâncias. Ela não se limita, pois, ao sentido corrente do uso bruto da força física sobre outrem, e pode mesmo ser considerada lícita ou ilícita, em função das normas sociais que nem sempre são claramente definidas. A este respeito, Weber (2000) lembrava que o Estado reivindica o monopólio do uso legítimo da violência e Freud (1974) também escrevia que o Estado proíbe ao indivíduo a prática do mal, não por querer abolir esse mal, mas por desejar monopolizá-lo. Abramovay e colaboradores (2002), recorrendo a outros autores, ainda situam no totalitarismo a forma mais acabada de violência exercida pelo Estado, mas lembram também a face violenta do Estado populista, cuja maioria da população, identificada com a figura do líder, fica vulnerável à influência de símbolos propagados por sua figura. Somemos a isso que tal identificação é tanto mais nociva quanto mais produz a infantilização, a submissão cega e a adesão afetiva ao líder, cujo carisma e perversão, juntos, levam-no a colocar-se acima da lei, acima do bem e do mal. Para esses autores, a noção de violência aplica-se a muitas práticas, hábitos e disciplinas, daí que todo comportamento social poderia ser considerado violento, o que se aplica, inclusive, às práticas educativas, que Bourdieu (2001) analisou sob a ótica da violência simbólica.

A violência está, pois, em toda parte. Como diz Chesnais (1981, p. 28), "não há aspecto algum da vida social em que a violência não esteja infiltrada; a linguagem, a arte, o cinema, a música, a dança, o esporte... enfim, onde quer que nos encontremos, a violência aí está".

No entanto, ela não está apenas "lá fora", na cena política, econômica e social, ela habita o mais íntimo de nós mesmos, está em nossas origens. Bergeret

14 | Dimensões da violência

(1984) chama de *violência fundamental* a energia primitiva indiferenciada, que fornece a cada indivíduo os elementos básicos para a sua "luta pela vida". E é em sua indiferença que, segundo ele, essa energia se manifesta como *bios* (vida) ou como *bia* (violência). Roger Dadoun (1998) discute o homem não como *sapiens*, *faber* ou *ludens*, mas como *homo violens*. Freud não se cansou de escrever sobre o lado sombrio e cruel da alma humana. A esse respeito, Bergeret (1984) retoma alguns textos da obra freudiana, dos quais citamos: a carta a Fliess, de 20 de junho de 1898, na qual Freud diz que a violência jamais está ausente nas formações fantasmáticas infantis; o *Esboço de Psicanálise*, em que ele se refere a uma *violência sem prazer* – e sem ódio – objetal; e o texto *Atos obsessivos e exercícios religiosos*, que faz alusão à existência de representações instintuais primitivas, de natureza não sexual, cujos traços seriam objeto de uma vigorosa repressão da parte das religiões. Citemos também aquela passagem de *O mal-estar na civilização*, na qual Freud (1930/1974) alude à relação com o próximo, que o preceito religioso manda amar, evidentemente sem sucesso:

> Em resultado disso, o seu próximo é, para eles, não apenas um ajudante em potencial ou um objeto sexual, mas também alguém que os tenta a satisfazer sobre ele a sua agressividade, a explorar sua capacidade de trabalho sem compensação, utilizá-lo sexualmente sem o seu consentimento, apoderar-se de suas posses, humilhá-lo, causar-lhe sofrimento, torturá-lo e matá-lo. *Homo homini lupus.* (p. 133)

Freud retoma a afirmação de Hobbes, que define o *homem como lobo do homem*. Hobbes, aliás, refere-se não só à violência interindividual, mas à sua dimensão coletiva, uma vez que, no estado de natureza, o que existe não é apenas uma perpétua guerra, mas uma *guerra de todos contra todos* (Hobbes, 1982). Sabemos que, para Hobbes, esse *estado de natureza*, conceitualmente anterior ao *estado de cultura*, não tem um correspondente histórico. O que segura esse desejo primitivo que têm os homens de se ofender e se prejudicar uns aos outros é uma coerção externa, ou seja, o Estado jurídico.

Poderíamos recorrer a inúmeros outros autores no campo das ciências humanas e sociais, assim como no terreno da literatura e das artes, em geral, para sustentar a importância do tema da violência; para justificar a aventura de organizar uma coletânea em torno desse fenômeno que atravessa todos os recantos da vida em sociedade e do psiquismo individual e coletivo, justamente por ser ele inerente à condição humana. Ou, se quisermos, por ser um tema indissociável de tudo que diz respeito à subjetividade, de nossos dramas cotidianos. Daí o título *Dimensões da Violência: conhecimento, subjetividade e sofrimento psíquico*.

Ao pensarmos o projeto deste livro, fomos tomados, é verdade, por uma sensação de angústia e de repetição, pois, entendíamos que o inelutável da aventura humana se presentifica nesse fenômeno e, dessa forma, corríamos o risco de simplesmente repetir e reiterar essa constatação. Atentos a essa possibilidade, alimentamos nosso objetivo com a crença de que sempre há algo novo, desconhecido, algo que é "outro", a se dizer sobre o tema, um *alter* que poderia advir e irromper como descontinuidade que atravessa e desconfigura as repetições, como afirma Derrida (2002, 1999). A esse sonho, sonhado a três, foram se somando outras contribuições, através dos trabalhos e experiências dos autores que figuram na presente obra.

Como o leitor poderá ver, uma questão que atravessa a coletânea se reporta ao esforço de problematizar as referências do conhecimento e do subjetivo, articuladas aos ideais sociais e históricos que se conformam ao modelo do sujeito moderno, entendido como aquele constituído pela razão cartesiana e pela suposta capacidade de alcançar a ética e a autonomia. Segundo esse modelo de sujeito da razão, a subjetividade restringe-se à consciência e aos denominados processos psíquicos superiores. Além disso, ao seguir-se esse fio condutor, bastaria oferecer formação calcada na transmissão de informações, para que o sujeito passasse a agir na ótica da autonomia e da ética. No trajeto de implantação da modernidade, ganhou corpo uma concepção específica de sujeito e de processo de conhecer, calcada na sobreposição da subjetividade à consciência e na idealização da razão como atributo humano capaz de apreender o real na sua totalidade. Essas concepções conformam a leitura sobre o sujeito moderno como aquele capaz de conhecer o real em sua plenitude e de exercer a ética direcionada para o bem comum, ou seja, como aquele capaz de controlar o *pathos*, os afetos e, ato contínuo, a violência.

O plano da coletânea buscou agrupar algumas temáticas específicas, uma vez que os autores lançaram seu olhar para diversas direções. Assim, Jacqueline Barus-Michel, Francisco Martins, Mériti de Souza e Gerard Ravinovitch analisam a tradição do conhecimento moderno que entroniza a concepção do sujeito como verdade e problematizam o recalque da diferença que atravessa a constituição subjetiva e os modos de conhecer hegemônicos na sociedade ocidental moderna. Suzana Tolfo, Roberto Moraes Cruz, Christophe Dejours, Maria Regina Greggio e José Newton Garcia de Araujo apresentam suas experiências e reflexões sobre a violência no mundo do trabalho a partir das articulações do processo produtivo com os modos de subjetivar. Alex Simon Lodetti, Maria Juracy Toneli, Edwige Rude Antoine, problematizam contextos que envolvem as relações entre poder, gênero e ramificações institucionais como aparatos jurídicos e estatais. Paulo Cesar Endo, Pedro Humberto Faria Campos, Denise Teles Freire Campos, Gisálio Cerqueira Filho e Ana Maria Rudge utilizam o referencial psicanalítico e a psicopatologia para problematizar as ressonâncias da violência em diversos contextos societais e subjetivos que explicitam a desqualificação do outro. É importante mencionarmos a contribuição de Luiz Roberto Cardoso de Oliveira que, gentilmente, escreveu o prefácio desta coletânea e lançou o olhar da antropologia, esse outro que nos constitui e reverbera em nós.

Os organizadores esperam que esta coletânea possa contribuir com o trabalho de problematizar a violência, tanto em sua articulação com as configurações subjetivas, quanto em suas ramificações nas instituições sociais, jurídicas, econômicas e culturais. Desejamos que os capítulos e as reflexões tecidas pelos autores se destinem a uma interlocução fecunda com o leitor, visando à troca e ao diálogo, não à ambição de apresentar soluções (pois estas não existem) ou a diagnósticos "salvadores" sobre a questão da violência. Com efeito, não raro, observa-se a pretensão de se apresentarem medidas paliativas ou supostamente preventivas, no caso da atuação dos profissionais, frente à demanda dos diferentes setores da sociedade, que buscam resolver os problemas ligados a essa questão. É evidente a pertinência dessa demanda, porém nada seria mais falacioso que a fantasia ou a ilusão (ambas violentas, nesse caso) de se extirpar o *pathos* que atravessa o humano e de se modelar o humano (mas para onde? Para a via do "pensar e do sentir únicos", ou seja, do totalitarismo?) via ações prescritivas e simplificadas. Essa menção não implica descurar a necessidade de se pensar o fenômeno da violência e de se proporem ações, no terreno das instituições e das políticas públicas, por exemplo, no sentido de enfrentá-lo, em sua multiplicidade, não de se tentar eliminá-lo, evidentemente.

O objetivo maior desta obra é, pois, trazer à tona a complexidade inscrita no fenômeno da violência, nas perspectivas do coletivo e do singular. Isso nos leva a interrogar, inclusive, nossos grupos e instituições de pertencimento, nossas práticas clínicas e sociais, nossa própria produção do conhecimento.

Levantar o véu e o tabu que recobre esse fenômeno pode nos fazer estremecer com o rosto com o qual nos deparamos, pois, como conta o poeta (Pessoa, 1958, pp. 232-233) no afã de lidar com o mal e o bem, somos como os personagens encantados da princesa e do Infante, que se desconhecem e se buscam avidamente para ao final da jornada "... inda tonto do que houvera, à cabeça, em maresia, ergue a mão, e encontra hera, e vê que ele mesmo era a Princesa que dormia".

Feliz leitura! Contamos com a chegada desse outro que pode irromper no encontro com o trabalho dos autores.

Mériti de Souza
Francisco Martins
José Newton Garcia de Araujo

Referências bibliográficas

Abramovay, M. et al. (2002) *Juventude, violência e vulnerabilidade social na América Latina*. Brasília: UNESCO, BID. Recuperado em 2 de setembro de 2010 de <http://74.125.155.132/scholar?q=cache:Po0utExq1UAJ:scholar.google.com/&hl=pt-BR&as_sdt=2000>.

Bergeret, J. (1984). *La violence fondamentale*. Paris: Dunot.

Bourdieu, P. (2001). *O poder simbólico*. Rio de Janeiro: Bertrand Brasil.

Chesnais, J.-C. (1981). *Histoire de la violence*. Paris: Robert Laffont.

Dadoun, R. (1998). *A violência - ensaio acerca do "homo violens"*. Rio de Janeiro: Difel.

Derrida, J. (1999). *Gramatologia*. São Paulo: Perspectiva.

Derrida, J. (2002). *Torres de Babel*. Belo Horizonte: Editora UFMG.

Freud, S. (1930/1974). *O mal-estar na civilização* (ESB, vol. XXI, pp. 73-171). Rio de Janeiro: Imago.

Freud, S. (1915/1974). *Reflexões para os tempos de guerra e morte*. (ESB, vol. XIV). Rio de Janeiro: Imago.

Hobbes, T. (1982). *Le Citoyen ou les fondements de la politique*. Paris: GF-Flammarion.

Pessoa, Fernando (1958). *Poesias* (p. 232-33). Lisboa, Portugal: Edições Ática.

Weber, M. (2000). *Ciência e Política: duas vocações*. São Paulo: Cultrix.

A violência complexa, paradoxal e multívoca[1]

Jacqueline Barus-Michel [2]

Tentativa de definição

A violência é poder e destruição. O sentido comum a estigmatiza como força bruta, como desencadeamento de uma energia devastadora, que nenhum freio interior segura e cujo furor põe cegamente por terra as barreiras que lhe são opostas. A violência apresenta-se como um estado de agitação descontrolada naquele ou naqueles que a exercem, voluntariamente ou não, e provoca uma perturbação traumática, às vezes fatal, quando não pode ser evitada.

Ela pode manifestar-se em qualquer dinâmica natural que escape a seu curso regular, sendo, então, identificada, por seus observadores ou suas vítimas, como catástrofe. Na ótica das ciências humanas, a violência aparece nos atos individuais, no interior das relações interpessoais, nos movimentos coletivos, nos eventos políticos. Ela interessa, entre outros, à psicologia, à sociologia e à história. Como transgressão das proibições, ela interroga o direito e a ética. Aparentando-se às crises, ela interpela os códigos que transgride, como o político e o econômico, por exemplo. Ao provocar uma desregulação das unidades ou dos sistemas que caem em suas malhas, a violência serve muitas vezes de analisador que nos ajuda a compreender as condições ordinárias de equilíbrio desses sistemas.

Como ruptura e desequilíbrio, ela se encontra em tudo que é sentido como excesso: é o que ultrapassa os limites relativos aos contextos social, cultural e histórico, relativos à postura dos indivíduos – os que cometem erros, os observadores, interventores ou vítimas – e às suas disposições subjetivas.

---

[1] Tradução realizada por Nina de Melo Franco e José Newton Garcia de Araújo.
[2] Professora do *Laboratoire de Psychologie Sociale et Clinique*, Universidade de Paris VII. Integrante, na condição de professor emérito, do *Laboratoire de Changement Social*, Universidade de Paris VII.

A sua representação mais comum é negativa (violência na televisão, violência nas favelas), pois está associada às imagens de destruição e de agressão física, aos crimes e aos massacres. Ela não evoca mais para nós os tormentos do coração ou os golpes do destino, como acontecia nas tragédias clássicas ou na época romântica, em que se evocava, de bom grado, a violência dos sentimentos, ainda que em seu efeito devastador. Falamos, no entanto, de violência simbólica, para denunciar os constrangimentos impostos por um sistema social opressor. Isso confirma também que a violência só está onde a percebemos.

A violência é, então, multívoca em si mesma, referindo-se à experiência de um caos interno ou a ações ultrajantes cometidas sobre um ambiente, sobre coisas ou pessoas, segundo o ponto de vista de quem a comete ou de quem a sofre. Porém, de um lado ou do outro, ela sempre se manifesta como excesso, deixando transparecer nossa impotência, pelo menos momentaneamente, dado seu caráter de exceção, infligindo aos sujeitos, se não a morte, feridas psíquicas ou físicas, de natureza traumatizante.

Toda unidade, individual ou social, constrói-se diferenciando-se daquilo que ela não é ou não quer ser. No entanto, é através da violência que ela se constitui: angústia de castração, discriminação, exclusão social. A educação e a civilização prestam-se a atenuar essa violência que se renova sem cessar, dando-lhes as formas da sociabilidade aceitável e útil. Isso significa que a violência está sempre presente na vida social, subjacente às idealizações, sublimações e simbolizações.

A realidade do mundo e das coisas já é, por si só, violência. Desde que chegamos ao mundo, sofremos alguma violência: feridos, atormentados, premidos pela necessidade, frustrados. A violência está no "ser no mundo" dos humanos, em sua experiência e na representação que têm dela.

Psicanálise e fenomenologia - A violência da pulsão

Pode-se situar a violência no surgimento da pulsão, que, de repente, fica livre de qualquer entrave. A pulsão é justamente uma energia instintiva, uma pressão cega para satisfazer a qualquer preço as necessidades, para amenizar as excitações exasperadas pela privação. Em um primeiro momento, as necessidades orientam a pulsão para objetos que a apaziguam, em sua ambivalência cega que mistura a vida e a morte. No entanto, ela as ultrapassa, excede-as, deixando passar os obscuros objetos do desejo que fixam suas fantasias de gozo. Ela só se esgota com seu próprio desgaste, no paroxismo ao qual sucede um torpor, a calma insípida, a saciedade paradoxal, que é também efeito da destruição do objeto.

Como Freud nos ensinou, a pulsão é dual. As duas forças, amor e ódio, desejo e repulsa, unificação e destruição, são indissociáveis, estão sempre presentes, ainda que sejam capazes de mascarar uma à outra. A pulsão de morte, força quase "*demoníaca*", segundo Freud, é primeiramente entrópica, depois derivada para o exterior, em forma de ódio e destruição: "O exterior, o objeto, o odiado seriam, no início, idênticos" (Freud, 1987a/1915, p. 38). *A pulsão de vida*, o *Eros*, a avidez de se unir, para restabelecer a unidade (conforme o mito de Aristófanes, em *O Banquete* de Platão) é assimilada à vida, ao amor. A pulsão pode tomar as formas da paixão, mas também as formas de uma crueldade destruidora: ainda segundo Freud, "o estágio preliminar do amor pode apenas tenuemente distinguir-se do ódio, em seu comportamento face ao objeto" (Freud, 1987b/1915 pp. 41-42). Essas misturas contraditórias causam frustrações e tensões que reativam a violência e geram angústia, desordem e pânico.

A pulsão sustenta a vida exigindo a morte, ela tem algo de incoercível e irredutível que sempre volta, enquanto todos os esforços da socialização tendem a paralisá-la, a fim de drená-la até as vias aceitáveis para o grupo e para o próprio indivíduo. Sua violência explode quando os controles e as inibições cedem, quando as derivações já não fazem mais efeito, quando as interdições não são mais interiorizadas. Nesse caso, somente podem opor-se a ela, diretamente, a lei e a sanção impostas pelo exterior.

O aniquilamento do outro

O furor da vida só pode querer a morte do que não é ela, de seus próprios objetos - ao devorarmos a maçã desejada, nós a destruímos. A violência da pulsão sem controle libera a tensão, destruindo tudo aquilo que, ao mesmo tempo, a excita e resiste a ela. O desejo, que acreditava escolher objetos adequados às fantasias de um gozo escondido, se enfurece porque fracassa ou porque o objeto se esquiva. Levado pela energia da pulsão, ele se sustenta e o objeto se torna objeto de ódio. A violência o faz desaparecer e alivia a tensão acumulada. Um novo gozo nasce da descarga pulsional e do apagamento do objeto. Se o objeto for uma pessoa, então é sua rendição, sua redução ou sua morte que são desejadas.

A violência é negação da alteridade e afirmação do Um, todo-poderoso, presa de si mesmo. O outro, negado como semelhante e como diferente, por sua inadequação ao desejo, é abatido pelo sopro da pulsão. Ele nada mais é do que uma coisa a destruir, a passar por cima, sem que aí se possa interpor a mínima demanda, a mínima espera, o mínimo arrependimento. Essa invasão destrutiva pode ser física ou psíquica, ela atinge o outro em sua integridade corporal e mental, em sua identidade social, em seus laços. A pulsão toma o outro por objeto, para fazer dele um dejeto. O outro não pode mais ser ouvido nem visto, ele é consumido ou destruído, é alimento e resíduo da pulsão.

Por que o outro suscita a violência? A resposta está na violenta ambivalência que ele desperta. Segundo Hegel (1807), ao pretender colocar-se como sujeito, o outro faz obstáculo à minha onipotência. Se ele é o que não sou, ele questiona o que eu sou e o contradiz, de alguma forma. Ele limita meu horizonte, como um obstáculo no qual naufraga minha pretensão ilimitada, ele anuncia minha morte. Se eu lhe reconhecer algum espaço, não posso mais ocupar o lugar inteiro, ele me evacua do mundo. Sua existência me faz violência. A minha faz dele um objeto reduzido a meu desejo.

Porém o outro é, também, infinitamente demandado por mim, desejável: preciso que ele me veja, que ele me reconheça, só posso existir através dele, em seu olhar, sob pena de só existir vagamente, de ser um amontoado de sensações não definidas e sem pertencimento. Sua companhia, seu amor, sua aprovação me dão segurança, ele é o espelho indispensável para que eu saiba que sou eu.

O outro, com relação aos objetos do desejo, é um rival. Para Girard (1972), a violência mimética é a dos irmãos rivais em um mesmo caminho do desejo. Depois do desejo, a posse desencadeia o medo, o ciúme, o ódio, a agressividade destruidora para com o outro, que não faz outra coisa senão desejar o mesmo objeto. A violência vai até a destruição do próprio objeto.

A força do desejo ou a inibição da pulsão diferem, de acordo com os indivíduos; as desigualdades são mais ou menos marcadas de acordo com as sociedades; as carências não são as mesmas, conforme as épocas e regiões; os rancores são mais ou menos exasperados, em função das disposições psíquicas, sociais, econômicas. As pressões ou as repressões que daí decorrem ora geram violência, ora geram depressões.

A vítima de violência sofre uma fratura moral e física, ela é reduzida a nada, é excluída de qualquer reconhecimento de sua singularidade. Ela é destituída da palavra. Mas aquele que se deixa levar por sua violência perde igualmente suas capacidades de simbolização. Submerso na pulsão, ele não pode mais operar em termos de linguagem, interpondo a palavra, expressa ou ouvida, entre ele e o outro. Ele não pode colocar seu desejo em palavras, formulá-lo, a fim de deslocá-lo ou mantê-lo no lugar. Ele está em contato direto com o objeto, sem poder se representar esse objeto, sem poder lidar com a representação, em vez da coisa.

Fragilização do simbólico

No desenvolvimento normal do ser humano, a educação e a socialização colocam freios, canalizam a pulsão, cujas forças, então controladas, dirigem-se a objetivos sublimados, são desviadas para objetivos aceitáveis. Ao mesmo tempo que traz satisfações razoáveis, isso preserva a permanência desses objetos ou permite que sejam substituídos.

A socialização é a capacidade adquirida de estabelecer relações ajustadas consigo mesmo, com as coisas e com os outros. Ela introduz o sujeito na ordem simbólica, por intermédio da linguagem, e esta se interpõe entre a pulsão e seus objetos, e coloca a pulsão, de alguma forma, em seu registro, submetendo-a a suas regras.

A linguagem é uma inscrição no tempo e no espaço: ao invés de dar-se na imediaticidade, a relação com o mundo passa pela representação, entra no jogo imaginário que esta oferece, em seus deslocamentos, projeções e substituições. Com isso, abre-se o acesso, além de ao presente, ao passado e ao futuro ou até mesmo ao virtual, às dimensões espaciais do aqui e do alhures, do próximo e do longínquo, bem como a seus derivados, o negociável, o diferido, por exemplo. Após a representação, os sinais (representação combinada da representação) vêm interpor suas combinações entre a pulsão e as coisas. Passando pelo duplo filtro e pela formação do imaginário e do simbólico (a ordem da linguagem), a formidável energia da pulsão se domestica, se dobra às normas da vida em sociedade.

Trata-se aqui da linguagem enquanto estruturação significante, de valor simbólico, codificação que autoriza a troca do sentido, e a bravata, discurso totalitário que não dá lugar a nenhuma réplica, que se nega como sistema de representações e se impõe como realidade definitiva, levando à imediaticidade, retornando à violência. A violência deve ser compreendida como manifestação da pulsão, na ausência de simbolização, ou em seu extravazamento que rasga o tecido simbólico. Nesse caso, já não há, ou não há mais, interposição da linguagem.

Sofrimento e fragilização identitária

O violento muitas vezes se considera vítima, e, sem dúvida, ele é mesmo vítima, é seu sofrimento que gera sua violência. O sujeito constrói-se sobre identificações e reconhecimentos necessários para nutrir seu narcisismo. Em seguida, ele aí acrescenta suas próprias representações, aquelas de sua história, de seus projetos, que moldarão sua identidade e o protegerão contra a emergência das angústias. Se essas representações forem abaladas por circunstâncias materiais (miséria), sociais (degradação, exclusão), relacionais (rejeição) ou psíquicas (fracassos pessoais), o sujeito fica fragilizado em sua identidade, sofre um ataque narcísico que desconstrói suas defesas, deixando livre curso a suas angústias e pulsões. De acordo com a força do eu, com suas defesas e seus recursos psíquicos e sociais, o sujeito conseguirá passar por cima das dificuldades e se reconstruirá.

24 | Dimensões da violência

Do contrário, buscará refúgio na fuga e na depressão ou tentará se reafirmar através da violência. A passagem ao ato tem valor de reafirmação de si. A violência é expressão da existência e restaura o narcisismo, no imediato.

O que ocasiona as manifestações da violência é o sofrimento, que quase sempre é vivido como humilhação, sejam quais forem os modos de defesa que a mascarem. Miséria, fracasso ou exclusão são fontes da humilhação, ou seja, expressão da ferida narcísica que desperta as fragilidades identitárias, compromete o desejo e a própria vida.

A violência que o perverso exerce sobre suas vítimas tem como impulso primeiro a recusa permanente de sofrer a humilhação da lei, embora, num movimento contrário, ele faça com que outros a sofram.

Violências individuais e violências coletivas

A falha pode se manifestar sob a forma de uma crise identitária individual, mas explorada por propagadores de ideias-força (religiosas ou ideológicas), que restituem a identidade narcísica idealizada, oferecendo todas as condições para, por exemplo, o alistamento no terrorismo heroico, versão novos mártires. Os papéis são invertidos: a vítima torna-se agressor e o agressor torna-se vítima. A violência passa do registro individual ao registro social. Porém os encadeamentos da violência não têm fim: as fragilizações identitárias podem ter igualmente causas sociais, econômicas e políticas (as que são exploradas pelos propagandistas da violência) e provocar sintomas em escala coletiva, afetar categorias de populações humilhadas ou maltratadas.

Existe, com efeito, uma violência difusa de dupla face, geralmente negada, exercida por poderes que oprimem populações, nos planos econômico, político, moral e até mesmo físico, mantendo-as no sofrimento, na miséria e na humilhação. O que normalmente chamamos de "acontecimentos" são os momentos em que a violência explode, sob a forma de rebeliões, revoltas ou, mais esporadicamente, de atos de terrorismo. Ainda que essas violências surpreendam, quando atribuídas a episódios de loucura ou a doutrinações, durante muito tempo elas fermentaram uma frustração que não encontrava expressão. A ação violenta e o fanatismo que a prolongam liberam as tensões e revertem a situação em benefício daqueles que se sentem vítimas.

A identidade coletiva, constituída por pertencimentos, por referências culturais, pelo reconhecimento dos outros membros da unidade social, fortalece a identidade individual e faz o papel de sustentação. Essa identidade pode ser fragilizada por diversos atentados, endógenos ou exógenos, à integridade e aos valores da unidade social. A destruição do World Trade Center (11/09/2001), símbolo dos valores americanos, abalou a identidade nacional, e a única reação possível, capaz de restaurá-la de imediato, foi outra violência, a guerra no Iraque.

Assim como os indivíduos, as populações em sofrimento, com uma sede exasperada por justiça, reconhecimento, liberdade ou simplesmente de existência, revoltam-se e chagam a extremos. Poderes ébrios, detentores de uma potência duvidosa, impõem-se pela violência e na violência, o que trai sua fragilidade e, ao mesmo tempo, sua ilegitimidade.

A fragilidade identitária pode originar-se de modelos inconsistentes. O sentimento de uma identidade valorizada só pode ser construído na revolta ou na oposição, na identificação com figuras transgressoras, com a necessidade de sempre ter de provar sua invencibilidade. O comportamento violento garante uma compensação narcísica, ao mesmo tempo que demonstra desprezo pelos limites e pelas leis. É assim que a delinquência se torna uma prova de existência, pois esta só é confirmada pela insegurança que ela mesma gera.

O cenário maniqueísta de uma sociedade em que só haveria canalhas ou imbecis (destinados a serem humilhados) e na qual a única saída seria a violência é o único adotado por aqueles que não dispuseram nem de modelos reconhecidos, nem de ideal, nem de identificação. Eles odeiam as autoridades que só representam uma sociedade frustrante, tanto quanto os pobres coitados que são passados para trás. Eles se dedicam à recuperação (violência) direta. Trata-se de um universo que não faz sentido, mergulhado no ato imediato. Os que geram a insegurança se veem na insegurança. Pode ser este o caso de jovens oriundos da imigração, com dificuldades de integração, por motivos culturais, econômicos, que se veem confrontados a representações negativas.

O sentimento de insegurança daqueles que, *a priori*, são não violentos, que estão ligados às estruturas sociais protetoras, emerge com a realidade da violência e da precariedade, fantasmaticamente ampliadas pela mesma angústia dos violentos, pela perda de uma sustentação securizante e pelo abandono. Essa angústia arcaica pode episodicamente levar a violências compulsivas percebidas como autodefesa.

Pode acontecer que alguns privilegiados econômica e culturalmente, personalidades muito narcísicas e hipersensíveis à humilhação tomem para si a vingança dos oprimidos aos quais se identificam. Em nome da religião ou da ideologia, eles encontram um escoadouro da humilhação e do apetite de dominação, baseado no modelo fanático da violência que eles pregam e organizam (líderes terroristas como Bin Laden). Eles até se prontificam a se tornarem mártires, vítimas de sua própria violência. Essa violência fanatizada se aparenta ao amor à morte, ao momento em que *Tanatos* triunfa, como no terrível grito dos franquistas: *"Viva la muerte!"*.

As revoluções exprimem a intolerância a uma violência que, para impor-se como ordem estabelecida, garantindo o funcionamento da unidade social, nem por isso deixou de gerar sofrimentos, misérias e humilhações. A violência está ali camuflada, em primeiro lugar, na esperança, no simbolismo da transformação, na idealização do futuro. A violência não estabelecida emerge quando as mediações entre as forças da antiga ordem e as forças da transformação fracassam, quando a simbolização fica comprometida por um imaginário de catástrofes ou pela força de rancores, como aconteceu, por exemplo, com o Terror, durante a Revolução Francesa. O recurso à violência é um risco constante, nos períodos de transformação, nos quais as contradições emergem e se exacerbam.

A Violência, fenômeno de sociedade – Recrudescimento da violência?

A violência muda de forma, de territórios, é mais ou menos midiatizada, mas será que ela está, como se diz, mais difundida nos dias de hoje? Na verdade, suas manifestações estão ligadas aos modos de vida, à tecnologia, à estrutura da sociedade. Produzidas pela sociedade, elas são sintomas de suas próprias contradições.

Na Idade Clássica, não havia violência nas guerras, nos massacres, na bandidagem? A escravidão foi uma longa e massiva violência, prolongada por todas as explorações daqueles que sofrem para o gozo e benefício dos outros, inconscientes de sua indigência moral. Em pleno século XX, os campos de extermínio, os *Gulags*, as milhões de pessoas deportadas, exterminadas, deram mostra de uma violência sistematizada. No entanto, ainda há os deslocados, fadados ao exílio e à miséria. O racismo, ainda que reprimido, ainda que negado, permanece como pretexto para violências: atrás do racismo, há o ódio e o medo do outro. Para os desempregados, os sem documento, onde está a segurança? As demissões, os planos sociais, não são uma violência legalizada, em nome da necessidade? E, por sua vez, os explorados, os rejeitados matam, estupram e roubam.

Hoje, a delinquência usa novas armas. Os "motoristas" no campo[3] eram mais cuidadosos do que nossos assaltantes ou nossos motoristas bêbados? Foram as armas que mudaram. Os estupradores continuam estuprando do mesmo jeito. Ao mesmo tempo, abolimos a pena de morte, promulgamos os direitos dos fracos, a proteção da infância, as terapias para os perversos sexuais; abrigamos as mulheres agredidas; gritamos contra o sofrimento dos animais... A violência continua aí, ela não nos deixa, o que cresce é a consciência que temos dela. Contrariamente ao que poderíamos pensar, não foram as religiões que

---

[3] Referências aos condutores bandidos que nos séculos XVII e XVIII queimavam os pés dos camponeses para obrigá-los a dizer onde guardavam suas economias.

aumentaram essa consciência (lembremos as guerras de religiões, a inquisição, a diabolização, as condenações...), foram os avanços do pensamento, crítico, filosófico (as Luzes) e ético, as mudanças de sensibilidade (romantismo, humanismo), seguidos das posições políticas (democracia), que suscitaram legislações que condenam a violência sob as formas mais visíveis.

Acontece que a violência continua virulenta, como se a sanção só exercesse seus efeitos sobre ela em um segundo momento. No momento mesmo em que ela ocorre, sempre deixa a pulsão indiferente.

Violência hipermoderna

As sociedades, na hipermodernidade, geram um mal-estar específico que se degenera em crises – crise ecológica, econômica, crises políticas –, questionando as certezas.

A sociedade de consumo reduz cada vez mais as capacidades de simbolização, ao redor do significante dinheiro: contamos, calculamos, avaliamos muito mais do que nos dispomos a elaborar o seu sentido e o partilhar. Os progressos da tecnologia permitiram uma aceleração do tempo, uma redução das distâncias, uma proliferação da informação, de maneira que as exigências, em nome da produção e da rentabilidade, focalizam o fazer, a performance, e não mais a reflexão.

Essa pressão exercida sobre os atores, membros ativos da sociedade, trabalhadores de todos os níveis hierárquicos é uma forma de violência, já que sua subjetividade lhes é retirada, sem que eles o percebam. Além disso, ficam presos a paradoxos, pois são instados a ter mais iniciativa, mais responsabilidade, e, ao mesmo tempo, a interiorizar as normas e submeter-se devotamente ao sistema. O regime intensivo da competição elimina a solidariedade entre eles. Exige-se de cada indivíduo que desenvolva ao máximo suas capacidades, ao mesmo tempo que ele é submetido aos imperativos do consumo e ao bombardeio da publicidade. Cercado por audiovisuais, por imagens, seu imaginário, assim como seus objetos de desejo e seus modelos de identificação, são pré-construídos, prontos para o consumo. No mundo hipermoderno, a imagem gera violência e, por trás dela, reina a dureza do lucro. As referências culturais ou morais são apagadas pela globalização. Antigamente, sonhávamos com a universalidade, hoje caímos na armadilha do individualismo solitário ou nos perdemos nas massas homogeneizadas pela globalização.

Nas sociedades hipermodernas, a violência não mudou de natureza, o que mudou foi a relação que temos com ela: midiatizada em tempo real, ela é explorada como informação, como espetáculo, é um evento, um escândalo, um divertimento,

28 | Dimensões da violência

uma arte, uma droga. Todos são *addicts*, desde os leitores de jornais, crianças grudadas em seus PlayStations®, espectadores comuns da televisão, até os cinéfilos e amadores das salas obscuras. Todas as telas difundem cenas de violência que a ficção e os efeitos especiais permitem levar a excessos até então inimagináveis. A violência fascina e age como uma droga para os consumidores passivos que todos nós nos tornamos, enquanto a exploração da violência é uma notável fonte de lucro.

Também é preciso dar alguma margem de manobra a essa sociedade em crise, pois o espetáculo da violência a distrai com suas próprias fantasias e, ao mesmo tempo, ameniza suas angústias, pois ela pode considerar que a violência não passa de um filme que é rodado em algum lugar. No entanto, é preocupante e sempre retorna a pergunta feita aos psicólogos, a saber, se o espetáculo e os jogos (*games*) da violência não a ensinam às crianças e aos adolescentes, levados a prolongar seus gestos na vida real. Não seria essa violência fonte de instabilidade e de agressividade incontroláveis? Não fabrica ela futuros criminosos ao fornecer-lhes heróis e modelos de identificação dementes? Alguns adolescentes inspiraram-se em filmes de terror para perpetrar matanças em estabelecimentos escolares. Certos psicólogos respondem que os jovens não confundem realidade e ficção e que a violência simulada tem um efeito catártico. É certo que as tragédias antigas não fabricavam assassinos, mas elas também não serviam de encenação para crianças.

As crianças já não seriam vítimas de uma forma de dessimbolização social, gerada pela falta de autoridade, de desconhecimento dos limites, de ausência de referências e de explicações sobre a razão de ser das normas? Acrescente-se a isso a perda de sentido e de estrutura, que provoca fragilizações psíquicas, a inflação de um imaginário (espetáculo e jogos), que gratifica as pulsões. Essa combinação repercute nos comportamentos instáveis, agressivos, ou até mesmo delituosos ou violentos.

Os ingredientes da violência estão presentes: excitação das pulsões, empobrecimento da simbolização, fragilização identitária, intolerância à frustração, insegurança, medo do outro... Os indivíduos em perda de sentido não se reconhecem mais em seus papéis, em seus laços que se tornaram lábeis. Bauman (2004) fala de "sociedade líquida", em que a liquidez é considerada liberdade.

As crises individuais (suicídios, ataques, crimes) e sociais (vandalismo, rebeliões, terrorismo etc.) são as manifestações violentas, reacionais à desestruturação e às contradições das sociedades hipermodernas. Essas crises também são rupturas em uma ordem aparentemente estabelecida; nelas, a violência não é física, mas opera como destruidora das normas de funcionamento da dinâmica social. Essas crises ainda funcionam como infração do universo mental (representações, afetos, laços) dos indivíduos atingidos. Assim ocorreu com a crise financeira que eclodiu em 2008; ela desestabilizou organizações, sociedades, indivíduos. Nela, vemos os efeitos da violência em escala internacional que os dirigentes tentaram regular para evitar a repetição da crise de 1929, cujo saldo deixou desordens sociais e suicídios. O recurso a um regime de força, ou seja, a uma violência política, é uma tentação constante. As ditaduras são uma forma de responder à crise e à sua desordem. Há ordens que são também uma terrível violência.

A violência e o esporte

O esporte, tal como o conhecemos em sua organização mundial de competição, tornou-se um marco da hipermodernidade. Ele é partilhado por sociedades que, no entanto, não conhecem tudo dele, nem econômica nem socialmente. Espetáculo midiatizado que leva multidões aos estádios, às ruas ou diante da televisão os jogos esportivos atiçam uma exaltação entusiasta, muitas vezes fora de qualquer medida, mas atiçam também violências coletivas, em bandos às vezes assassinos. Os fenômenos de corrupção, de falsificação ou dopagem não parecem ser resultado da violência, embora o *dopping* também tenha efeitos mortais.

Parece que há aí um paradoxo: o esporte é uma forma simbólica e lúdica da guerra, que justamente evita suas violências destruidoras, mas ele dá lugar a tristes exemplos que contradizem esse princípio.

As competições esportivas oferecem um palco à violência das pulsões. Sob as aparências do *fair play*, da valorização da habilidade, do espírito de equipe, trata-se, na verdade, de esmagar o adversário. Os relatórios falam em sede de ganhar, de matança, de humilhação dos perdedores. Os apitos e os gritos dos torcedores ou dos espectadores manifestam a violência das emoções, que, muitas vezes, não são contidas. Como os jogadores não bastam para representar as pulsões, elas se manifestam nas arquibancadas, nos gramados e nas ruas. Pode acontecer que, desde o seu início, racismo e rivalidades comunitárias coloquem em risco a continuidade do jogo.

Como esses fenômenos são próprios dos esportes mais populares como o futebol, será que podemos ver neles um efeito das promiscuidades e das discriminações de populações ligadas à modernidade? Sem dúvida, as contradições sociais exprimem-se aí, mas não podemos nos esquecer de que nas épocas mais remotas, os "jogos" eram acompanhados de crueldades: sacrifício dos perdedores, significação religiosa que colocava em jogo a vida e a morte, a continuidade dos ciclos cósmicos. Um imaginário sacrificial dá base àqueles acalorados combates. A violência profana repete, sem saber, angústias e ódios profundamente ocultos, que o decoro protocolar das aberturas dos jogos mascara mal. Já o triunfo, raramente é modesto. "Somos os maiorais, somos os campeões, ganhamos!" ostenta

30 | Dimensões da violência

o desprezo àqueles que perderam, tanto quanto a alegria do bom desempenho dos vencedores.

O espetáculo da violência autorizada, ritualizada, inebria e euforiza; e se acrescentarmos fatores de excitação, como a impregnação alcoólica, os freios deixam de funcionar, desencadeando a agressividade (Estádio do Heysel[+] e outros).

A agressividade e a humilhação são mais visíveis quando a equipe, pressionada para levar à frente as expectativas de uma comunidade, perde. Um jogo perdido favorece uma frustração intensa que pode se voltar contra os jogadores, o árbitro, a equipe adversária, o comércio ou os habitantes da cidade anfitriã: todos eles são operadores de uma identidade deficitária.

As identificações vilipendiadas tentam se recuperar nas injúrias, nas depredações cegas. Dir-se-á que isso não passa de epifenômenos que apareceram nos torcedores exaltados (alcoolizados) ou nas margens associais (*hooligans*, extremistas), mas as margens são o sintoma daquilo que é subjacente, que é mais controlado, no seio da maioria dita normal. A violência mais reprovada jamais é radicalmente estranha à unidade social, assim como à periferia ou à margem da qual ela brota.

Um caso de polícia ilustra tristemente o efeito socializante do esporte: em Cannes, jovens alunos jogadores de futebol perdem uma partida. Na volta para casa, destroem um hidrante e depois, com chutes e socos, ferem gravemente um bombeiro que os repreendeu. Poder-se-ia acreditar que eles estivessem cansados ou até mesmo imbuídos do "espírito esportivo". Mas não, a tensão devida à competição e à humilhação de ter perdido só pode mesmo ser descarregada na violência gratuita. Ter perdido significa literalmente "ser batido", mas qual "homem" digno desse nome aceitaria essa afronta? O que está em jogo é a dignidade, o narcisismo primário, não a bola.

Em junho, durante o campeonato mundial de 2006, 8 mil jovens russos assistiam, em praça pública, ao jogo entre Rússia e Japão. Após o Japão ter vencido, os espectadores matam um adolescente a pancadas, ferem 75 pessoas (das quais cinco eram japoneses), destroem oitenta carros e 227 vitrines. Nos dias seguintes, um abrigo vietnamita e uma igreja coreana são atacados, desencadeando grande violência por causa da derrota infligida à Rússia, ressentida profundamente, tomada por uma identificação bruta, nacionalista, dirigida contra supostos agressores, identificados à equipe ganhadora, por seu pertencimento nacional. Esses exemplos não são excepcionais e parecem mostrar que, se o esporte serve para aliviar a agressividade dos jogadores, restritos à execução do jogo e a suas regras (mas nem sempre, como demonstrou a "cabeçada" do Zidane), por outro

---

[+] Estádio de Bruxelas, onde morreram 39 espectadores, em 29 de maio de 1985, numa guerra de torcidas entre as equipes da Juventus e do Liverpool.

lado, parece que ele a desencadeia nos expectadores, pelo menos os mais frágeis, com problemas de identidade.

Violência e criação – A arte contemporânea

A violência também tem seu lado positivo, o de uma liberação criadora. Assim como a pulsão, ela tem seus efeitos ambivalentes: na medida em que ela é uma tempestade que, ao varrer a razão, perturba as proibições e as convenções, trata-se de um desligamento das energias, livres para investirem em novos modos. Tanto a criação quanto a invenção e a arte são sempre uma violência feita às convenções: transgressão e infração das normas e dos valores reconhecidos. A visão estética de uma época se impõe ao rejeitar, às vezes violentamente, aquela que reinou anteriormente. Fala-se disso em termos de batalha, entre os antigos (Hernani[5]), ou de revolução, entre os modernos (impressionistas, surrealistas etc.). O Dadaísmo foi violento, mantendo o escândalo, através da destruição das ideias recebidas. As revoluções estéticas são, assim como as revoluções políticas, a violação de uma ordem estabelecida, no arroubo apaixonado por uma nova maneira de ver, de inventar o mundo e suas representações.

O criador faz violência a seus contemporâneos, coloca-se em oposição ao que era imposto e cria também, com base em uma violência interior, uma perturbação emocional às vezes sentida como extravazamento. Ele vive alternando sofrimento e júbilo, e muitas vezes o sofrimento ganha. Até porque o ofício de artista foi, durante muito tempo, associado à miséria, à incompreensão, à dúvida. Essas formas de fragilização narcísica levavam a buscar refúgio no álcool, para afastar os estados depressivos.

A violência pela qual os pintores se dizem habitados (Ruthko, Bacon) e que traduzem sobre a tela, que se torna um suporte simbólico, é recebida como tal pelo espectador, sob a condição de que, indiretamente, ele se coloque subjetivamente em contato com a experiência do pintor. Mais do que um suporte simbólico, a tela pintada é um veículo emocional, o que aqui interessa é a torção emocional, no emprego do sistema simbólico pictural, mais do que a conformidade a esse sistema. O público que se reconhece na codificação instituída e habitual não se coloca em estado de receptividade emocional, não se deixa invadir pela obra, passa por ela e se queixa de não entender nada. Ele observa e declara: "isso não quer dizer nada", "não vejo a que isso corresponde". Esse público não se permite

---

[5] A "batalha de Hernani" remete a um barulhento conflito entre partidários do Romantismo e representantes do Classicismo. Ele agitou artistas do século XIX, a respeito da peça de Victor Hugo, intitulada Hernani, que os mais conservadores consideraram de um Modernismo desordenado e mesmo escandaloso.

(não pode ou não quer se permitir) um movimento de identificação que lhes permita, pelo intermédio da pintura, colocar-se em sintonia com o estado e a intenção do pintor, mantendo, ao mesmo tempo, a distância crítica para apreciar o emprego dos procedimentos: a arte de pintar, o processo pelo qual o artista passou para domar a técnica às exigências de seu desejo.

Assim diz Rothko: "Em cada centímetro quadrado de minhas telas há uma violência incrível". A pintura é instrumentalizada para atingir uma verdade bruta que invade o pintor, sem que este a domine. Através das camadas de cor, ele sai fascinado em busca de um objeto incandescente, jamais atingido, no qual pulsão, emoção e absoluto se fundem. Essa inadequação fundamental é uma violência ressentida. O criador enfrenta sua violência, sua pulsão, tanto no sofrimento quanto no gozo.

A pintura moderna voltou-se para a violência pela força da restrição, da exigência (Malevitch) ou colando-se à emoção bruta, pelo gesto impulsivo e deliberadamente transgressivo, suscetível de ultrapassar as barreiras do consciente (desde os surrealistas até os acionistas vienenses). O verdadeiro objeto não é mais o objeto pictural ou gestual em si, mas a ligação perturbadora, presentificada, o encontro entre o espectador *voyeur* e a pulsão do artista. Opera-se um laço entre a pulsão furiosa do artista e o espectador cativo. O simbólico desaparece, em proveito da emoção. O espectador é violentado.

O escândalo, como processo artístico, tira a arte da estética para precipitá-la no emocional. O escândalo está em germe em qualquer criação, mas atenuado pelas referências e pelas convenções culturais. Sua inserção em um sistema simbólico faz com que a obra sirva de linguagem. A arte, ao tornar-se impressionista, abstrata, situacionista, passagem ao ato, abandonou progressivamente a referência, para aventurar-se no no *man's land* da violência, da loucura e da morte (Ensor, os expressionistas).

Hoje, de tanto querer rejeitar as formas de expressão anteriores, os artistas muitas vezes parecem não ter mais recursos, ou não ter mais nada a dizer nem a contradizer, eles se deixam levar pela sociedade de consumo, usam as receitas da publicidade, de modo maior e mais caro. Eles não têm mais uma causa pela qual lutar, não escandalizam mais, muitas vezes impressionam apenas usando truques. A violência da criação tornou-se uma questão de dimensão e de preço.

Violência, lei e moral

Nos encadeamentos violência-sofrimento, a emoção leva-nos a só considerar o sofrimento, reservando nossa compaixão para a vítima. Muitas vezes é difícil admitir que o ato violento resulte de uma fragilidade que o sujeito violento não admite reconhecer. O que chamamos, na justiça, de circunstâncias atenuantes; na história, de causas longínquas; na política, de razão de Estado, é difícil de ser entendido para quem é vítima; nesses casos, quem entende são apenas os pesquisadores.

A ordem tem conotações ambivalentes, ideológicas e políticas. Não há vida sem organização, não há vida social sem regras e sem normas, mas a ordem prende em sua imobilidade, proíbe a transformação, a transgressão, a invenção, e tende a fixar as coisas na morte. Alguns falarão de violência simbólica. A lei que proíbe, ainda que seja necessária à vida, é uma violência para o desejo que não queria conhecê-la. A violência começaria com o abuso, mas quem determina o abuso? Qual é seu critério? Uma ferida pode ser sentida sem que aquele que lhe deu origem esteja consciente dela ou seja responsável por ela. Há violências que não passam de palavras, mas há palavras que matam. A violência depende daquele que a sofre, tanto quanto daquele que a inflige. Será que se pode falar de violência tanto para massacres, torturas, quanto para injúrias ou proibições, para um contexto constrangedor?

Como distinguir resistência e terrorismo? Seria por critérios morais? Porém estes são medidos em número de vítimas ou por sua qualidade (por exemplo, homens sim, mas não mulheres e crianças). Haveria uma violência legítima? Autorizada em defesa de qual valor, de qual causa? Os fins justificam os meios? A tortura é perdoada pelo número de pessoas que serão salvas pela denúncia obtida? Quantidade contra qualidade, moral contra pragmatismo, direito contra religião... Mas em todas as sociedades há uma lei que decide, para que haja um princípio coletivo. A própria lei pode ser arbitrária, ela só tem o mérito de ser a mesma para todos... em princípio.

Referências bibliográficas

Aubert, N. (2004). *L'individu hypermoderne*. Toulouse: Eres.

Avron, O. (1985). La violence. *Les cahiers de l'I.P.C*: Université Paris 7, Vol. 20, n° 2.

Barus-Michel, J. (2004). *Souffrance, sens et croyance: L'effet thérapeutique*. Toulouse: Erès.

Barus-Michel, J. (2007). *Le politique entre les pulsions et la loi*. Toulouse: Erès.

Bauman, Z. (2004). *La société liquide*. Paris: Rouergue/Chambon.

Bergeret, J. (1988). *La violence fondamentale*. Paris: Dunod.

Chesnais, J.-C. (1981). *Histoire de la violence*. Paris: Laffont.

Enriquez, E. (1983). *De la horde à l'Etat: essai de psychanalyse du lien social*. Paris: Gallimard.

Freud, S . (1912/1980). *Totem et tabou*. Paris: Payot.

Freud, S. (1915/1968). *Métapsychologie*. Paris: Gallimard.

Freud, S . (1915/1968). Pulsions et destin des pulsions. In *Métapsychologie* (pp. 12-43). Paris: Gallimard.

Girard, R. (1972). *La violence et le sacré*. Paris: Grasset.

Hegel, G. W. F. (1807). *La phénoménologie de l'esprit*. Paris: Aubier.

Pages, M. (Org.) (2003). *La violence politique*. Toulouse: Erès.

Violência e "ninguenidade"

Francisco Martins[1]

"O que mais dói na bofetada é o som."
Nelson Rodrigues

Introdução

A asserção acima é uma afronta à crença romântica de que a violência atinge somente a *res extensa* do sujeito. O que é feito pelo som, figurativamente aqui pela linguagem, pode vir a ser mais que uma dor, mas a destruição do outro como pessoa. Não somente como pessoa gramatical, indivíduo, ou mesmo *persona* da máscara grega tomada no termo personalidade, mas pessoa no sentido do Ser. Ser que se constitui na linguagem – *per son* (pelo som). A linguagem é capaz dos piores males e também de curar; é capaz de construir e destruir. Recusamos, portanto, a desqualificação do efeito performativo da linguagem posto que é promotora da indiferença, da insensibilidade e da desqualificação do sofrimento de outrem. A zombaria demoníaca contra as palavras é sempre importante de ser denunciada como o fez Freud (1926, p. 213):

> As feições da Pessoa Imparcial agora revelam sinais de alívio e relaxamento inegáveis, mas também trazem claramente certo desprezo. É como se ela estivesse pensando: "Nada mais do que isto? Palavras, palavras, palavras, como diz o príncipe Hamlet". E sem dúvida ela também está pensando na fala zombeteira de Mefistófeles sobre com que conforto se pode ir passando com palavras – versos que nenhum alemão jamais esquecerá.

---

[1] Psicanalista, psicólogo, psiquiatra e professor titular e pesquisador no curso de Psicologia e no Programa de Pós-Graduação em Psicologia na Universidade de Brasília.

36 | Dimensões da violência

O Sujeito efetiva-se na noção de pessoa, que se vê articulada com os nomes próprios, as expressões definidas, os pronomes. Importante apontar que entre estes os pronomes indefinidos têm importância particular no presente estudo. Tão relevante que a violência praticada ao longo da história permitiu a Darcy Ribeiro (2002) apontar como aqueles que pertencem a *ninguenidade*. Os zés-ninguém da vida cotidiana são objeto de depreciação mais além do que o próprio processo social já realizou. Podem sofrer desde a gozação até a destruição do Ser-ninguém, o que se faz através do disfarce romântico no Romantismo com relação ao índio, com a denegação nas suas variadas formas no racismo e no cinismo depreciativo no caso do índio Galdino.

Pressupomos, com Oliveira (2008), que a violência nunca é só física, nem suas repercussões são somente desta ordem. Ousamos afirmar que não existe violência sem a linguagem, sem o Ser de linguagem que o homem é, sob pena de confundirmos violência com agressividade. A dor moral eliciada pelas palavras tem sido sentida e vivida nas carnes dos brasileiros ao longo da história, em especial no cotidiano. O insulto moral por vezes é mais destrutivo do que atos comportamentais abertos. Ao dístico escrito em ferro no portão de um campo de concentração nazista só deformava a realidade do trabalho forçado escravo, seguida de transformação de carne humana em sabão: *Arbeit ist frei* (o trabalho liberta). Atos e palavras são companheiros inseparáveis, ainda que nem sempre sejam dirigidos na mesma direção. A violência do Brasil escravocrata, com toda a sua imposição física e obstrutora de milhões de existências "ninguenizadas", tem um correlato que não se coaduna com o discurso literário mais importante da época: José de Alencar. Veremos que a linguagem é usada para criar uma representação do impossível, mítica tanto dos fatos ligados à vida sexual quanto à vida econômica. A realidade é que a pessoa do índio foi transformada efetivamente em um ninguém. Veremos que a violência nunca é só comportamento aberto, ela é infração ilegítima, ainda que legal, como aconteceu com populações esmagadas no processo sócio-histórico brasileiro e também com um suposto mendigo, um suposto zé-ninguém morto incendiado quando dormia.

O pau-brasil cortado

Quem não gosta de samba bom sujeito não é
É ruim da cabeça ou doente do pé
Eu nasci com o samba, no samba me criei
E do danado do samba eu nunca me separei
Samba lá da Bahia deixa a gente mole
Quando se canta todo mundo bole.
(Caymmi, Dorival. Samba da minha terra.)

O samba de Dorival Caymmi não exclui ninguém da brasilidade que tanto devemos também à escrita alencarina. Somente tacha que o seu ideal de brasileiro é gostar de samba. Assinala também a impossibilidade de se separar do samba. Ele vive na cultura, na mente e o corpo que foram atravessados pelo ritmo, a dança e as canções. O sentimento de pertencimento faz-se aí presente ainda que alguém o recuse. É uma marca significante caracterizadora e identificatória. Gostando ou não, ele existe e se introduz na vida de cada um. Existe, então, uma dialética constituindo a relação do sujeito com marcas significantes. O brasileiro gosta de futebol, mas existem brasileiros que não gostam e nem por isso são menos brasileiros. Muito pelo contrário, eles o são justamente por criar a diferença e o desenvolvimento do pensar acerca daquilo que é julgado "coisa nossa".

Nacionalismo, mesmo o amor pela terra não pode ser confundido com identidade. A identidade nacional não é dada *a priori*, ela é uma produção semiótica continuada. Ela se efetiva como um imaginário popular, mas constituído na dialética do dia a dia. Ela é sempre plural quando apreciada a partir do universo de traços significantes de um povo. Ela não é uma coisa como a bandeira tão somente, símbolos que vivem em mastros. É um produto imaginário, atravessado por símbolos materializados, a que milhões se identificam tornando-se uma atividade viva. Assim, o dito "O Brasil é o País do Futebol" é acreditado por milhões. Tornou-se um chavão. Um *slogan*, seja ele qual for, não é necessariamente uma característica. O que se torna característico é a circulação da máxima, ainda que plena de engano narcísico e com reações contrárias ou modificadoras do ideal assinalado. Não obstante, diferentemente da escrita, que é forma estabelecida no papel ou na tela, obra constituída fora da mente de cada um, o pensar é dialético e mutante. O psiquismo é um moldar semiótico profuso entrelaçando afeto, forma, mover-se. Nosso pensar nunca é totalmente estabelecido. Ele é um fazer-se continuado como o próprio corpo. O que faz identidade não são as máximas. Estas são produtos dialetizados na fala do povo e na escrita daquilo julgado como fazendo parte da cultura nacional. Quando a *semiosis* se fixa a uma escrita, ela adquire ar de verdade e de obrigação. A palavra escrita é mais cheia de ideologia e de asserções que não são tomadas como dialética da fala, mas como direção de como as coisas devem ser.

Com a constituição das nações e do Estado, a identidade passou também a ser regida principalmente por duas regras: *Jus sanguini* e *Jus Solis*. No Brasil a ideia de Terra-mãe foi adotada bastando nascer aqui para ser brasileiro. A ideia de ser aqui produzido está interligada com o termo brasileiro: não nos identificamos com o termo brasiliano; aceitamos, com dificuldade, o brasiliense, que ficou reservado para a gente de Brasília. O lexema "brasileiro" é herança da exploração inicial da descoberta. Marcava o caráter de ser produzido, confundido com a atividade de extrair pau-brasil, a profissão de ser brasileiro, tal como

38 | Dimensões da violência

carpinteiro, madeireiro. Na maioria, autóctones cortando pau-brasil para ser levado para a Europa. Por contiguidade, metonímicamente, o significante brasileiro passa a designar toda uma nacionalidade. Resta, porém, algo não dito, caído no esquecimento no lexema brasileiro: a exploração dupla sofrida – do brasileiro e do pau.

Cortado pela diferença tecnológica absurda, o povo brasileiro – índios, negros escravizados, a massa de mestiços se formando, alguns mazombos e reinóis migrados – desde o seu início, viu-se em face da realidade da castração, senão emasculação. O Padre Antônio Vieira, na leitura precisa e delicada de Bosi (2006, p. 135), mostrava, à dura realidade da limitação impingida e também autoaplicada, as classes servis, com "duas classes antagônicas, os senhores e os escravos; ele e vós:

> Eles mandam e vós servis; eles dormem e vós velais; eles descansam, e vós trabalhais; eles gozam o fruto de vossos trabalhos, e o que vós colheis deles é um trabalho sobre outro. Não há trabalhos mais doces que o das vossas oficinas; mas toda essa doçura para quem é? Sois como abelhas, de quem disse o poeta. Sic vos non vobis mellificatis apes. O mesmo passa em vossas colmeias. As abelhas fabricam o mel, sim: mas não para si. (Vieira, 1679)

Marx (1843) diria dois séculos depois:

> Por certo, o trabalho humano produz maravilhas para os ricos, mas produz privação para o trabalhador. Ele produz palácios, mas choupanas é o que toca ao trabalhador. Ele produz beleza, porém para o trabalhador só fealdade. (p. 77)

Naquele momento da história brasileira e mundial fica marcado para nós o olhar de desejo do estrangeiro. Disposição para fornecer e fazer-se conforme o mando e a suposição de desejo do outro. No entanto esse outro não teria desejo e um olho que o apreciariam? Sim, o explorador vinha aqui referenciado aos tempos medievais. O olhar do Senhor do burgo em desaparecimento, dos Reis, da oligarquia europeia já constituída, do empresariado montado e em vias de articulação com o Estado e as nações estavam sempre presentes: não bastaria a carta de Pero Vaz de Caminha prestando contas do seu olhar desejoso sobre as "coisas" do Pindorama ao El-Rei?

Um passo ínfimo institui-se formando a disposição autoelogiosa das nossas coisas. De sujeito "ninguém" que somente produz para o outro levar, aparecem brasileiros que fazem o elogio das coisas brasileiras e de si mesmos. Reação mitigada de quem vê o absurdo: coisas valerem mais do que eles mesmos. O engenho fez ouro branco e consumiu gente. Não mais somente do corte do pau de cor avermelhada em brasa, mas de si mesmos, ainda que bastante desprovidos de seus destinos. O Romantismo do Império mostra a face da realidade hostil imposta aos desmunidos. Ele sempre fornece, além do sonho, a fuga nostálgica em geral efetivada no mais que perfeito: "poderia ter sido assim".

Coerente, José de Alencar (1865) não mostra de que forma nobre ocorre o sacrifício de Iracema para que nasça o fruto do seu amor com o português Martim Soares Moreno, o Moacir ("o filho do sofrimento"), o brasileiro-tipo? Sabemos hoje o quanto é potente a escrita alencariana, pois traz consigo uma verdade comum da formação brasileira, índias autóctones fecundadas pelos estrangeiros. Iracema é a América. É a conquista do português. Mais ainda, conforme o anagrama:

AMERICA

IRACEMA

Criado pelo genial escritor, faz-nos crer que o nome Iracema tem som de termo tupi, seja de origem tupi, seja da terra mesmo, mas é tão somente uma criação do Romantismo brasileiro. No Nordeste brasileiro, aquele dos "verdes mares bravios da sua terra natal", aquele "da virgem dos lábios de mel", Alencar não conseguiu criar a imagem convincente de um índio ardejando uma branca sem consequências funestas.

Não obstante, essa inversão quase impossível na realidade brasileira do Segundo Império efetiva-se contra a castração siderúrgica já existente contra esse tipo de sexo. Alencar (1857), vivendo no Rio a maior parte da sua vida, incentivou acontecimentos de uma escassez desértica nas profundezas das selvas tropicais do Parayba do Sul: Pery tendo acesso a Cecy. Tudo com a marca do falo abaixado transmitido pelo "y". Um amor que não se deixa ir, só faz "i", ou pior "y", até no final. Cecy e Pery nunca chegaram à consumação carnal, algo sempre os impediu. O algo deve ser nomeado: chama-se castração. No fim do romance, com tudo romântico e os dois sós, não sabemos o que aconteceu no mito. O mito não resolve a vida, ele dá arcabouços, mas aos protagonistas cabe a criação efetiva na existência. Fica a imagem de um pau da terra carregando-os água abaixo, um "y" dependurado, lenho derrubado pela tempestade, os dois com "y" no fim dos nomes. Mais ainda: um pau já deitado e carregado pelas águas. "Y", imagem da palmeira, que flutua, com seus ramos protegendo o casal em uma espécie de gineceu, sublimado na marra, um improviso de canoa levada pela metáfora da vida como um enxurrada que tudo carrega: "a palmeira arrastada pela torrente impetuosa fugia (...) e sumiu-se no horizonte (...)".

Cecy e sua família é que efetivamente mantêm o mando, o gozo e tudo o mais que a natureza brasílica deve prover-lhes. Pery que se vire para metamorfosear o "C" em "P", o "c" em "r", e estar à altura do desejo dela, do pai Dom Antônio de Mariz e dos Reinóis em adaptação acelerada. Que se vire com o conhecimento profundo da terra e sua natureza para salvá-los. Caso ele erre ("r" de ery), caso ele não possa se aguentar no desejo, na sua castração, ele não

40 | Dimensões da violência

será autorizado nem mesmo a desejar esse (ecy) objeto de desejo, Cecy. Não casam enquanto não autorizados, dizem os dois já se querendo nas vogais dos nomes e impedidos pelas consoantes de serem um, virarem um casal. As vogais não bloqueiam, saem do corpo pela boca sem constrição, dizem. As consoantes devem ajudar na expressão, consoando com as vogais. Porém, para consoar, ocorre muita fricção, e tornar Cecy-Pery um só: um, uma Cery; uma, um Pecy? Ambos desejam falicamente ir: o fonema i ("y") insiste tanto em Cecy quanto em Pery. O gênio significador de José de Alencar opta pela letra y, do alfabeto grego, frequentemente usada na grafia dos nomes tupis e que, depois, pobre casal impossível! Mesmo essa letra só é utilizada em casos especiais no português, pois o significante i ficou conforme o latim. No final P faz o que C quer e pode então, imaginariamente, virar o homem Pery para uma diáfana, etérea mulher Cecy, intocável, imaculada, incopulável. Tanto em *Iracema* como em *O Guarany*, Alencar conscientemente aponta o sonho romântico na semântica explicitada e, no implícito dos significantes, deixa velada a castração efetiva. Castração dos mais fracos que são os mais nobres nesses casos (viva aqui José de Alencar!), a despeito que essa fidalguia seja rala e somente imaginada. "A nobreza dos fracos só se conquista pelo sacrifício de suas vidas" (Bosi, 2006, p. 179).

No Segundo Império, o imaginário brasileiro é constituído não mais somente por um olhar estrangeiro: já existem as oligarquias, desde sempre ganhando bem, ancoradas no mercantilismo inicial, na exportação do açúcar, do café e no latifúndio depois e doravante, que têm algo a desejar: o manter-se na posição gozosa. Desejar e assegurar-se que seus investimentos sejam ressarcidos, incluindo aí escravos, "cousas e loisas" mais. A identidade brasileira fornecida pela imprensa da época já não é aquela da *ninguenidade* (Ribeiro, 2002), posto que índios e negros, ainda que massacrados cultural e tecnologicamente, começam apenas a indicar suas presenças e seus desejos não mais com olho na Europa, mas nos seus Senhores imediatos. Estes de *ninguém* nada têm: se os pobres emigrantes europeus não se cuidassem seriam explorados até ser-lhes tirado o coro das costas, tal como era feito nos contos populares tipo Pedro Mala-sartes. Os Senhores do Brasil, até hoje disfarçados em aparentes democratas, são oligárquicos, acaparam-se do que podem, e nada têm de sujeitos forcluídos, agindo como não existentes, fora do tempo exato da oportunidade ou escotomi-zadores da realidade do que pode proporcionar-lhes prazer e poder. Os sujeitos da ninguenidade estão na sequência clássica dos pronomes forclusivos designati-vos não da discordância de não, talvez, não obstante, quiçá, mas sim na certeza da inexistência na realidade efetiva material: *nenhum, ninguém, nada*. Como o zé-ninguém não pode ser destituído totalmente da *res extensa* do seu corpo, o *ninguém* fica a meio caminho do nada, do insignificante, do zero.

Tal como na Europa, onde cada local mais dinâmico economicamente tem ao lado, por vezes, o irmão tratado como estranho, falando até a mesma língua,

Violência e "ninguenidade" | 41

tratado como a mão de obra barata disponível – a Inglaterra a Irlanda; a Itália do Norte a Itália do Sul; a Alemanha, os turcos, os poloneses. Estes trabalhadores europeus são imigrados para o Brasil, trazidos pela pressão da economia cafeeira, pelo seu trabalho diferenciado, e também pelo grande lucro que puderam trazer no lugar dos escravos. E, aqui, nenhuma novidade no Novo Mundo, a multidão de desvalidos já existia e serviu de mercado reserva de mão de obra. E ainda serão chamados de preguiçosos: caipiras, caboclos, favelados, escravos forros, ex-escravos e o interior sertanejo, especialmente o nordestino, disponível para migrar logo que o Sudeste se industrializasse e a migração europeia se arrefecesse ou se tornasse demasiada onerosa. Ou logo que os ex-escravos jogados nas ruas dos bordos dos vilarejos vendessem o mais barato possível seu labor como biscate. Também os trabalhadores iletrados e humildes das fazendas não têm como ser mantidos em função da queda dos preços dos produtos; eles, o chamado povão, vão para a grande cidade. O século XX conheceu a migração em massa. Migração dos que não tinham inserção no sistema como sujeito que pudesse exercer seus desejos, existir enfim. A negação de Ser já está aí largamente imposta.

A violência entre os personagens do romance de José de Alencar é desproporcional com os números que temos: de cada 25 indígenas homens originais só sobrava um (Darcy Ribeiro); as mulheres índias sobreviveram mais se tornando a matriz da nossa constituição, especialmente a caipira. No caso dos negros a situação era gravíssima. De cada cinco capturados na África, um só era mulher, em geral uma adolescente. Dos quatro homens que iam para a boca da fornalha do engenho da cana de açúcar, sobreviviam uns dez anos se tanto. Poder-se-ia falar de família de negros enquanto eram tidos como *boçais*? Isto é, que não se comunicavam na língua do Senhor e falavam dialetos os mais diferentes e que ficavam misturados em um universo de línguas múltiplas. Somente a partir da primeira geração, constituída já de mulatos, é que possivelmente alguns homens, umas mulheres, filhos de escravas, na sua maioria, pudessem exercer a liberdade de se desejarem de verdade e não somente no imaginário. Importante notar que os significantes bordejam a violência, mas somente como indicadores. Indicadores de uma violência maior: a escravidão permanente que se estendeu até a copulação não interditada, mas forcluída, já que poucos conseguiram que muitos fossem ninguém. Existe violência maior do que o não existir em vida? Mas a disposição para criar a ninguenidade não é fruto de lógica da linguagem tão somente, mas de forças e de interesses organizadores da vida cotidiana, sexual e produtiva.

Entre José de Alencar e a efetividade da vida brasileira existe uma deformação brutal. O ponto essencial da violência no Brasil e que constituiu o próprio país é aquele de alguns contra muitos que são usados como escravos, força de trabalho esvaziada do conteúdo humano e tratada como busca de mais-valia tão somente. Pontualmente, a escravidão de índios e negros nos quatro primeiros

42 | Dimensões da violência

séculos. A exploração durante o século seguinte por vias diversas. Aqui, a linguagem, além de servir a deformação, agora passa a realizar atos. Daí termos de ir diretamente sobre o racismo como correlato e justificativa da exploração. A construção de uma obra como *O Guarany* cria um mito que busca dar identidade. Ao mesmo tempo a linguagem tem seus efeitos mais além da representação, da referência de algo que dificilmente existiu. Ela teve efeito performático, criando um sonho de um passado que não se efetivava nem no presente atual.

Uma das fantasias brasileiras mais frequentes – a existência de *melting pot* total – pode ser evidenciada em números como portadora de uma enorme contradição. Através de duas perguntas feitas por psicossociólogos (Venturini & Paulino, 1995; Camino, Silva, Machado & Pereira, 2001), em uma perspectiva psicossocial: Existe racismo no Brasil? Sim, 89%; Você é racista? Não, 90%. A contradição mostra a hipocrisia do funcionamento mental inconsciente-consciente que acaba por tentar encontrar soluções de compromisso para manter a consciência moral em paz. Um dos países mais miscigenado do mundo, o Brasil tem um racismo com especificidades: a denegação é sua marca maior com manobras retóricas camaleônicas (Martins, 2008).

A violência contra os índios parece mais fato do passado longínquo, mas contra a nossa origem negra está bem presente mesmo pela contiguidade brutal existente na desigualdade da população de origem negra e também da população nordestina migrante para o Sul brasileiro. Não há dúvida sobre a violência do escravagismo, ainda que seja dito que os escravos foram libertados por uma penada da princesa Izabel. Os fatos mostram que cada escravo liberto foi pago pelo Estado brasileiro à oligarquia cafeicultora. Mais ainda, diferentemente da população europeia imigrada aqui no país, os negros não tiveram nenhum tipo de proteção, tendo sido jogados nas estradas e periferias. Lembrando a concepção racista, descontextualizada, a indolência do negro como se isso fosse um traço atávico, a eles, de tão usados, muitas vezes só restava aproveitar o resto de tempo de vida que lhes sobraram de um corpo destroçado pelo uso. Uma técnica de defesa do corpo através da cadência de trabalho menor possibilitou a alguns terem um corpo mais salvo-guardado, mas trouxe consigo a difamação de que "negro é preguiçoso". As oportunidades para a população negra e mulata foram reduzidas, dificultando até para eles mesmos se efetivarem como famílias estáveis.

A vez do preto ser foi no samba e no futebol

A asserção anterior evidencia duas modalidades culturais laborativas em que a população negra se viu reconhecida. Asseverar que foi somente *nisso* apenas

Violência e "ninguenidade" | 43

acentua o caráter de ninguenidade que eles se viram obrigados a enfrentar ao longo de gerações. A história do Brasil mostra que o futebol emerge como esporte de alguns no final do século XIX e se afirma como paixão desvairada na primeira metade do século XX. O futebol está imbricado com os destinos pulsionais que a população exercia. As impulsões inconscientes buscam sua expressão, que não se faz como um instinto animal, mas, sim, na civilização e nas complicações que um ser de cultura encontra. Um psicanalista que denegue a causalidade histórica e a tradição oral do povo – e o futebol – está fadado a um destino de Polinices, irmão de Antígona: ser visto como um falso, no mínimo um petulante. Creonte, rei de Tebas, decreta que Polinices não será enterrado como todo mundo, pois era um traidor tido e reconhecido. Antígona, magnífica, arrisca a própria vida pelo direito de o insidioso irmão ser inumado. Igualmente, saímos em defesa da qualificação não somente da causalidade psíquica e inconsciente, mas também da causalidade histórica. Freud desejou um entendimento, o mais completo do psiquismo, do humano e deste na cultura em transformação continuada. Uma das grandezas de Freud é sua recusa ao totalitarismo político e teórico: a psicanálise é uma contribuição que melhora e se diferencia e que tem seus limites epistêmicos. Além disso, ela vira doutrina, coisa com a qual Freud teria dificuldades. É bom lembrar a humildade do velho clínico ao reconhecer seus limites (Freud, 1929/1930),

> Minha imparcialidade se torna mais fácil para mim na medida em que conheço muito pouco a respeito dessas coisas. Sei que apenas uma delas é certa: é que os juízos de valor do homem acompanham diretamente os seus desejos de felicidade, e que, por conseguinte, constituem uma tentativa de apoiar com argumentos as suas ilusões. Acharia muito compreensível que alguém assinalasse a natureza obrigatória do curso da civilização humana e que dissesse, por exemplo, que as tendências para uma restrição da vida sexual ou para a instituição de um ideal humanitário à custa da seleção natural foram tendências de desenvolvimento impossíveis de serem desviadas ou postas de lado, e às quais é melhor para nós nos submetermos, como se constituíssem necessidades da natureza. Também estou a par da objeção que pode ser levantada contra isso, objeção segundo a qual, na história da humanidade, tendências como estas, consideradas insuperáveis, frequentemente foram relegadas e substituídas por outras. Assim, não tenho coragem de me erguer diante de meus semelhantes como um profeta; curvo-me à sua censura de que não lhes posso oferecer consolo algum, pois, no fundo, é isso que todos estão exigindo, e os mais arrebatados revolucionários não menos apaixonadamente do que os mais virtuosos crentes. (p. 170)

Tanto como qualquer produção de linguagem, a teoria psicanalítica, a cultura e os ideais são mutáveis. A força que os outros seres humanos com seus inconscientes e motivações próprias fazem sobre o inconsciente narcísico portador de

44 | Dimensões da violência

ideais traz consigo a própria ideia da castração. E mais que castração: emasculação de muitos, escarneamento escravista e nulificação de milhões que não tiveram a chance de entrar no sistema de decisão. Voz com atos, desejos com poder, possibilitando transformar a própria vida e dos seus em coadunação com os outros. A falta de *empowerment*, o não empoderamento, o não acreditar em "um vá em frente" naquilo que realmente deseja e é merecido é flagrante nas populações que não se sentem fazendo pelo menos um pouco da sua história. É ninguém aquele que está dormindo, alheado, e que não pode nem se autorizar no exercício da existência.

O povo recém-liberado da escravidão, como no caso dos negros, jogado também na pobreza como no caso dos caipiras, muitos mestiços branco-índio, mamelucos que negociavam sua força de trabalho, com a chegada da migração europeia, dificilmente vão poder exercer a liberdade. Formam os jeca-tatus, famosos pelo definhamento, e a chamada Paulistânia, que Darcy Ribeiro mostrou tão bem acerca da nossa formação, em especial os caipiras paulistas, os mineiros empobrecidos com a lavra do ouro decaindo, dirigindo-se para a pequena criação de gado e o cunhadismo. A chamada vida tranquila de capiau. Enganam-se aqueles que pensam ser todos uns broncos. São diferentes daqueles que os Senhores gregos chamavam *mutatis mutandis* beócios. Ao contrário, é todo um mundo, uma ecossemiologia que se forma e que só quem viveu compreende os meandros. Enganam-se os analistas, que apontam que eles nãos são colonizados. Eles o são por meio da ideologia e das posições sociais marcadas no mundo, no Brasil e em cada rincão. Colonizado aqui o vale, guardando as diferenças, para o proletariado, para o submetido à oligarquia, para aqueles que acreditam piamente em importações teóricas que não qualificam as realidades da nossa história e de inserção no mundo, para os que têm de ser humildes para não ser humilhados, para os excluídos do ganha-pão diário.

A batalha para deixar de ser ninguém e adquirir cidadania se desenrolou no século XX e se confundiu em boa parte na luta contra o racismo, seja contra os negros seja contra os desmunidos. Convém lembrar que a abolição do cativeiro no mundo se deu por último no Brasil. Porém, apenas passados de trinta a quarenta anos, os filhos, netos, bisnetos de escravos conseguiram ascensão para a chamada primeira divisão do futebol, descobrindo-se valiosos, com capacidade de barganha mínima a despeito da posição de *prejudicado* histórico que lhes acompanhava. Nem como profissão era admitida. Era malandragem, quiçá esporte e olhe lá, sempre marcado pela discriminação ou rejeição por ser atividade que demandava esforço. A oposição *arbeit x poiesis* era dobrada pelo futebol e a arte "podal" aqui qualificada, deixando às vezes de ser duro trabalho (*arbeit*), lembrando criatividade em ato (*poiesis*).

A batalha para torná-lo algo de valor efetivo está escrito no livro de Mário Filho (1947) e culmina com o ascendimento de Pelé ao estrelato mundial. O que se segue é mais conhecido ainda, não se tratando de contratações só por conta de aparências. Trata-se da efetividade de quem se dedicou; e a dedicação não foi feita contra alguém em específico, ela se fez nas rinhas de disputa, com conflitos psicológicos graves, nas quais a posição de *underdog* era mais sentida, mais sofrida, do que pensada. Para Leônidas da Silva, vender seu *marketing* para o chocolate Diamante Negro® foi um quiproquó. Para desaparecer, esvaziar-se a ideia do bicho (gratificação), foi uma eternidade que remanesce até hoje. Interessante que justamente aquilo mais rejeitado, denegado – marca do racismo brasileiro (Martins, 2008), até os dias de hoje –, a inteligência e a habilidade do negro se tornaram, por volta de 1930, a marca diferencial do nosso futebol. Até a malícia do comportamento execrável no universo brasileiro escravocrata se tornou qualidade:

> Por acrescentar à rígida disciplina do futebol praticado na Europa o toque de malícia que para jornalistas como Mário Filho seria característica de sua raça, Leônidas ajuda a criar um estilo de jogo que ainda hoje serve para descrever o futebol nacional. (Pereira, 2000, p. 330)

Qual seja: acrobático, malicioso, cheio de bossa, oportunismo malandro, entre outros qualificativos nem sempre sobranceiros. Rosenfeld mostrou que a luta pela igualdade não foi completa, mas o futebol foi um empurrão essencial: "o negro podia ter provado sua plena igualdade em perseverança, inteligência, musculatura física e moral; ninguém discutia sua capacidade extraordinária, e a democracia racial no campo logo reinou de forma ilimitada. Contudo, nas dependências internas de clubes grã-finos, o negro craque profissional era marginalizado por mais que, em alguns casos, até diretores do clube se esforçassem no sentido de sua integração social. Seria necessário que a luta não se passasse somente no campo psicológico mas também no campo social. A transformação do país em uma verdadeira democracia não se fez em um dia nem na transformação da identidade de um ou outro. Foi necessário que a própria identidade dos desprovidos fosse aquinhoada e apoiada pela evidência do seu valor. Risério (2007, p. 308) afirma, com raro conhecimento de causa, que, "neste sentido, podemos dizer que o exemplo de democracia racial, dentro do campo de futebol, ainda não tomou a sociedade brasileira em globo".

O futebol é uma das poucas atividades em que o trabalhador oriundo de antepassados escravos pode se afirmar e até se impor. Isso não lhes foi dado, foi tomado como merecimento pela destreza e capacidade específica. O futebol permitiu a um bom número de pobres negros e mulatos deixar a faixa do zé-ninguém, daquilo que no Brasil é pior do que o Reich chamava *kleinen Mann*, os pequenos, que exercem pouco poder, mas que na massa do lumpemproletariado ainda podiam dizer algo. Aqui, de imediato, um negro pobre podia levar na cara: "Você sabe com quem está falando?"; ou o cáustico: "Vocês sabem que aqui no Brasil não existe racismo. Pois aqui o negro conhece o seu lugar". Em ambas as frases, a ninguenidade está presente na forclusão do lugar de actantes na comunicação e no exercício da existência. Estudamos (Martins, 2008) as variações de denegação do racismo brasileiro. Constitui-se em verdadeiro camaleonismo: negação forclusiva, hiperbolismo, hiperconsciencialismo, inconsciência com negação perceptiva. O sarcasmo disfarçado e a pilhéria autoinclusiva são comuns: "Não esqueça que todos nós temos um pé na cozinha".

Não podemos aceitar que *"gustibus non est disputandum"*, no que diz respeito ao ideal de que só humanos são iguais. O racismo é justamente a afirmação de que gosto não se discute. Quando alguém é tratado como ninguém, o gosto deve ser, sim, discutido e apontado como que ferindo o princípio da igualdade. Discutir pode nos permitir sair da ambivalência. No Brasil, músicas populares racistas estão presentes em ingênuos e bem-aceitos sambas que expressam preconceito contra as minorias. Um velho samba chamado "Nega do cabelo duro" pergunta assim: "nega do cabelo duro. Qual é o pente que te penteia?". Em outra paráfrase da música: "Seu cabelo não nega, mulata!". Numa contradição flagrante, logo após essas duras críticas, palavras de desejo pela mulata seguem: "você é meu amor". A mente dividida pelo racismo e o desejo evidenciam-se. Como parte da raiz da cultura do Brasil, essas músicas são cantadas em festas de carnaval como se essa agressão à mulher negra não estivesse em jogo – isso é considerado um dito espirituoso (*Witz*). Ele se torna um dito espirituoso apenas se outro alguém, que não está a contar o mesmo, ri ou sente prazer. A função do dito espirituoso dessa terceira pessoa é sempre muito importante para realizar a performance sádica. Como em atos de fala, a efetividade social dessas músicas revela uma situação em que o interlocutor está sempre presente, englobando três atores. Isso significa que palavras racistas são sempre dirigidas potencialmente para toda a comunidade virtual. Negar que o insulto moral com repercussões permanentes na identidade de outrem não pode ser mais motivo de sorrisos discretos, mas afirmar que são escárnio, parece-nos um fato e não algo de cunho estético (*gustibus*).

A violência se efetiva facilmente na ninguenidade

Uma condição de exercício da cidadania no Ocidente é ter direito a um nome. Nesse aspecto os escravos eram ninguém, pois nem nomes de família podiam ter. Com a libertação, eles puderam adotar nomes, muitos deles com origem na própria religião ou, senão, nos próprios senhores, iniciando, assim, um esforço para se constituírem como "um alguém" (Martins, 1992). Como se não bastassem os dados históricos de violência em massa já indicados, ela remanesce nos dados atuais apresentados de maneira sistemática e didática por Paixão e

Carvano (2008). A violência ocorre não somente nos indicadores estatísticos, mas também em situações nas quais a expressão da agressividade é colocada para limitar as interdições cabais da sociedade, para atingir física e moralmente, como sempre, alguém. Talvez o tratamento de "ninguenidade" seja o insulto mais danoso, posto que justifica até a lesão física de outrem, podendo chegar à morte.

Brasília tem suas noites de céu limpo, estrelado e bom para as festividades que envolvem simbolicamente os nacionais e os que se esforçam para saírem da ninguenidade ou, senão, para criar a possibilidade de existência singular. É o caso do Dia do Índio, determinado em 20 de abril de 1997. Um feriado em que o clima participativo comunitário foi buscado. Alegria com festividade pelo Dia do Índio transcorreu. A cidade cosmopolita tem vida própria e com atividades as mais diversas que nada têm a ver com uma comemoração. Assim, ao acaso, cinco jovens, um deles menor de idade, passeiam pela noite como um grupo solidário, conversador, à procura de divertimento. Nas ruas vazias da madrugada não se encontra divertimento fácil. Ele topam com uma percepção quase comum no cenário das cidades depois de festividades: os garis ainda nem limparam as ruas, o clima de quarta-feira de cinzas é sempre de fechamento de um humor alegre para o descanso e o retorno para o cotidiano. Eles dão de encontro com alguém, embrulhado em um cobertor, em uma parada de ônibus, que dorme profundamente. Na excitação tipo pastelão, resolvem fazer uma "brincadeira", "dar um susto". Compram gasolina e jogam sobre o suposto "mendigo" que dorme na parada de ônibus. O incêndio queima o homem que não sobrevive ao ser levado a um hospital. A brincadeira chistosa se torna tragédia criminosa.

Para a execução de tal delito, o grupo, *gang*, passa a ser comandado por certo automatismo inconsciente que renega a lei a um segundo plano. Ocorre uma desresponsabilização do Eu que se vê controlado por um supereu feroz que comanda: goze! Hannah Arendt (2006) pode ser aqui lembrada: trata-se da banalização do mal, logo que a urgência paroxística de gozo se instala numa brincadeira de mau gosto. O demoníaco como trivialidade se faz quando a ideologia permite: sou melhor do que os outros, permito-me. Automatizados, pois se recusam pensar *per si* e ser responsáveis pelos seus atos. O desvinculamento do ato pessoal na cadeia maquínica que constitui a cena exclui momentaneamente a consciência moral como pertencente ao psiquismo do executor. Via de regra, o mal só é sentido por aquele que o experimenta. Os rapazes não pensaram necessariamente que dar um susto fosse um mal: "divirto-me" ou algum outro refrão do gênero "quem está na chuva ou na noite é pra se molhar", acentuando o caráter de impessoalidade e virilidade dos autores, destoantes do mundo de regras públicas.

O que é essa "brincadeira"? Trata-se de uma brincadeira de um ponto de vista infantil, ingênuo, desconhecedora da lei, e de uma "brincadeira de mau

48 | Dimensões da violência

gosto", caso apontemos o fenômeno efetivo. Fazer a graça à custa de outrem é mais que um jogo, é sadismo explicitado. Não se trata de um trote: a vítima nem fazia parte do grupo ou de uma corporação comum. Menos ainda de um rito de passagem. A "brincadeira para dar susto" implica o despreparo cognitivo do vitimado: estar dormindo, estar inconsciente funcionando no mundo dos sonhos, passivizado em face da realidade hostil. Lembra muito mais um pastelão agressivo do que humor. Entendemos que a promoção de um prazer se faz presente na situação do ponto de vista daqueles que ativamente descarregam agressividade sobre aquele que "dorme no ponto" de ônibus. Vê-se que a construção de uma morte por brincadeira é montada em cima de um gozo agressivo. Diferença essencial – e que no paroxismo de uma gozação são esquecidos os passos desqualificativos. Assim, a desqualificação é também de cada passagem, desde a percepção até o julgar que o "mendigo" é um ninguém, uma coisa, mas que grita, morrendo. A impulsão agressiva se torna sadismo. O sadismo como rito infantilizado. Trata-se de um rito para fazer alguém, em posição debilitada, levantar-se e reagir contra um grupo muito maior. Grupo de homens feitos e ridiculamente infantilizados que querem brincar de cabra-cega ou de pega-pega com quem não teria meios para retaliar.

A brincadeira de mau gosto está na extremidade oposta daquilo que Freud estudou no humor como sendo o dito espirituoso (*Witz*). O dito espirituoso efetiva-se no plano da palavra. A brincadeira de mau gosto implica o comportamento aberto. Assim, a ironia fina de Heine produz o famoso *Witz* do primo pobre que foi convidado para jantar com seu primo rico. Ao retornar e ser interpelado sobre como foi o evento, o judeu pobre responde: "E tão certo como Deus há de me prover todas as coisas boas, doutor, sentei-me ao lado de Salomon Rothschild e ele me tratou como um seu igual – bastante *familionariamente*" (Freud, 1905, p. 29). Freud chega a propor uma classificação que se funda em duas grandes categorias com várias subcategorias. A primeira seria do *Witz* de palavras. Um exemplo seria do jogo de palavras *Amantes, amentes*. A segunda seria dos *Witz* de pensamento, tal como ocorre no deslocamento por representação indireta: nos escritos de Lichtenberg, lê-se: "é quase impossível de se andar em uma multidão com a chama da Verdade, sem que se queime a barba de alguém" (Freud, 1905, p. 82). Condensação e deslocamento são os dois grandes movimentos pulsionais inconscientes que ocorrem no alto refinamento do *Witz*.

E, com relação à baixaria de ferrar com alguém, sacanear, depreciar algo que domina, às queixas de milhões de pacientes que se sentem vitimados e de populações inteiras que foram esmagadas ao longo da história, não conseguiremos sorrir como no *Witz*. O Inconsciente não promove só arte e criatividade. Ele é o reino das sombras, comandado por um senhor arteiro, demoníaco. A brutalidade de atos demanda uma extensão e um aprofundamento da análise muito mais além do prazer que o humor nos fornece. Implica também que o inconsciente

Violência e "ninguenidade" | 49

humano é pleno de possibilidades agressivas, de morte. Caso sejamos julgados como pessimistas e toda essa atividade de violência exclua algo do humano, pediremos ajuda a Freud, permitindo-nos uma citação mais extensa, já que o Inconsciente e os ditos espirituosos podem estar a serviço de propósitos *hostis*.

Aqui, desde logo, encontramos a mesma situação. Desde nossa infância individual, e, similarmente, desde a infância da civilização humana, os impulsos hostis contra o nosso próximo têm-se sujeitado às mesmas restrições, à mesma progressiva repressão, quanto nossas tendências sexuais. Não conseguimos ainda ir tão longe a ponto de amar nossos inimigos ou oferecer-lhes a face esquerda depois de esbofeteada a direita. Além do mais, todas as regras morais para a restrição do ódio ativo fornecem até hoje a mais nítida evidência de que foram originalmente moldadas para uma pequena sociedade dos membros de um clã. Na medida em que pudemos sentir que somos membros de um povo, permitimo-nos desconsiderar a maior parte dessas restrições com relação a estrangeiros. Contudo, dentro de nosso próprio círculo, já fizemos alguns avanços no controle dos impulsos hostis. Como Lichtenberg exprimiu em termos drásticos: "Onde dizemos agora 'Desculpe-me' costumávamos dar um soco nos ouvidos". A hostilidade brutal, proibida por lei, foi substituída pela invectiva verbal; um melhor conhecimento da interconexão dos impulsos humanos está cada vez mais nos roubando – através de seu consistente *"tout comprendre c'est tout pardonner"* – a capacidade de nos zangarmos com quem quer que se intrometa em nosso caminho. Embora ainda sejamos dotados de uma poderosa disposição herdada para a hostilidade quando crianças, logo aprendemos por uma civilização pessoal superior que o uso de uma linguagem abusiva é indigno; e mesmo onde a luta pela luta permaneceu permissível, aumentou extraordinariamente o número de métodos de luta cujo emprego é vedado. Já que somos obrigados a renunciar à expressão da hostilidade pela ação – refreada pela desapaixonada terceira pessoa em cujo interesse deve-se preservar a segurança pessoal –, desenvolvemos, como no caso da agressividade sexual, uma nova técnica de invectiva que objetiva o aliciamento dessa terceira pessoa contra nosso inimigo. Tornando nosso inimigo pequeno, inferior, desprezível ou cômico, conseguimos, por linhas transversas, o prazer de vencê-lo – fato que a terceira pessoa, que não despendeu nenhum esforço, testemunha por seu riso (Freud, 2005).

Freud aceita que a brincadeira de mau gosto não se encontra em nenhuma das categorias anteriores nem mesmo naquilo que em alemão é chamado de *smut*, ou a "piada vulgar". Caso prossigamos mais além das categorias do alto espírito (*Witz*), e vamos em direção para o rasteiro, entramos naquilo que no Brasil chamamos de baixaria. A título ilustrativo, colocamos no alto o *"Witz"* e embaixo a brincadeira de mau gosto, na qual a palavra e a lei são sistematicamente desqualificadas. Pensamos que Freud exclui de uma análise aprofundada em seu trabalho "O *Witz* e suas relações com o Inconsciente" algumas das formações do

50 | Dimensões da violência

Inconsciente que não são de forma nenhuma elogio da civilidade humana. Assim encontramos plenamente contemplado e analisado por Freud o dito espirituoso (*Witz*), com todas as suas categorias e seus detalhes tornando-se uma autêntica tese com esse objeto de estudo; a piada de salão, a piada grosseira (*smut*), a Paródia, a Bufonaria são referidas e iniciadas à análise, mas Freud não arrisca uma descrição detalhada como faz dos *Witzes*. A preferência de Freud pelo alto está certamente ligada à sublimação, ou até a uma esperança contra o rasteiro, o reino dos vermes comandado por Mefistófeles.

Asseveramos que no restante de sua obra Freud se ocupou e não deixou de apontar e até lutar contra a violência e a capacidade de agressão existente no homem. A violência faz-se não somente nas palavras e no refinamento do *Witz*, mas em outras modalidades que passam principalmente por quatro categorias gerais que vão cada vez mais em direção ao delito ou no sentido de facilitar sua consecução: o cômico, a paródia, a desqualificação. Elas levam não somente à bufonaria, mas também ao escárnio ou à bruta mortificação de inocentes, tal como encontramos em práticas como a *farra do boi*. A desqualificação do outro é particularmente importante em casos de violência que vão além do insulto moral. Pensamos que um termo muito comum na nossa cultura arrebanha o universo da desqualificação brutal a que o índio Galdino foi arrebatado: *judiar do outro*. Sempre ocorre desqualificação e algo de sadismo, criando ou tratando o outro como um rebaixado, um ninguém; por exemplo: falar mal, fofocar, difamar, pilheriar, insultar, vituperar, gozar, caçoar, desprezar, xingar, injuriar zombar, sarcasmo, cinismo, sonsice, canalhice, cafajestagem, burla, deboche, ironizar, escárnio, sacanear, pastelão, trote, corredor polonês, brincadeira de mau gosto, linchar. Judiar do outro, finalmente, remete de forma direta à imagem identificatória de Jesus, referente maior na cultura cristã.

Entre essas judiarias da vida cotidiana e o delito perverso afrontoso como do índio Galdino, temos um universo no qual o inconsciente agressivo humano pode se realizar e que vai francamente em direção aos Códigos Penais que o descreve com mais especificidade: estelionato, extorsão, caluniar, difamar, escornear. Potencialmente, toda e qualquer lista que desqualifique o outro é virtualmente delito. Quando o *Delito* é acompanhado de *Desafio* a autoridade, à Lei e de *Denegação* temos os três "'Ds'" que pensamos ser caracterizadores do domínio das chamadas perversões.

De toda maneira, entendemos que o mínimo de pessoas para se compor uma cena que produza o gozo implica três: mesmo "um dito espirituoso tendencioso requer três pessoas: além da que faz o dito, deve haver uma segunda que é tomada como objeto da agressividade hostil ou sexual e uma terceira à qual se cumpre o objetivo do dito espirituoso de produzir prazer" (Freud, 1905, p. 120). Eu, como aquele que pratica o ato visando a uma descarga prazerosa hostil; Tu, como aquele que assiste passivamente a cena em omissão ou se identificando, daí

Violência e "ninguenidade" | 51

o tremendo medo que Martin Luther King tinha da multidão silenciosa; e Ele, ou aquele, que é o terceiro na cena. Um país dominado pelo pastelão grosseiro na mídia cotidiana nem sempre poderá usufruir da possibilidade das palavras espirituosas. A passagem ao ato violento é dita que é feita sem mediação simbólica. Não obstante, o simbólico que estrutura as relações e posições diversas está presente. Seja em sua determinação de exercício da impulsão agressiva, seja na autorização suposta a que o sujeito se atribui. É certo que falta alguém aí para abortar o delito antes que a tragédia se efetive. Os comportamentos são expressão da busca direta da descarga agressiva sobre o outro. Um quarto elemento a levar em conta, mas que não é exatamente uma pessoa, seria a Lei.

A ninguenidade está mais além do pronome indefinido, mas ainda assim é relevante verificar a sua relação com a linguagem. Dito que os negros e índios sofreram mais na posição dita de ninguenidade, demanda não somente assinalar as estatísticas da violência, mas como a ninguenidade se constitui em seus detalhes microscópicos da comunicação social e do psiquismo humano. Tanto do ponto de vista de uma análise do *Dasein* quanto das práticas discursivas quanto da teoria psicanalítica, o termo "ninguém" atinge os limites não somente da indefinição, mas da não identidade. Em nossa gramática, "ninguém" entra em uma seriação um pouco diferente da seriação mais afirmativa do ser *algum, alguém* ou *algo*. Esta série é mais afirmativa, dando lugar ao ente e, melhor ainda, a uma esperança do vir a ser existente. Já a seriação de pronomes indefinidos, *nenhum, ninguém, nada*, que comporta em demasia o não existente, o vazio absoluto, o não ser, não permite a discordância, mas afirma a não existência, a negação dita forclusiva da gramática. Não fornece nem um vislumbre do que seria um Ser, um Existente, mesmo um Ente qualquer. Entre a presença da ideia de pessoa em *alguém* e *ninguém*, vemos o extremo atingido na categoria de pessoa ser relacionado com o nada, o nenhum.

Na situação do índio Galdino ocorre um momento decisivo, antes da passagem ao ato, foi o pensar de um dos rapazes: "Quem ali está?". Um romano pensaria: *quis, quae, quod?* Quem é? Os rapazes pensaram "é um mendigo, um maltrapilho". Metonimicamente chegaram, rápidos, precipitados, quase em paroxismo à conclusão de que ali estava um *ninguém*. Como se um *ninguém* existisse. Não nos custa lembrar a etimologia desse termo central: ele resulta de uma negação do *quem*, em latim seria: *ne-quem*, do lat. *nec* "nem, não" + *quem, quis*, termo singular masculino do pronome indefinido *quis* em latim: "alguém". Ou seja, um não alguém.

O ninguém é um ele, mas um ele especial. Um ele indefinido. A interrogação "Quem é ele?" é fundamental no desencadeamento da "brincadeira" de mau gosto. Ninguém pertence à série marcada pelo caráter de negatividade máxima similar a nenhum, nada. Estamos, então, situados no domínio da negação articulada com a dimensão dos sujeitos pronominais. É um pronome substantivo

52 | Dimensões da violência

que está no lugar de um nome indefinido. A resposta "pensei ser um mendigo" parcializa somente a cidadania. O pronome de terceira pessoa está situado, dentro do triângulo dêitico proposto por Benveniste (1966), no campo do não eu e, consequentemente, em oposição ao campo do eu, paradigma do demonstrativo indicial puro. O pronome "eu" indica o *locus* da enunciação. Eu e tu, aqui e agora, fazem referência aos participantes da interlocução, sem transmitir informações adicionais, sendo dêiticos puros. Em contrapartida, os dêiticos impuros, cujo paradigma é o pronome pessoal "Ele", estabelecem diferenciações baseadas em características e propriedades do referente, que são independentes das coordenadas espaciais e temporais em que se encontram o locutor e o receptor de determinado discurso. No que diz respeito à função dos pronomes de terceira pessoa, ela substitui um segmento do enunciado ou a totalidade de um enunciado, constituindo-se em substitutos abreviativos. Dessa maneira, o pronome "Ele", ao qual Benveniste denomina "não pessoa", representa o membro não marcado da correlação de pessoa, cujos paradigmas são "eu" e "tu". A partir dessa definição, o autor afirma que a referência de pessoa é uma "referência zero" que permanece fora da relação "eu"/ "tu". A liquidação da possibilidade da posição "ele" virá a ser um "tu", e menos ainda de identificar-se empaticamente e então surgir um mínimo de compaixão para com a vítima.

O ninguém é também um forclusivo. Ele, a um só tempo, é uma negação e um pronome indicativo da não existência de *quem* ou *quis*, em latim, alguém. Ele se insere na categoria da comunicação impessoal que privilegiará as posições relacionadas aos termos "ele", "depois", "ali", registrando-se um aumento na distância entre o Eu (locutor) e o possível Tu (alocutor), terminando por fazer desaparecer o Tu e tratando todos como um Ele, um objeto exterior à interlocução. Assim, o discurso entre os rapazes acerca de Ele = mendigo = um ninguém mantém distância, realiza a máxima de não entrar em contato, de não personalizar. "Ele" não é exatamente um pronome pessoal, mas muito mais um pronome impessoal. Temos de dizer que ele vai em direção do impessoal, do não familiar, do indiferente, do ausente, da não pessoa, das coisas. Enfim, mesmo marcado pela característica intrínseca aos termos dêiticos de uma vacuidade primeira, ele é preenchido, no ato de referência à realidade efetiva concreta, aos objetos, a *physis*, àquilo que tem extensão, *res*, da mesma forma que um substantivo ou um nome próprio. Tanta impessoalidade, ninguenidade, leva a tragédias infinitas na nossa história.

História agora feita pelo Inconsciente também:

> Em todos os três modos de trabalho (o humor, a palavra espirituosa (*Witz*) e o cômico) do nosso aparato mental o prazer derivava de uma economia. Todos os três concordavam em representarem métodos de restabelecimento, a partir da atividade mental, de um prazer que se perdera no desenvolvimento

daquela atividade. Pois a euforia que nos esforçamos por atingir através desses meios nada mais é que um estado de ânimo comum em uma época de nossa vida quando costumávamos operar nosso trabalho psíquico em geral com pequena despesa de energia - o estado de ânimo de nossa infância, quando ignorávamos o cômico, éramos incapazes de espirituosidade (*Witz*) e não necessitávamos do humor para sentir-nos felizes em nossas vidas. (Freud, 1905, p. 265)

Acrescentaremos à nostalgia de Freud de uma infância feliz o fato de que a "brincadeira", a baixaria movida pelo Inconsciente, seja capaz de produzir tanta violência por uma ninharia de prazer, em um mundo que comporta largamente violentações sobre seres humanos tomados no espectro da *"ninguenidade"*.

Referências bibliográficas

Alencar, J. (1998). *Iracema: lenda do Ceará*. São Paulo: Record.

Alencar, J. (1998). *O guarany*. São Paulo: Ática.

Arendt, H. & Elton, A. (2006). *Heichmann in Jerusalem: A report on the banality of evil*. New York: Penguin.

Benveniste, E. (1966). *Problèmes de linguistique générale*. Paris: Galimard.

Bosi, A. (2006). *Dialéctica da colonização* (5a ed.). São Paulo: Companhia das Letras.

Camino, L.; Silva, P.; Machado, A. & Pereira, C. (2001). A face oculta do racismo no Brasil: uma análise psicossociológica. *Revista de Psicologia Política*, 13-36.

Cardoso de Oliveira, L. R. (2008). Existe violência sem agressão moral. *Revista Brasileira de Estudos Sociais*, 23(67), 135-146.

Freud, S. (1905/1977). *Os chistes e suas relações com o inconsciente* (Vol. 8), Rio de Janeiro: Imago. (pp. 122-123) (Edição Standard das Obras Completas de Sigmund Freud).

Freud, S. (1905/1996). *O dito espirituoso e suas relações com o Inconsciente* (Vol. 8). Rio de Janeiro: Imago. (Edição standard brasileira das obras psicológicas completas de Sigmund Freud).

Freud, S. (1926/1996). *A questão da análise leiga*. (Vol. 20). Rio de Janeiro: Imago. (Edição standard brasileira das obras psicológicas completas de Sigmund Freud).

Freud, S. (1930/1996) *O mal-estar da civilização* (Vol. 21). Rio de Janeiro: Imago. (Edição standard brasileira das obras psicológicas completas de Sigmund Freud).

Filho, M. (2003). *O negro no futebol brasileiro*. Rio de Janeiro: Mauad.

Martins, F. (1992). *O nome próprio*. Brasília: Edunb.

Martins, F. (2008). Racism in brazilian aquarelle: the place of denying. *International Journal of Migration, Health and Social Care*, 4(2), 37-46.

Marx, K. (1843). *Manuscritos econômicos e filosóficos*. Tradução de Octávio Velho. Rio de Janeiro: Zahar.

Paixão, M. & Carvalho, L. M. (Orgs.) (2008). *Relatório das desigualdades raciais no Brasil* (2007-2008). Rio de Janeiro: Editora Garamond.

Pereira, L. A. M. (2000). *Footballmania: Uma história social do futebol no Rio de Janeiro (1932-1938)*. Rio de Janeiro: Nova Fronteira.

Ribeiro, D. (2002). *O povo brasileiro*. São Paulo: Companhia das Letras.

Risério, A. (2007). A escola brasileira de futebol. In *A utopia brasileira e os movimentos negros*. São Paulo: Editora 34.

Rosenfeld, A. (2007). *Negro, macumba e futebol*. São Paulo: Perspectiva.

Venturini, G. & Paulino, M. F. (1995). Pesquisando preconceito racial. In Turra, C.; Venturini, G. (Orgs.). *Racismo cordial: a mais completa análise sobre o preconceito de cor no Brasil* (p. 83-95). São Paulo: Ática.

Violência ou dominação?[1]

Christophe Dejours[2]

Na França e em numerosos países ocidentais, a violência tornou-se um tema cada vez mais frequente nos jornais. No presente caso, não se trata de refletir sobre a violência em geral, mas de determinar, de um lado, como ela se manifesta no mundo do trabalho e, de outro, sob qual medida o trabalho contribui para conjurar o aumento da violência social.

Para muitos observadores, profissionais e pesquisadores, parece evidente que as "mutações de trabalho", como se costuma designá-las, contribuem para o desenvolvimento da violência. Isso é verdade? Se sim, como?

Parece-me necessário ser bastante prudente nas respostas que damos a essa questão. Algumas ações públicas e políticas contra a violência me parecem contestáveis, dado que seus efeitos perversos estão relacionados a análises equivocadas sobre a violência. Assim, ao abordar o tema "violência e trabalho", não poderíamos ignorar que nossa análise pode também ter consequências práticas e políticas.

Para tentar contextualizar o tema dentro da minha proposta, relembrarei as etapas anteriores do meu procedimento. A primeira etapa se situa no Primeiro Congresso Internacional de Psicologia e Psicodinâmica do Trabalho, em janeiro de 1997. Nessa ocasião, foi organizado um simpósio, no qual um dos temas se referia, para retomar os termos de Alain Maurice, às instâncias psicológicas da dominação. Uma parte desses textos foi publicada na *Revue Internationale de Psychosociologie* e, em seguida, no primeiro exemplar da revista Travailler. A segunda etapa remonta ao meu livro *A banalização da injustiça social*[3] lançado

---

[1] Este texto foi publicado originalmente na revista *Travailler* (1999, n. 3, p. 11-29). Tradução de Jane Borralho Gama e Francisco M. M. C. Martins.

[2] Médico, psicanalista e professor no Conservatoire National des Arts et Métiers, em Paris. Chefe do Laboratoire de Psicologie du Travail et de l'Action.

[3] Traduzido do original francês *Souffrance en France* – la banalisation de l'injustice sociale (Paris, Editions du Seuil, 1998). No Brasil, foi traduzido como *A banalização da injustiça social* (São Paulo, Editora FGV, 2000).

58 | Dimensões da violência

um ano mais tarde, em janeiro de 1998. O debate que se seguiu insistiu bastante sobre as preocupações do livro, em torno das relações entre sistema neoliberal e sistema totalitário. Considerando a evolução da sociedade, sob o impacto das transformações do trabalho e do emprego, assim como a tolerância social da injustiça, torna-se importante discutir os riscos de deriva do sistema. A minha análise comparativa entre os dois sistemas visava revelar que, com o sucesso do sistema neoliberal, poderiam emergir os processos que são também responsáveis pelo desenvolvimento do sistema totalitário. Porém trata-se, dentro dessa análise comparativa, de esclarecer os pontos comuns e os divergentes em tais processos. Nesse livro, encontra-se a diferença fundamental entre os processos relativos à adesão ao sistema neoliberal e aqueles implicados na adesão ao sistema totalitário, tendo no centro a questão do uso da violência. Na ditadura, a violência é sistematicamente utilizada para submeter as pessoas e para tratar o problema dos recalcitrantes. Não é este o caso de nosso sistema neoliberal. A banalização do mal e da injustiça não acontece em nossa casa, pelo exercício da violência, mas pela colaboração da maioria de nós ao sistema.

Isso me parece pessoalmente evidente, mas não se mostra como tal para todo o mundo. Por quê? Por que o "diagnóstico diferencial" só é admissível se adotarmos uma definição em comum da violência. Os debates que se desenvolvem a partir de *A banalização da injustiça social* mostram que estamos longe de um consenso sobre a noção da violência. Quanto mais avanço, mais tento adotar as posições restritivas sobre a noção da violência, ao passo que a maior parte do que se exprime sobre este tema, não somente entre jornalistas e pessoas dos meios políticos, mas também entre pensadores e teóricos respeitados, tende a defender uma concepção extensiva da violência.

Tentarei reunir os argumentos em favor de uma concepção restritiva. Minha preocupação é estabelecer, o mais claramente possível, as relações entre violência e trabalho, para não nos enganarmos em nossa contribuição na luta contra o aumento da violência, de modo a evitar que, ao mobilizarmos meios inadequados, provoquemos mais estragos do que avanços.

Por que a questão da violência no trabalho preocupa tanto os médicos e pesquisadores que intervêm no domínio da saúde no trabalho? A que se ligam essas inquietações? Parece-me que elas estão diretamente ligadas ao aparecimento de *novas patologias* decorrentes das mutações tecnológicas, organizacionais e gerenciais: patologias de esgotamento ou de sobrecarga, lesão por hipersolicitação, LER/DORT, patologias ligadas ao assédio moral, medo de desemprego, suicídios etc. Observa-se um aumento das discriminações étnicas, em numerosas empresas, além dos abusos de poder sobre os terceirizados, com as subcontratações em cascata. Há ainda a violência sobre os trabalhadores, no exercício de suas funções, algumas provocadas por usuários, outras por delinquentes de direito comum, como no caso dos assaltos à mão armada, no setor bancário. Quase todo mundo reconhece que, atualmente, esse rol de violências reflete o aparecimento de novas formas de sofrimento, na relação com o trabalho. No entanto, às vezes, faz-se uma equação superficial e muito apressada entre as causas dessas novas formas de sofrimento no trabalho e a violência.

É provável que tenham aparecido novas modalidades de sofrimento, devido a causas específicas, mas se fizermos uma análise etiológica rigorosa dessas causas, não encontraremos, à primeira vista, a violência, do ponto de vista clínico e das investigações relevantes, em psicopatologia do trabalho. Encontramos, em contrapartida, ameaças ligadas à avaliação, à chantagem de demissão, às reformas de estrutura, a duplicidade, às condutas desleais, às estratégias de desestabilização psicológica, às infrações ao direito do trabalho, às injustiças de todo gênero. Mas isso se refere à violência?

A análise *etiológica* das novas formas de sofrimento e de patologia mental, em relação ao trabalho é difícil de ser feita, tanto do lado daqueles que infligem o sofrimento e a injustiça, quanto daqueles que os sofrem.

Se admitirmos que são obscuras as relações entre as pressões externas e as respostas patológicas, em termos do funcionamento psíquico, e se não caricaturarmos os atuais métodos de gerenciamento, a análise dos efeitos das novas formas de organização do trabalho sobre a saúde não pode ser reduzida a um encadeamento simples.

Tentarei, pois, discutir aqui a violência no trabalho, com base na clínica e na teoria da violência. As polêmicas atuais em torno da violência no trabalho me permitem, como clínico especializado nesse campo, fornecer análises precisas sobre o tema, para o qual tenho sido muito solicitado nos últimos tempos. Pessoalmente, se defendo uma acepção restritiva da noção de violência, nas relações saúde mental-trabalho, não é para passar ao largo do problema clínico e teórico maior que é, a meu ver, aquele do consentimento, observado nas seguintes situações:

– quando se experimenta o sofrimento;

– quando testemunhamos o sofrimento de um terceiro, sem intervir ou reagir;

– ou, ainda, quando infligimos o sofrimento a outrem, mesmo não estando sob pressão de uma violência exterior, o que nos desculparia.

Meu propósito será, decerto, focalizar a violência no trabalho. Porém, para compreender o espírito da argumentação, será necessário separar o que se refere à violência e o que se refere ao livre consentimento.

Vou considerar primeiro a noção de violência, com base na clínica e na teoria, em psicopatologia. Em seguida, falarei das consequências sobre o funcionamento psíquico e a submissão à violência, quando esta última é utilizada como meio para modelar o comportamento de homens e mulheres no campo político. Em um terceiro momento, discutirei as relações entre violência e trabalho. Enfim, sublinharei a diferença entre violência e dominação.

A noção de violência no campo psicológico – Intenção violenta e violência em ato

A violência concebida como uma conduta humana – só considero aqui as condutas violentas, ou seja, a violência em ato, não o conceito abstrato de violência, no plano filosófico – possui, a meu ver, duas faces: uma objetiva e outra subjetiva. De fato, não concebo bem o que poderia ser uma violência puramente subjetiva, sem sua materialização ou manifestação no mundo objetivo. Uma intenção violenta ou uma fantasia violenta não realizadas não concretizam a violência. Sou mais inclinado a considerar que a face objetiva da violência, sua manifestação concreta, é uma condição *sine qua non* para podermos qualificar uma conduta como violenta. Em outros termos, a violência supõe um comportamento, um conjunto de ações, de gestos ou de decisões devidamente observáveis.

Uma conduta é violenta, desde que concretiza uma intenção de destruição, de alteração do objeto ou da pessoa designada como alvo. Há, então, intenção, mas não somente intenção. Há também um ato praticado. É necessário, no entanto, darmos importância à intenção de violência, quando uma conduta violenta não atinge seu objetivo de destruição ou de deterioração, apesar de levada ao ato. Por exemplo, um operário dá um murro com toda a sua força, visando destruir uma máquina, ainda que isso só amasse e afunde a carcaça metálica, sem perturbar seu funcionamento. Ou ainda, quando se tortura alguém, que, graças a seus recursos fisiológicos, não guarda nenhuma lesão permanente das sevícias que sofreu. Assim, uma conduta é violenta, quando a intenção implica a possibilidade e a vontade de degradar ou de destruir, mesmo que o objeto visado seja só parcialmente atingido.

Essencialmente, a face subjetiva da violência não é visível, o que ocorre com todo fenômeno subjetivo, em geral, que não "se vê". Para um mesmo comportamento violento, podemos, pois, encontrar configurações subjetivas muito diferentes umas das outras.

Violência ativa e violência reacional

Seria possível categorizar as configurações subjetivas das condutas violentas? Certamente, numerosas tipologias são aqui concebíveis e defensáveis. Na perspectiva do tema "violência e trabalho", proponho distinguir dois tipos principais de configurações subjetivas, em função de processos psíquicos radicalmente diferentes daqueles que os subtendem: a violência reacional e a violência ativa.

A violência reacional ocorre quando uma conduta violenta é mobilizada por reação subjetiva, no limite da vontade, no momento mesmo que o sujeito perde o controle de si. Costuma-se dizer que alguém está "fora de si" e que sua cólera pode desembocar num ato violento. Penso que aqui é necessário ser bastante restritivo: por violência reacional compreendo a violência incontrolada, em resposta a uma situação *atual*, e não aquela violência cometida em um momento distante da situação, após reflexão, com deliberação e vontade de vingança organizada. "A vingança é um prato que se come frio", diz-se. Então, essa violência não é reacional. Ela é premeditada.

Por violência reacional, quero designar especialmente aquilo que emerge como *compulsão* ou resolução compulsiva de uma excitação superior às capacidades de resistência ou de ligação intrapsíquica. Na violência reacional encontra-se a semiologia da "passagem ao ato", no sentido estrito, ou seja, uma solução última para descarregar o aparelho psíquico da excitação em excesso que ameaça destruí-lo, do interior.

Está evidente uma configuração usualmente encontrada na clínica psiquiátrica. No entanto essa configuração subjetiva também é vista algumas vezes, hoje em dia, em certas situações de trabalho, notadamente nas condutas compulsivas de vandalismo, de sabotagem, de ameaça à mão armada contra outros assalariados. São condutas de caráter médico-legal que são reacionais às injustiças ou aos sofrimentos experimentados no trabalho.

A outra configuração é a violência *ativa*, dependente da ação, ou melhor, da ação deliberada, implicando o exercício da liberdade, da vontade. Não há, então, a compulsão. Ao contrário, a conduta violenta é inteiramente submetida ao princípio de realidade. É o caso do torturador, por exemplo, ou do culpado de um assassinato cometido com premeditação. No âmbito da violência ativa, a conduta é deliberada, calculada e, do ponto de vista subjetivo, ela tem a ver diretamente com o sadismo, quer dizer com o prazer ou a antecipação do prazer, fazendo sofrer ou morrer um terceiro.

Violência e identidade

A terceira e última característica da violência tem a ver com a questão da identidade. No caso da violência *reacional*, é a identidade do sujeito violento que é colocada em questão pela situação. E é por tentar não perder sua identidade que ele passa ao ato, compulsivamente. Porém, aqui, insisto em um ponto de vista semiológico, a meu ver essencial: certos sujeitos, diante de um impasse, numa situação que transborda suas capacidades de resistência psíquica, são, segundo numerosos trabalhos em psiquiatria e em psicanálise, tomados por moções

62 | Dimensões da violência

violentas inconscientes que se traduzem em outras formas clínicas de compulsão: delírio psicótico, alucinações, depressão aguda, bulimia, polidipsia etc. Tendo eu mesmo sustentado a tese do papel da violência nos processos de somatização, faço parte daqueles que pensam que a violência ocupa um lugar muito importante em toda a psicopatologia não neurótica. No entanto, nesses casos, se a violência tem um papel, não podemos falar em descompensação violenta, na medida em que seus resultados são "escolhas" conscientes ou inconscientes, exatamente para não ceder à passagem ao ato violento. As características dessas descompensações são formas individuais de *alternativa à violência*, que ficam contidas no sujeito. Estamos aqui diante da intenção subjetiva, sem concretização da violência no mundo objetivo.

A coisa é totalmente diferente na violência *ativa*. A identidade aqui também tem a ver com a violência, mas não se trata da identidade do sujeito que tenta se proteger, através de uma conduta violenta, mas da identidade da vítima que o sujeito procura aniquilar. A violência ativa visa, precisamente, atingir o outro: degradar, deteriorar ou destruir sua identidade. Excepcionalmente, essa violência se volta contra o sujeito, no caso do ato suicida, que também pode ser qualificado como violento.

Na violência reacional e na violência ativa a conduta é sempre intersubjetiva e intencionalmente orientada para a destruição. No primeiro caso, para se defender do outro e, no segundo, pelo prazer de destruir o outro.

Outra aproximação: A violência ativa ou deliberada como instrumento de dominação

Abolir o senso moral.

Na controvérsia presente em *A banalização da injustiça social*, o ponto de dificuldade aludia à natureza do consentimento do sujeito em colaborar nas novas formas de direção das empresas: é ele livre ou obrigado? A razão principal pela qual defendo que consentir com a injustiça é um ato livre se baseia no fato de, como suponho, as pessoas comuns possuírem um *sentimento moral* – algo contestado pela maioria de meus adversários teóricos –, que não está abolido nas novas formas de organização de trabalho.

Caso se admita a minha hipótese, fica a questão: como se anula, no sujeito, aquela capacidade de pensar que dá suporte ao seu sentimento moral? Acredito, pessoalmente, com base em investigações clínicas, que não é possível aniquilar o pensamento, necessário ao funcionamento do sentimento moral, sem exercer alguma violência contra o corpo.

O medo, por si só, não é suficiente para isso, porque posso ter medo e continuar a pensar e julgar. Posso, por exemplo, ter medo de ser mandado embora, se não obedeço, mas posso perfeitamente, ao mesmo tempo, pensar que é imoral obedecer. Uma mulher pode ter medo de represálias físicas por parte do marido alcoolizado, caso ela tente deixá-lo e, ainda assim, decide correr o risco, porque julga imoral apanhar e deixar que seus filhos sejam espancados. Não existe, no entanto, anulação do sentimento moral quando o sujeito não pode mais pensar por ele mesmo, ou seja, mesmo quando sua faculdade de pensar é efetivamente abolida. Ele age, então, conforme a vontade do outro que toma o lugar da sua própria vontade.

A clínica mostra que esses estados existem, no caso de um traumatismo psíquico que se segue a um choque, um acidente, uma situação catastrófica brusca, repentina, inesperada. Em algumas dessas situações ocorre, de fato, a sideração do pensamento, mas, em geral, isso só ocorre transitoriamente. A clínica do traumatismo apenas permite compreender como o pensamento se paralisa, mas não como a vontade do outro pode instalar-se no lugar da vontade do sujeito.

Esse estado existe também na clínica: é a alienação mental, *alienação no desejo do outro*. Mas há uma diferença na alienação que ocorre na paixão amorosa (na qual a vontade do objeto amado anula a vontade do sujeito) ou em certas psicoses, especialmente nas psicoses histéricas, ou ainda nos estados hipnóticos. Nesses casos, é preciso haver, previamente, a participação do desejo ou da dependência afetiva primária do sujeito diante do outro.

Além da clínica do traumatismo e da alienação mental, existe a clínica das vítimas de tortura, estudada, por exemplo, por Bettelheim. Ele sugere que, passado certo estado de sofrimento, a vítima fica fascinada pelo carrasco, tomada mesmo de amor por ele. Mas esse amor é secundário, ou seja, ele sobrevém à abolição de toda vontade livre no sujeito. Esse estado de expropriação da própria vontade, do próprio desejo, é possível quando a agressão atinge não só o pensamento, mas ainda a subjetividade *stricto sensu*, quer dizer, aquilo que constitui o fundamento último da afetividade, da capacidade de experimentar sentimentos, emoções, afetos. Nesse caso, quebra-se a continuidade entre subjetividade e pensamento.

Como mostram todos os documentos sobre as situações extremas, a abolição da subjetividade (Levi, 1986; Anthelme, 1957) passa sempre por uma ação exercida pela força sobre o corpo.

Por quê? Porque a origem da subjetividade é o corpo próprio, o corpo como lugar no qual e pelo qual a subjetividade se experimenta a si mesma, se reconhece: sofrimento, prazer, desejo, amor, amargura, cólera, desespero, ódio, angústia, volúpia, toda essa gama de sentimentos e de afetos tem o corpo como ponto de partida, como lugar do sentir.

64 | Dimensões da violência

Nesse caso, será defendida aqui a ideia de que a teoria da violência é inseparável da teoria da subjetividade, que ela repousa sobre esta última. É impondo ao corpo certas coerções que se atinge a subjetividade, a afetividade e o pensamento, no que ele tem de irredutivelmente singular e livre.

Quais são essas coerções sobre o corpo? Tudo aquilo que atinge o corpo com violência e desestrutura a afetividade: trancar alguém numa prisão, obrigando-o ao isolamento, privando-o de toda estimulação, como nas técnicas de isolamentos sensoriais ou, ao contrário, sobrecarregá-lo de estimulação, sem lhe deixar a possibilidade de liberar-se ou fugir dela. Impedir alguém de urinar, privá-lo de alimento ou de bebida, obrigá-lo a beber sem ter sede, impedi-lo de dormir quando precisa de repouso, impor-lhe uma posição fixa, quando ele deseja se mover etc. Todas essas manobras sobre o corpo têm em comum reprimir e contrariar as necessidades fisiológicas. A partir de certo nível de coações, principalmente quando infligem dores ou mortificações ao corpo, leva-se paradoxalmente esse corpo ao aumento de necessidades fisiológicas contrariadas. O pensamento é, então, progressivamente invadido pelo apelo das necessidades, o campo da consciência se encurta, o pensamento se polariza, a vida do espírito é abolida. No limite, não existe mais sujeito, pois o corpo subjetivo foi dissolvido no corpo fisiológico. O sujeito é levado às funções que lhe impõem, às funções fisiológicas, e aí se perde o que nele há de humano. Ora, não é certo que se possa voltar ileso dessa experiência de abolição da subjetividade.

Chesnais, autor de *Histoire de la violence* (1981, p. 32), escreve:

> A violência, no sentido restrito, a violência mensurada e incontestável, é a violência física. É o dano corporal direto contra as pessoas. Ela se reveste de um triplo caráter: brutal, exterior e doloroso. O que a define é o uso material da força, da rudeza voluntariamente cometida contra alguém.

Em uma entrevista ao jornal *Le Monde*, em 5 de outubro de 1993, Umberto Eco disse:

> ... pode-se constituir uma ética sobre as atividades do corpo: comer, beber, urinar, defecar, dormir, fazer amor, falar, escutar etc. Impedir alguém de deitar à noite ou obrigá-lo a viver de cabeça para baixo é uma forma de tortura intolerável. O estupro não respeita o corpo do outro (...). Poderíamos reler toda a história da ética sob o ângulo dos direitos do corpo e das relações de nosso corpo com o mundo.

O impacto da violência, mais do que o enfraquecimento e o empobrecimento da subjetividade, pode levar à sua própria destruição, ou seja, à morte do sujeito, no sentido de serem abolidos sua capacidade de pensar, seu sentimento moral e a formação de sua vontade. Em numerosos casos, a violência não visa à morte da vítima, esta é suspendida antes que ela morra, justamente para utilizar sua submissão e envolvê-la em atos ou ações que ela não cometeria, caso não tivesse sido submetida às manipulações violentas sobre seu corpo.

Consentir, apesar do seu sentido moral

Se aqui se insiste sobre os meios que levam à impotência radical do sujeito a opor-se à vontade do outro – traumatismo, alienação mental ou tortura psíquica – é para mostrar que não é fácil obter a submissão total de um sujeito, quando este se recusa a tanto, mobilizando sua vontade e seu sentimento moral. De fato, é necessário utilizar pesadas manobras, somente capazes de se alcançar pelo aniquilamento de seu pensamento e de seu sentimento moral. Nas situações ordinárias de trabalho, como conhecemos atualmente, não se utilizam, em geral, os métodos que poderíamos qualificar como violências. Em outros termos, não se pode considerar que nossa capacidade de pensar e nosso senso moral sejam abolidos por violências exercidas contra nós.

Como explicar, então, que nos submetemos às injustiças das quais somos ora agentes, ora vítimas ou testemunhas como se nem pudéssemos agir de outra maneira, mesmo quando essa violência, essas represálias violentas, ferem a integridade de nosso corpo? Se nos submetemos e não manifestamos por que e como nossa capacidade de pensar e nosso sentimento moral foram abolidos, é que nós o consentimos.

Violência e trabalho: Violência ou dominação?

Segundo as análises esboçadas aqui, a partir das enquetes em psicodinâmica do trabalho, relativas às novas formas de organização de trabalho, podemos apreender como, para melhorar o trabalho e a produtividade, esforçamo-nos em obter a adesão de numerosas pessoas comuns a participarem do mal. É claro que a violência, no sentido que tentei demonstrar, refere-se ao mal. Minhas investigações não me colocaram diante do uso da violência exercida contra o corpo daqueles que trabalham ou daqueles que estão privados do trabalho.

No contexto atual, se novos sofrimentos aparecem – e eles são tão graves e preocupantes, tanto no plano da saúde pública quanto no plano moral e político –, não resta dúvida de que eles aparecem onde, precisamente, não foi utilizada a violência. Todo o problema vem desse paradoxo. Como é que tais injustiças, tais sofrimentos, tais dramas, podem se multiplicar, a ponto de atingir milhares de concidadãos, sem que o uso da violência esteja no primeiro plano?

66 | Dimensões da violência

O que é que mobiliza as pessoas a participar de atos que elas reprovam? O que é que incita tantas pessoas a sofrer injustiças e sofrimentos que chegam a torná-las loucas, na ausência do uso da violência *stricto sensu*?

Não é por deixar de lado essa questão, que me parece capital, ou seja, as consequências psicológicas da servidão, que defendo uma definição restritiva da violência. É necessário, portanto, procurar outros processos de dominação que não se utilizam da violência explícita.

Podemos, prosseguindo a análise, levantar outras formas de servidão que não se originam da violência. Refiro-me, pois, às formas específicas da servidão voluntária. Podemos também tirar daí perspectivas de ação, no sentido de fazer cessar a evolução desastrosa da relação subjetiva no trabalho, que conhecemos desde o advento do neoliberalismo. De fato, a violência é o instrumento da dominação, no contexto de *dominação pela força*, como nas ditaduras.

Por outro lado, pensemos também que a violência, com sua vetorização destrutiva, pode ser utilizada legitimamente para quebrar esta dominação ilegítima, que coloca em perigo as vidas humanas e a civilização. E ainda: se não estamos no contexto de dominação pela violência ou pela força, talvez seja possível encontrarmos vias não violentas para subverter a dita dominação.

No contexto contemporâneo do trabalho, depois da conversão dos socialistas ao liberalismo, a violência não é detectável, parece-me, senão nas margens do sistema. Tal é o caso de mulheres forçadas à relação sexual, sob formas que se assemelham ao estupro; ou dos imigrantes obrigados a trabalhar sem documentação legal, na construção civil, nos serviços públicos ou na confecção, sem receber seus salários nem seus encargos sociais, ameaçados de ser denunciados à polícia caso não se submetam – nesse caso, eles serão devolvidos à violência que reina em seus países de origem. Ou quando, de maneira discreta, mas igualmente intolerável, abusa-se deliberadamente da ingenuidade ou da ignorância dos trabalhadores, destinando-lhes tarefas que os colocam em condições de trabalho perigosas à sua integridade física, como no caso de empregos temporários ou de terceirizados. Citemos também os trabalhadores que, ignorando o perigo, são expostos às radiações ionizantes ou às poeiras de amianto, sob a responsabilidade de gestores que conhecem a nocividade de tais produtos (Wallraff, 1985; Doniol-Shaw et al., 1995). Ou o caso daqueles indivíduos que trabalham sobre andaimes montados de forma insegura, com risco de acidente etc.

Ora, na grande maioria dos casos, as pessoas aceitam, consentem ou se resignam a participar do sistema, sem ameaças de violência, sem ameaças de prisão, de ser torturadas ou de ver suas próprias famílias deportadas, em caso de recusar a submissão. E se elas consentem, não é sob coação forçada que o fazem, mas sob uma coação não violenta.

A origem desse consentimento poderia ser a *dominação simbólica*, isto é, a dominação que se opera na doçura, não na violência - mas prefiro afastar, de uma vez por todas, as expressões aproximativas e metafóricas, como "violência doce" ou "violência imperceptível". Isso pode nos levar a pensar, como muitos outros, que a descrição, que nos é proposta, do sistema econômico e do sistema de produção, da organização do trabalho e das novas formas de gestão, seja *verdadeira*. "A guerra econômica", "os sacrifícios necessários", mesmo se os lamentamos, nós assimilamos sua descrição, acreditamos nela. Fazer passar como *verdade* a descrição atual do trabalho e de suas determinações econômicas é permitir que se concretize, no nível subjetivo, a dominação simbólica. Existem várias outras descrições do sistema econômico, mas não cremos nelas. Eis porque consentimos em nos submeter ao sistema, em fazê-lo funcionar e em fazer com que os recalcitrantes também o suportem: é porque acreditamos que as coisas não poderiam acontecer de outra maneira. No entanto, o fato de sermos aprisionados pela dominação simbólica não aniquila, só por isso, nosso senso moral. Pelo contrário, isso pode orientar nossas interpretações do mundo.

Se voltarmos a atenção aos instrumentos da dominação simbólica, como acabamos de fazer com os instrumentos da violência, descobriremos que esses meios são totalmente diferentes. Os instrumentos *simbólicos* tomam como alvo o funcionamento psíquico e o imaginário social. Eles não visam abolir as vontades ou atingir a integridade de cada pessoa singular, mas são orientados para a *persuasão*, a fim de obter a adesão. Eles se constituem, principalmente, pela formação de um discurso coerente e plausível, como instrumentos de comunicação suficientemente poderosos para anular o prestígio de outros discursos e outras mídias. Diante do poder dos meios de comunicação veiculados atualmente pelas empresas, a questão não é mais a verdade ou a mentira de uma descrição, mas a consolidação ou a extinção de seu prestígio, no plano do senso comum.

Da dominação simbólica às formas violentas de descompensação psicopatológica

É, pois, num contexto em que a instrumentação gerencial não recorre à violência que sobrevêm as formas violentas de comportamento. Essas formas têm duas ordens diferentes: de uma parte, a violência nos ambientes de trabalho, de outra, a violência fora do ambiente de trabalho.

Já mencionamos, anteriormente, as violências nos locais de trabalho: vandalismo, sabotagens perpetradas por indivíduos isolados, muitas vezes configurados como atos médico-legais, na medida em que são cometidos em estados anormais de consciência: confusão mental, embriaguez patológica, delírio de perseguição. A esses atos é necessário ajuntar as fragmentárias "crises de nervos", as "comoções dos funcionários", as quais discutimos bastante nos últimos tempos, bem como as tentativas de suicídio e os suicídios efetivos nos locais de trabalho.

68 | Dimensões da violência

As violências fora dos locais de trabalho acontecem, frequentemente, no espaço doméstico e tomam, sobretudo, a forma de brutalidade exercida pelas mulheres sobre as crianças ou pelos homens sobre as mulheres e as crianças. Isso pode resultar até em morte de toda uma família ou no suicídio coletivo, isto é, no suicídio altruísta, observado em sujeitos endividados, ameaçados de demissão ou já privados de trabalho, há algum tempo, sem esperança de reencontrá-lo.

Esses atos de violência colocam um problema etiológico espinhoso. Com efeito, encontramos quase sempre, em dado contexto, o sofrimento ligado diretamente às relações de trabalho, relações com a hierarquia ou com os colegas. Ou ligado, simultaneamente, a perturbações em que a fragilidade psicológica individual é comprovada pela investigação clínica. Ora, é frequente que as descompensações violentas sejam atribuídas a uma falha psicopatológica individual, independente do contexto relativo ao trabalho ou ao emprego. No entanto, a análise detalhada de certos casos revela uma fragilidade psicológica insólita, que parece ser provocada totalmente, ou ao menos revelada e agravada, pelo contexto de trabalho e emprego. Com efeito, em alguns casos, parece que o ponto de partida do processo que conduz à descompensação violenta está precisamente na rebelião do sujeito contra a dominação simbólica. Essa rebelião pode ser motivada por uma reação ou uma reflexão individual e isolada de um sujeito que pensa por si mesmo. Ela pode, em outros casos, ser precipitada por um acidente ou incidente: injustiça cometida contra o próprio sujeito; cenas inaceitáveis de um terceiro sofrendo pressões intoleráveis, sem que haja reações de solidariedade para com ele; acidentes de trabalho, cuja responsabilidade é recusada, contra toda evidência, pela hierarquia etc.

Podemos, então, reconstituir tal processo da seguinte maneira: o movimento de indignação e de revolta nascente, no sujeito, em vez de provocar a emoção e a mobilização coletiva e solidária nos outros, isola ainda mais o sujeito tomado por uma justa ira. A passividade, a indiferença e a inércia dos colegas, aliadas à sua submissão à dominação simbólica, exasperam ainda mais o sofrimento do sujeito. Todas as suas considerações, bem como as reprovações que ele faz aos outros, são consideradas irrealistas e irracionais, o que contribui para estigmatizá-lo e jogá-lo ainda mais na solidão. E quando ele começa a ter comportamentos estranhos ou agressivos, é isolado pelos colegas, estigmatizado como doente. Nessa situação, o sujeito é o único a sustentar uma crítica à realidade do trabalho, crítica às vezes racional, mas denegada por sua comunidade de pertencimento. Isso o desestabiliza e o faz duvidar de sua própria razão, criando, afinal, uma falha psicopatológica: ele foi atingido em sua identidade.

De fato, a partir desse momento, o sujeito pode estar, clinicamente, em um estado pré-mórbido, do qual ele tende a se defender sozinho, por seus próprios meios. Quando seus recursos defensivos não lhe permitem assumir, isoladamente, uma posição marginal, contestadora, acrescida pelo descrédito dos outros, ele tende a cair na psicopatologia, nos locais de trabalho, com atitudes vistas sob a ótica médico-legal: atos de desespero, sob a forma de alcoolismo agudo, ou a violência no espaço doméstico.

Do ponto de vista teórico, esses casos remetem àquilo que Sigaut (1990) descreveu: a "alienação social", isto é, perda de identidade, como algo bem diferente, em sua etiologia, da "alienação mental" *primitiva*. A alienação social é posterior às coerções psíquicas exercidas do exterior sobre o sujeito, seja pela organização do trabalho e pelos modos de gestão e de avaliação, seja pelo estilo de direção da empresa. O *mobbing* (Leymann, 1993) é uma forma clínica específica de alienação social no trabalho que impele ao extremo a marginalização do sujeito, em função do assédio moral e da perseguição. As formas clínicas de descompensação violenta são cada vez mais frequentes, não só nos ambientes de trabalho, mas, sobretudo, no espaço doméstico. Com efeito, o espaço doméstico, ao mesmo tempo mais reativo que o meio dos colegas e do trabalho e mais vulnerável, é o lugar onde o sujeito revoltado, sofrendo, encontra os familiares que se opõem a ele e resistem às suas colocações, mas que são pessoas muito mais implicadas afetivamente do que os colegas, cuja capacidade de resistência e de objeção é muito mais restrita. É desse modo que se mostrou como, no Brasil, o sofrimento face aos novos métodos de direção das empresas gerava, em um grande número de trabalhadores, o recurso ao alcoolismo associado às condutas violentas contra as mulheres e as crianças (Karan, 1997).

Há aqui um paradoxo: uma organização de trabalho que não utiliza a violência gera a violência, em suas margens, sob formas patológicas e individualizadas. Desse modo, a dominação simbólica, essencialmente não violenta, faz eclodir a violência sobre o outro, ao mesmo tempo que a desqualifica. Tudo nos leva a admitir que as novas formas de organização do trabalho e de gestão das empresas conduzem a um controle psicológico cada vez maior sobre os assalariados, sem recorrer, para tanto, à violência. Não é então o caso de admitir que as novas formas de organização do trabalho recorrem mais às condutas perversas do que àquelas propriamente violentas, fazendo, assim, parecer que a violência não está na empresa, mas nos sujeitos "marginais"? Daí ser preciso fazer a seleção psicológica, na admissão do trabalhador, que seria legitimamente despedido, por seu comportamento, quando ele traz problemas para a empresa.

Os limites da dominação simbólica e a emergência da violência no mundo de exclusão

Acabamos de ver como certas formas de violência individual nascem entre aqueles que, estando incluídos no mundo do trabalho, recusam as condições psíquicas que ele impõe e, por isso, são fragilizados psicologicamente e socialmente.

Nesse consenso, sucintamente reconstituído, a dominação simbólica tem um papel fundamental, a ponto de podermos falar aqui de "violência reacional em resposta à dominação simbólica". Em contrapartida, há regiões em que a dominação simbólica não está presente, como no caso das populações que vivem em *guetos* e que sofrem de um desemprego epidêmico e maciço. Aqui, o processo que conduz à violência é radicalmente diferente, pois a dominação simbólica ocorre cada vez menos sobre os indivíduos e os grupos. A violência, como reação espontânea ou organizada, volta-se justamente contra aqueles que participam da dominação simbólica, pelo próprio fato de eles estarem integrados à sociedade civil e ao Estado. Essa violência, procedente dos grupos ditos marginais, dirige-se especialmente contra os agentes de serviços públicos e contra os objetos emblemáticos de seus trabalhos, cuja significação simbólica não tem mais poder de integração. Em outros termos, esses objetos, essas instituições e os agentes que os fazem funcionar, só têm poder, na ótica da dominação simbólica, sobre os indivíduos que têm uma relação estruturada ou possível com o trabalho e emprego.

Se avançarmos um pouco mais nesta análise, seremos levados a reconhecer que a relação com o trabalho tem um papel determinante na eficácia da dominação simbólica. Em outras palavras, reencontramos, mais uma vez, a "centralidade do trabalho" como mediador psicológico e social de integração, na dominação simbólica. Vemos aqui que a dominação simbólica tem um papel na conjuração da violência no mundo social, onde ela é eficiente. Porém fora da esfera do trabalho e da dominação simbólica que o acompanha, a violência torna-se incontrolável.

Será que o trabalho tem um lugar no aparecimento da violência social das periferias das cidades no Ocidente? Parece-me que é necessário chegar à conclusão inversa: o trabalho é um mediador central da tolerância à injustiça, ou seja, à violência, mas não é um mediador da formação da vontade violenta.

Conclusão

Tanto na ótica da clínica do trabalho quanto na análise teórica do conceito de violência, vemos que o trabalho, no contexto do neoliberalismo, ocupa uma posição central frente à violência. Porém essa posição é complexa e, de certo ponto de vista, paradoxal.

Em primeiro lugar, a violência, no sentido estrito de coerção exercida pela força sobre os corpos, não é um instrumento vigente nas novas formas de organização do trabalho e da direção das empresas.

Em segundo lugar, no entanto, essas novas formas de organização, de avaliação, de gestão e de direção das empresas, geram mais e mais sofrimentos, injustiças, patologias mentais e somáticas.

Em terceiro: se a violência está presente nas novas formas de organização do trabalho, as condutas violentas remetem sobretudo à violência reacional, que eclode mais raramente nas empresas e é mais costumeira nos ambientes domésticos.

Em quarto: as novas formas de organização do trabalho e de direção das empresas, além de não utilizar a violência como instrumento da dominação, desenvolvem uma atividade intensa e coerente de contenção da violência. Os instrumentos de dominação não recorrem, portanto, à violência, mas induzem as pessoas a tolerarem a injustiça e o sofrimento, tolerância esta que previne o aparecimento da violência no trabalho. Esses instrumentos não violentos estão essencialmente presentes nos dispositivos, cada dia mais generalizados, de "comunicação da empresa", interna e externamente. Muito potentes, eles se baseiam em princípios e em instrumentos rigorosos, que tentei descrever em *A banalização da injustiça social*, sob o nome de "distorção comunicacional". Esta última é hoje, parece-me, determinante na formação da dominação simbólica, que, não só não é violenta, mas contribui de forma eficaz para conter a violência nos locais de trabalho.

Em outros termos, as novas formas de organização do trabalho e de direção das empresas não utilizam a violência como instrumento de dominação, mas fazem eclodir, nas fronteiras de suas zonas de influência, as violências que eles denunciam ou condenam. Ora, estas violências são vistas como condutas reacionais inadaptadas, cuja responsabilidade recai sobre aqueles que não se deixam subjugar. Nesse caso, a eficácia dos novos métodos de gerenciamento remeteria mais à perversão do que à violência *stricto sensu*. O paradoxo é que, no final das contas, a responsabilidade moral e jurídica é imputada àqueles que praticam a violência e não àqueles que fazem funcionar o sistema, preservando-se de todo recurso à violência.

Minha conclusão seria a seguinte: enquanto ficarmos sob a influência da dominação simbólica exercida sobre nós pelo economicismo e seu corolário – a nova forma de direção e de gestão das empresas, considerada racional –, a imputação de responsabilidade para o que gera a violência não pode ser reconsiderada. Assim, aqueles que cometem atos de violência no trabalho serão vistos como culpados, não como vítimas.

Referências bibliográficas

Anthelme, R. (1957) *L'espece humaine* (éd. revue et corrigée,). Paris: Gallimard.

Chesnais L-C. (1981). *Histoire de la violence.* Paris: Robert Laffont.

Doniol-Shaw G. ; Huez D. & Sandret N. (1995). *Les intermittents du nucléaire. Enquête STEO sur le travail en sous-traitance dans la mainrenance des centrales nucléaires.* Toulouse: Octarès editions. (Collection Travail).

Karam, H. (1997). Travaille, Souffrance, Silence – Analyse Psychodynamique et Nouvelles Orientations Therapeutique de l' Alcoolisme, tese doutoral não publicada, CNAM, Paris, França.

Levi, P. I. (1989). *Sommersi e i Salvati, Giulio Einaudi. (Lês naufragés et les rescapé quarante ans après Auschwitz)* Tradução para o francês de André Maugé. Paris: Gallimard.

Leymann, H. (1993). *Mobbing: Rowohlt Taschenbuch Verlag Comb H. (Mobbing: Lapersécution au travail).* Tradução para o francês de Edmond Jacquemot. Paris: Seuil, 1996.

Sigaut, F. (1990). Folie, réel et technologie. *Techniques et culture,* 15, 167-179.

Wallraff, G. (1986). Tête de Turc. *Ganz unten.* Paris : La Découverte.

Vazio, feminino e restos

Mériti de Souza[1]

*Palavra também é coisa – coisa volátil que eu pego
no ar com a boca quando falo.*
Clarice Lispector

Introdução

A busca pela representação do vazio acompanha a história da humanidade e envolve as mais diferentes modalidades de conhecimento, desde o conhecimento formal denominado ciência até aquele configurado em áreas como a literatura, a música, o cinema e a psicanálise. A exposição *Vazio e Totalidade*, de Marcos Chaves, apresentada no ano de 2002 na Galeria Arte Futura e Cia de Brasília, foi realizada com fotografias de ruas da cidade do Rio de Janeiro que retratavam buracos de variadas procedências. Na ocasião, as lentes do fotógrafo captaram diversas interferências populares nos buracos que foram preenchidos com muitos tipos de objetos. As possíveis leituras para essas interferências populares podem dizer da inventividade da população, que, no cotidiano, se vê exposta ao descaso público, que inviabiliza o trânsito e a circulação de pessoas e veículos, ao deixar expostas aberturas no asfalto e no esgoto, dentre outros. Assim, a intervenção pode explicitar a ética e a estética de pessoas que, com humor e criatividade, buscam soluções para resolver problemas urbanos. Entretanto, a espécie humana é complexa e não se reduz a leituras únicas e direcionadas e, certamente, essas ações também podem se relacionar às inquietudes causadas pelas aberturas cravadas no solo que remetem à fluidez e ao vazio, em contraponto à solidez e à estabilidade do chão compacto. Pisar no território firme e estável do asfalto-terra pode ser mais desejável do que olhar e conviver com aberturas a proclamar

---

[1] Psicóloga, professora e pesquisadora no curso de Psicologia e no Programa de Pós-Graduação em Psicologia da Universidade Federal de Santa Catarina (UFSC).

74 | Dimensões da violência

o vazio entranhado no cheio, a fluidez a permear o estável, o singular a compor a totalidade. A interferência caminha no sentido de preencher e de saturar o buraco, seja com móveis, objetos, flores, ou sentidos e palavras, que consigam obliterar o vazio e tamponar a angústia por ele gerada. O autor da exposição assim se manifesta:

> Apresento três trabalhos diversos na galeria, um usando a palavra, um outro utilizando objetos em caráter de instalação e, o último, uma série de 8 fotografias com formato de 1,50 x 1,00 m, cada. Os trabalhos se relacionam e se completam. Na série fotográfica se observam buracos encontrados na cidade do Rio de Janeiro, onde os moradores das respectivas ruas sinalizam os buracos, preenchendo-os com uma gama variada de objetos insólitos. Neste caso utilizo a fotografia como um instantâneo permanente de um momento fugaz, de generosidade e criatividade do habitante local, além de, com um certo humor, registrar o buraco preenchido, o vazio intolerável. Na série dos banquinhos, "Lugar de Sobra", pretendo através de construções espontâneas e bastante mambembes comentar a precariedade e, ao mesmo tempo, nossa criatividade (brasileira) para soluções de problemas de ordem prática. No título do trabalho já está inscrito o paradoxo da exclusão e da fartura. Alem disto, na disposição destes banquinhos proponho um diálogo com a arquitetura e com os traçados urbanos das cidades planejadas. O terceiro trabalho é uma frase plotada na parede exterior da galeria que pode ser lida pelos passantes: Come into the (w)hole, na qual comento a dualidade vazio/totalidade e ao mesmo tempo convido o público para a galeria. (Chaves, 2002)

Na exposição *Vazio e Totalidade*, o artista aponta a interferência de pessoas em situações nas quais o buraco se escancara e remete à associação estabelecida entre o buraco, o vazio e o incompleto. O ato, efetivado pelos transeuntes, de tamponar as aberturas nas ruas com sofás, flores, placas e caixas de som, oferece a ilusão de que estão preenchidas e completas. Nessa perspectiva, é possível supor que o sujeito procura sobrepor objetos e símbolos à percepção do vazio à medida que o relaciona à sua constituição psíquica. Essa demanda se expressa pelo movimento de recobrir com imagens e palavras a realidade e a subjetividade na tentativa de estabelecer sentidos e de afastar as dúvidas sobre esses contextos. Perguntamos se esse ato de tamponar, correlato à busca pela supressão do insuportável associado ao vazio, relaciona-se a modos específicos de conhecer e de subjetivar que dominam a cena ocidental e moderna. Em outras palavras, o vazio diz respeito às modalidades de conhecimento e de subjetivação hegemônicas no Ocidente moderno e calcadas na metafísica da presença? Para problematizar a questão, é recomendável trabalhar as relações entre os pressupostos delineados pela metafísica da presença e as dificuldades por eles suscitadas.

Os pressupostos ancorados na metafísica da presença dizem respeito à qualificação da substância, do contínuo, da presença, da razão, do binarismo, da lógica causal, concomitante com a desqualificação do vazio, do descontínuo, da ausência, do afeto. A modalidade de conhecer e de subjetivar que ganha hegemonia no Ocidente moderno ancora-se nesses pressupostos produzindo tanto a ciência quanto o sujeito cognoscente como versões verdadeiras e universais do conhecimento e da subjetividade. Esse contexto sustenta o binarismo e organiza pares hierarquizados, possibilitando que os pressupostos qualificados pela metafísica da presença sejam atribuídos a um dos pares e aqueles desqualificados sejam endereçados ao outro par (Derrida, 1971, 1975, 1999). Sobre o par masculino e feminino é possível afirmar que, na maioria das sociedades, ocorre a valorização do denominado masculino com a sua consequente assunção ao poder político, econômico e cultural, concomitante com a desvalorização e subordinação do denominado feminino. Também é viável considerar que, apesar da complexidade que configura esse contexto, a modalidade de conhecer e de subjetivar calcada nos pressupostos apontados sustenta relações de violência ao agregar a hierarquia aos conceitos que produz e dissemina, ou seja, ao organizar práticas e discursos saturados de sentidos que sustentam a hierarquia qualificando um dos pares binários em detrimento do outro.

A partir da perspectiva exposta, a busca por alterações na hierarquia e nas relações atuantes na rede social, cultural e subjetiva demanda, entre outros aspectos, desconstruir o modo de conhecer e o modo de subjetivar hegemônicos no cenário ocidental e moderno, especificamente os conceitos que sustentam as teorias sobre o masculino e o feminino. Interessa problematizar a violência presente no processo que produz os pressupostos que qualificam o denominado masculino ao associá-lo à presença e à substância e desqualificam o denominado feminino ao associá-lo à ausência e ao vazio. Faz-se necessário estabelecer um recorte no trabalho, haja vista sua amplitude; e o foco de interesse recai no pressuposto do vazio em decorrência da sua associação com o feminino e do seu trajeto no cenário ocidental explicitar sua constante desqualificação.

Conhecimento, subjetividade, binarismos e violência

A denominada modernidade produziu modos de conhecer e modos de subjetivar que postulam a ciência e o sujeito como correlatos únicos, ideais e verdadeiros do conhecimento e do psiquismo. Ato contínuo, a realidade demanda sua narrativa e expressão em símbolos, pictogramas, palavras, sons, imagens, com o intuito de viabilizar a sua representação e possibilitar a sua compreensão. Nessa perspectiva, uma leitura específica calcada nos parâmetros da metafísica

76 | Dimensões da violência

da presença produz o sujeito sujeitado em decorrência de, entre outros aspectos, privilegiar os parâmetros da representação do tempo como linear e estabilizado no presente; da lógica formal e causal; dos binarismos e das disjunções hierárquicas; do *falogocentrismo*, ou seja, do *logos* e do falo (Derrida, 1971, 1975, 1978, 1999). Esses parâmetros dominam o cenário contemporâneo e disseminam discursos e práticas que estabelecem o saber científico como conhecimento verdadeiro, pois, definido como neutro e universal, instauram modelos de subjetividades individualizadas. Essas concepções são legitimadas e se mantêm, entre outros aspectos, em decorrência do discurso que tanto se qualifica como universal e neutro, bem como desqualifica concepções não elaboradas segundo suas premissas (Morin, 2005a, 2005b; Sousa Santos, 2003). Ainda, esse movimento deságua na crescente adesão a concepções identitárias e lógicas causais e lineares, as quais incidem na produção de leituras e práticas marcadas por universais e estruturas associados a verdades que escamoteiam o singular na produção do conhecimento.

O ideal iluminista sustenta a concepção do sujeito epistêmico, configurado pela subjetividade que se sobrepõe à razão e controla as paixões. Da mesma forma, esse ideal sustenta as teorias centradas na representação definida como apta a recobrir a realidade e a subjetividade. Problematizar as teorias que ganham hegemonia e ancoram a produção de conhecimento e a produção subjetiva revela-se um caminho profícuo e possibilita acompanhar o trajeto que mantém o poder e a violência presentes na vida humana. A adesão à representação e à metafísica da presença como pressupostos ideais e a crescente aversão ao contato com conhecimentos que ampliam ou se contrapõem a essas perspectivas explicitam um cenário da restrição epistêmica que nos constitui e deriva da dificuldade em considerar e lidar com situações marcadas pelas paixões e pelo desconhecido (Souza, 2007, 2008).

Acompanhando o contexto exposto é possível entender as relações entre construção do feminino, produção do conhecimento e estabelecimento do poder, na medida em que o conceito de feminino é atribuído ao corpo marcado pelo vazio e pela passividade. Não obstante, o reconhecimento da injunção entre história, poder e produção de teorias e práticas que ganham hegemonia também sustenta a leitura sobre o vazio e o feminino para além da representação do incompleto e do passivo. Em outras palavras, aspectos da realidade e da subjetividade que não foram recobertos pela representação e/ou explicados por esse conhecimento foram considerados restos e desvalorizados. Esse procedimento possibilitou que não se questionassem as teorias e os pressupostos hegemônicos, já que o resto, desqualificado a priori, não suscitava o trabalho de ser problematizado.

Para Derrida (1971, 1981, 1999) o conhecimento produzido no mundo ocidental permanece ancorado nos pressupostos da metafísica da presença, da lógica formal e do *falogocentrismo*. O autor propõe o trabalho com a desconstrução que busca problematizar esses pressupostos presentificados em diversos textos. Esse trabalho envolve reconhecer a inserção e a dívida para com os inúmeros textos que compõem a tradição ocidental, concomitante com a proposta de descentrá-lo dos seus referenciais epistêmicos e ontológicos. Em entrevista concedida ao jornal *Folha de S. Paulo*, em 15 de agosto de 2004, o autor afirma:

> Gostaria primeiramente de esclarecer que nem toda filosofia é um pensamento e que nem todo pensamento é do tipo filosófico. Sendo assim, pode-se pensar a filosofia sem pensá-la de maneira filosófica. A desconstrução é um modo de pensar a filosofia, ou seja, a história da filosofia no sentido ocidental estrito e, consequentemente, de analisar sua genealogia, seus conceitos, seus pressupostos, sua axiomática, além de naturalmente fazê-lo não apenas de maneira teórica, mas também levando em conta as instituições, as práticas sociais e políticas, a cultura política do Ocidente. Não se trata de um gesto negativo, como a palavra desconstrução poderia dar a entender, mas de um gesto de dessedimentação de genealogias, de análise num certo sentido, embora a palavra análise tampouco seja adequada, pois supõe um elemento simples como último recurso, enquanto a desconstrução parte sempre de um lugar de complexidade e não de simplicidade. Em todo caso, trata-se de um gesto afirmativo, mas que não é uma doutrina filosófica e que diz respeito à filosofia ocidental, porém sem ser um elemento desta, não sendo tampouco, por definição, ocidentalista. (Derrida, 2004)

Na leitura do autor a representação concebida como extensão ideal da realidade capaz de reproduzi-la e também a substantivação ocupam lugar central no conhecimento contemporâneo e operam como chaves descritivas e explicativas. Assim, a desconstrução implica problematizar esse conhecimento e os textos nos quais ele emerge, à medida que ele incide sobre a realidade e sustenta relações de poder e hierarquias. Entretanto, Derrida alerta para o fato de que a prática de desconstruir não elide a lógica da suplementaridade, que mantém sua presença nas sobredeterminações sociais e históricas que enredam o texto e o signo. A lógica da suplementaridade define referências identitárias que idealizam um dos componentes do par dos opostos em contraponto ao rebaixamento do outro. Esse processo estabelece hierarquias ao excluir e desqualificar determinada referência consoante à qualificação de outras: feminino e masculino, natureza e cultura, sujeito e objeto, significante e significado, oralidade e escrita, ocidental e oriental. Ato contínuo, as hierarquias assim estabelecidas sustentam relações de poder e de dominação entre os supostos pares de opostos. Nessa perspectiva, a dominação e a violência se estabelecem não apenas no confronto entre as referências postuladas como oposições, mas, antes, no próprio processo que define e naturaliza o binarismo como intrínseco ao modo de subjetivar e ao modo de conhecer predominantes no Ocidente moderno.

78 | Dimensões da violência

É importante salientar que na assertiva de Derrida "tudo é texto" o conceito de texto extrapola o sentido de linguagem como ficção desconectada da materialidade inserida em espaço e tempo específicos. O texto compreende inúmeros contextos vinculados à vida das pessoas e ao seu entorno cultural e social, à medida que se articula ao corpo, à linguagem e às práticas sociais. Dessa forma, é possível entender a representação identitária que os sujeitos elaboram sobre si e sobre o seu entorno como um texto e, dessa forma, desconstruir e problematizar os seus fundamentos.

> Fui obrigado a escrever a pouco, ao menos entre aspas, esta estranha e trivial fórmula, "história-real-do-mundo", para marcar bem que o conceito de texto ou de contexto que me guia compreende, e não exclui, pois, o mundo, a realidade, a história. Uma vez mais (pela milésima vez, talvez, mas quando se aceitará entender isso e por que essa resistência?), tal como o entendo (e expliquei por quê), o texto não é o livro; não está encerrado num volume encerrado na biblioteca. Não suspende a referência à história, ao mundo, à realidade, ao ser, principalmente não suspende a referência ao outro, porque dizer da história, do mundo, da realidade que surgem sempre numa experiência, logo num movimento de interpretação que os contextua segundo um feixe de diferenças e, pois de remessa ao outro, é exatamente recordar que a alteridade (a diferença) é irredutível. A diferença é uma referência, e reciprocamente. (Derrida, 1981, p.187)

Trabalhar na perspectiva da desconstrução implica problematizar o processo de expulsão e desqualificação operado por discursos e práticas hegemônicos calcados nas oposições. Esse trabalho demanda perguntar pelo excluído ou desqualificado do modo de conhecimento e de subjetivação hegemônicos no Ocidente moderno. O excluído, que a metafísica da presença explicita, associa-se ao desqualificado na ordem civilizatória que entroniza a ciência como modelo de produção do conhecimento e o sujeito substantivado como parâmetro à constituição subjetiva. Ainda, trabalhar os pares oposicionais demanda problematizar tanto a relação de violência e de poder estabelecida entre esses pares quanto o contexto que produz essa relação e a dissemina como naturalizada. Em outras palavras, apontar a modalidade de subjetivar e de conhecer calcada no modelo binário e identitário como produtora de violência não implica associá-la a determinado grupo identitário, em qualquer termo de relação de oposição entre agressor ou vítima. O trabalho que se anuncia diz respeito a problematizar o conceito de vazio e as oposições a ele associadas, ou seja, ele envolve desconstruir textos que tanto opõem o vazio à substância, operando a disjunção e a hierarquização entre o suposto par de opostos denominado masculino e feminino, quanto caucionam a violência ao legitimarem a hierarquia e a dominação de um componente do par sobre o outro.

Vazio, feminino, masculino, substância

As concepções de substância e de vazio, bem como suas incidências na elaboração de teorias sobre a subjetividade e o conhecimento, atravessam praticamente toda a história ocidental e moderna e foge ao nosso escopo empreender a sua discussão. Nosso intuito é apresentar alguns pontos nodais presentes na trajetória da produção dos conhecimentos e das subjetividades que remetem à qualificação da substância e à desqualificação do vazio. Interessa apontar a construção desses conceitos e sua inserção em séries oposionais que tanto alimentam as teorias nas suas leituras acerca da constituição da realidade quanto sustentam hierarquias e relações de poder e de violência. De forma específica, será problematizada a associação do denominado feminino com o vazio e do denominado masculino com a substância e suas repercussões nas teorias e nas práticas.

É importante lembrar que o conceito de substância articula-se ao de contínuo e ao de infinito na medida em que a discussão acerca do conhecimento associado à natureza do divino atravessa a história ocidental. Assim, nas teorias da maioria dos filósofos e físicos ocidentais, manter as concepções de contínuo e de substância implica, em alguma medida, relevar a concepção de infinito e a natureza do divino. O denominado *horror vacui* configura uma tese que domina o conhecimento ocidental desde a Antiguidade até a Idade Média. Segundo Ribas (1997), essa tese preconizava o vazio como vácuo e apontava à sua não existência na realidade concomitante com a impossibilidade de sua apreensão. O vazio foi rechaçado pela maioria dos filósofos modernos, como Descartes, Hobbes e Leibniz, ou seja, era considerado elemento não constitutivo do universo e da natureza (Ribas, 1997, 1999). Nessa perspectiva o vazio foi desconsiderado, negado ou desqualificado, a partir do entendimento de que sua existência tanto contrariava a natureza divina quanto a colocava sob suspeita.

Na física clássica o pressuposto da continuidade sustenta as leituras sobre os fenômenos como substâncias com contornos e identidades estabilizadas no espaço e no tempo. Concomitante, os pressupostos de Leibniz (1979a, 1979b, 1980) sobre o princípio dos indiscerníveis e as leis da continuidade e da não contradição oferecem solo ao problema de articular o conceito de infinito na perspectiva metafísica e na perspectiva matemática aplicada à leitura da natureza. Para Leibniz a discussão acerca da liberdade era atravessada pela compreensão acerca do infinito vinculada aos indivisíveis e ao contínuo. Nas discussões acerca do infinito o autor pressupõe que Deus é infinito, substância necessária e suficiente; o universo é composto por substâncias, mônadas individuais, indivisíveis, infinitas e finitas; o infinito articula-se com o contingente, e o possível, com a liberdade; o infinito articula-se com o ato. Entretanto, Leibniz teve de lidar com o paradoxo de que sua tese acerca do mundo infinito e contínuo não comportava

80 | Dimensões da violência

a tese das mônadas indivisíveis e individuais, já que elas demandavam o limite e a descontinuidade. O descontínuo pressupõe o vazio configurado pelos espaçamentos entre as substâncias. Na tradição do conhecimento ocidental marcado pela hegemonia da metafísica da presença, Descartes (1996, 2003) ganha destaque ao construir a teoria segundo a qual uma única matéria constituiria o mundo e ao explicar o movimento a partir de deslocamentos. Assim, o movimento realiza-se no espaço e articula-se com a matéria original, já que ele ocorre por meio do desprendimento de partes da matéria original. Na leitura cartesiana permanece a concepção de Deus como substância que conecta os planos da matéria e da ação, em contrapartida à concepção da inexistência do vazio. Em que pesem as divergências nas leituras realizadas acerca da substância, do infinito, do divino, até o século XVII a maioria dos filósofos ocidentais manteve a oposição entre vazio e substância, bem como desqualificou ou negou o primeiro e qualificou o segundo (Bachelard, 1996).

O vazio terá seu estatuto epistêmico reconhecido e será considerado elemento do cosmo a partir da revolução científica que ganha visibilidade em torno do século XVII e início do século XVIII, principalmente na física com Newton. Nos últimos séculos, a assunção da matemática como forma privilegiada de conhecer contabiliza a realidade de modo que ela seja medida e quantificada. Nesse processo, o vazio é relativizado, não obstante o fato de permanecer como enigma. É possível que isso aconteça em decorrência de a representação operar como modo privilegiado de acesso à realidade, fazendo com que o ato de mensurar o vazio não corresponda à demanda pela sua compreensão ou explicação. Por seu turno, a física contemporânea permite-nos pensar o vazio como uma modalidade da realidade e possibilita problematizar sua associação com o feminino, entendido como atributo que designa o que necessita ser completado e preenchido.

O conhecimento contemporâneo traz à tona concepções sobre o vazio que equivocam a filosofia e a física clássica, ainda que de forma embrionária essas concepções possam ser encontradas na filosofia pré-socrática e nos saberes desqualificados em nome do moderno. Na física clássica a descontinuidade problematiza a lógica da causalidade linear, pois no plano macro a relação entre dois objetos acontece a partir do contato entre eles e da ação exercida em termos de atividade do sujeito e passividade do objeto (Dubucs, 2001; Blanché, 1983). Entretanto, com as partículas quânticas, a relação se estabelece independentemente da individualidade e indissociabilidade de cada corpo ou objeto, suscitando a hipótese de uma causalidade não assente na linearidade, na oposição e na hierarquia. O conceito de não separabilidade dos objetos procura entender essa nova forma de relação causal sustentada pela relação global. Os princípios da identidade e da presença também são questionados pela descontinuidade, pois as partículas *quanta* se configuram como probabilidades de um vir-a-ser – por exemplo, é possível calcular o devir de uma onda, a possibilidade da sua efetivação e não a sua presença delineada e circunscrita em um campo espaço-temporal. Leituras da física contemporânea informam que a realidade é composta por partículas virtuais que existem em flutações quânticas. Essas partículas apresentam uma "tendência a se manifestar" e, dessa forma, não corroboram a ideia clássica da realidade e da subjetividade assentadas na presença e na subtância que demarca a rígida fronteira entre vazio e substância. Assim, a verificação da descontinuidade da energia configura uma importante contribuição, já que abre a possibilidade para o conhecimento descolado da ontologia e da epistemologia clássicas:

> Os *quanta* se caracterizam por uma certa extensão de seus atributos físicos, como, por exemplo, suas posições e suas velocidades. As célebres relações de Heisenberg mostram, sem nenhuma ambiguidade, que é impossível localizar um *quantum* num ponto preciso do espaço e num ponto preciso do tempo. Em outras palavras, é impossível traçar uma trajetória bem determinada de uma partícula quântica. O indeterminismo reinante na escala quântica é um indeterminismo constitutivo, fundamental, irredutível, que de maneira nenhuma significa acaso ou imprecisão. (Nicolescu, 2000, p. 20)

Na atualidade predomina o pressuposto do reconhecimento do vazio como componente da natureza e da subjetividade. Assim, por um lado, o conhecimento contemporâneo sustenta concepções sobre o vazio como pleno de potencialidades à medida que o espaço-tempo que o configura não corresponde necessária e unicamente à materialidade substantivada e a linearidade do tempo contínuo e estabilizado. A realidade pode assumir outros contornos, já que tende ao devir e também a se manifestar, o que desestabiliza as referências da identidade, da presença e da substância. Essas perspectivas demandam outro olhar sobre o vazio e o feminino, bem como explicitam os limites postos pelo conhecimento hegemônico ocidental e as relações de poder e de violência que eles sustentam em decorrência dos seus limites epistêmicos e ontológicos. Entretanto, por outro lado, apesar de que o problema posto pelo vazio adquire nova roupagem sob o manto da ciência moderna, as restrições permanecem. Para Ribas (1997) o *horror vacui* permanece nos tempos modernos e pode ser considerado metáfora plausível de ser utilizada para compreender a dificuldade que a maioria das teorias apresenta frente a dimensão do vazio. Para o autor, a dificuldade pode ser remetida ao temor e ao desconhecimento que essa dimensão suscita, haja vista a resistência posta pela própria epistemologia ocidental em compreender esse aspecto da realidade e da subjetividade. Assim, apesar de a física contemporânea aceitar e trabalhar com essa dimensão, é possível considerar que, ainda, a maioria das áreas do conhecimento científico a nega ou a desqualifica.

Linguagem, binarismo e violência

A amplitude e recorrência da manifestação da violência nos diversos contextos sociais e temporais, bem como nos grupos reunidos sob a égide de variadas referências identitárias, alertam sobre a necessidade de não vincular esse fenômeno a configurações identitárias e não sobrepô-lo de forma linear à hierarquia e ao poder (Arendt, 1985, 2000). Para Hannah Arendt a violência está presente na vida cotidiana de pessoas capturadas pela engrenagem da burocracia, da hierarquia e do poder. A autora cunha o conceito de "banalidade do mal" para se referir à presença da violência que emerge nas pequenas e corriqueiras ações permeadas pela crueldade, nas quais se explicita a "absoluta incapacidade de se identificar diante da dor e do sofrimento dos outros". A banalização do mal coloca-nos face a face com a violência exercida e sofrida por pessoas comuns, pertencentes a diversos extratos sociais, políticos, econômicos e étnicos, capturadas pelos mandatos da ordem civilizatória contemporânea que demandam a desqualificação e exclusão do outro marcado por referenciais identitários que não lhes oferecem a ilusão de completude. Nessa perspectiva, a violência se faz presente na esteira dos modos de subjetivar e de conhecer que entronizam o identitário, o binarismo, a substância, a *mesmidade* como modelos de verdade e universalidade, e ancoram teorias e práticas que colonizam o outro e desqualificam e destroem o que se pauta em pressupostos diferenciados em relação aos hegemônicos.

Ato contínuo, a linguagem pode oferecer um elemento de violência quando está impregnada por sentidos que não reverberam a experiência das pessoas ou se conceitos que possam oferecer sentidos à elaboração psíquica não estiverem disponíveis na rede simbólica (Benjamin, 1985; Zizek, 2003). Dessa forma, por um lado, o simbólico disponibilizado ao sujeito modula a constituição subjetiva à medida que oferece solo à singularização e à elaboração sobre o outro e à respeito da realidade. Por outro lado, o simbólico sustenta e acompanha políticas identitárias, pois referenda teorias e práticas que utilizam conceitos eivados por sentidos pré-estabelecidos e aprovados pela aura da verdade e do universal postulada pelo discurso científico.

Nesse contexto, a violência está no próprio trabalho de elaboração conceitual restrito aos pressupostos do representável e da metafísica da presença que, ancorados na substância, na lógica causal e linear, na *mesmidade*, restringem os sentidos agregados ao conceito e os sobrepõem a determinadas configurações sonoras e gráficas. Os pressupostos da representação, conforme apontamos anteriormente, referem-se à definição do conceito como sobreposto ao objeto, ou seja, da enunciação correspondendo ao enunciado. Para Derrida (1971, 2004), esse cenário explicita o problema de que o trabalho de conhecer a realidade

Vazio, feminino e restos | 83

agrega as relações de força e de poder presentes na ordem social, histórica e econômica, a partir da captura da linguagem pela representação e da idealização da tradição logocêntrica. Dessa forma, a desconstrução de textos que sustentam e disseminam conceitos associados à violência implica o reconhecimento de que o procedimento de desconstruir também é enredado por relações de força e de poder que configuram o contexto, pois o instrumento a ser utilizado nesse procedimento vincula-se a esse mesmo contexto.

O autor questiona o pressuposto de que o significante está eivado pelo sentido, pois entende que os sentidos diferem e não se coagulam no espaço e no tempo. Derrida entende o signo a partir do seu diferimento, ou seja, como anteriormente diferido e em constante movimento. O signo não se estabiliza e cristaliza em presença e identidade, pois sua condição de desde sempre diferido sustenta uma leitura não linear do tempo e uma lógica não clássica (Derrida, 1981, 1975, 1997, 1999). Como o signo se posterga no trabalho de advir e de diferir, o sentido também é postergado e se posterga e se diferencia na produção textual. Essa concepção lhe possibilita questionar a naturalização do signo e problematizar a relação estabelecida entre significante e significado.

Butler (2003, 1997) utiliza as referências derridianas para desconstruir as categorias identitárias e os binarismos que sustentam a oposição entre o masculino e o feminino, o homossexual e o heterossexual, bem como a hierarquia exercida entre esses pares denominados opostos. A autora propõe o trabalho com a "incompletude constitutiva", que configura a ilusão identitária que ancora a heteronormatividade, bem como apresenta a suposição de que o problema está no sentido atribuído ao masculino e ao feminino e à categoria de falta, concomitante com a permanente busca pela essência que atravessa nossa rede social. Para a autora, não existe um atributo último agregado ao homem ou à mulher que diga de forma definitiva sobre essa condição, entretanto é inegável a demanda das pessoas pela circunscrição e descrição de referências identitárias que possam fazer valer a essência dessa condição. Esse pressuposto orienta seu trabalho de problematizar a produção e a manutenção na rede social e na configuração subjetiva da representação identitária calcada no masculino e no feminino.

De forma específica, a autora problematiza os conceitos de sexo, gênero e corpo e as suas relações tanto com a elaboração da ficção identitária denominada sujeito quanto com a produção da heteronormatividade como referência à constituição subjetiva. Ela "desconstrói" as categorias do gênero como estritamente cultural e do sexo como unicamente biológico, apontando como essas categorias eclipsam a materialidade do corpo e a dimensão performativa da linguagem que produz de forma entrelaçada e contínua corpos, sexos e gêneros. Butler (2003, 1997) aponta as injunções culturais e sociais que imbricam as normas e sustentam pares que se opõem e marcam as subjetividades levando as pessoas a se constituírem a partir dessas oposições. Além dessas perspectivas, ela questiona

84 | Dimensões da violência

a própria dimensão binária que determina a referência homossexual e a heterossexual, incluindo aqui suas derivações como as duas únicas possibilidades de subjetivação oferecidas ao humano.

A autora também recorre aos estudos de Foucault (1987, 1990, 2001) que apontam as práticas sexuais relacionadas com a rede de poderes e de saberes que conformam as sociedades e incidem de forma candente na manutenção ou desagregação da rede capilar que as sustentam. Em outras palavras, as relações entre poder, conhecimento e diferença sexual envolvem a tradição política, social e econômica do Ocidente, articulando conhecimento, subjetividade, hierarquia e distribuição de poder, e produzindo a hierarquia entre o masculino e o feminino concomitante com a manutenção do *status quo* associado ao poder e à violência assentados em práticas e discursos.

Os argumentos dos autores apontados nos ajudam a pensar sobre as relações entre violência, constituição, subjetividade, conhecimento, especificamente nos aspectos relacionados a teorias sobre diferença sexual. A violência em suas distintas facetas pode ser localizada na restrição de sentidos impostos pelos conceitos que ganham hegemonia em decorrência de injunções econômicas, sociais e políticas. Essa restrição concerne ao modo de operar da linguagem na sua articulação a teoria da representação, que, dentre outras modalidades, constrói figuras identitárias como o masculino e o feminino, recobertas por sentidos restritos. Não obstante, essa faceta violenta se amplia ao constatarmos que os sentidos atribuídos ao feminino, como vazio, passivo, incompleto, passional, são desqualificados em relação aos atributos designados ao masculino, como completo, ativo, racional. Assim, aqueles que se identificam com o feminino têm de se ver com a possibilidade de constituírem um referencial identitário que venha a agregar atributos desqualificados[2].

O trajeto histórico ocidental de produção das teorias sexuais acompanha um intrincado cenário de poder e saber que cauciona leituras sobre a diferença sexual que adotam os parâmetros da metafísica da presença. Essas leituras explicitam o simbólico no seu aspecto ideológico e violento, quando outorgam a verdade a teorias datadas sobre a sexualidade, o corpo e a representação identitária. O pênis e o falo como referências concretas e simbólicas, o vazio e o incompleto como marcas da diferença entre os sexos, sustentam e são sustentados pela

---

[2] É importante salientar que outros atributos desqualificados são produzidos e endereçados a várias pessoas que configuram grupos calcados em matrizes identitárias e que podem ocupar o lugar de excluídos em relação a matriz identitária dominante no seu contexto cultural, social e econômico. Assim, temos grupos calcados na etnia, na orientação sexual, na geração, dentre outros. Entretanto, os argumentos que sustentam a leitura apresentada são de duas ordens: a primeira diz respeito ao fato de que a referência à diferença sexual atravessa a construção da representação identitária. O segundo argumento refere-se ao aspecto de que a atribuição do vazio, do incompleto, do passivo e passional é endereçada de forma precípua ao denominado feminino.

Vazio, feminino e restos | 85

lógica linear, causal e identitária e pelas representações marcadas pelo binário. Essa perspectiva estimula a problematização dos atributos associados ao feminino e os impasses que eles explicitam acerca de uma economia da linguagem e de uma economia do psiquismo vinculadas a modos específicos de conhecer e de subjetivar.

A hierarquia estabelecida entre pares de opostos nomeia e produz aquele que será vinculado ao ativo, à substância, à presença, em contraponto ao outro do par, vinculado ao passivo, à ausência, ao vazio. O masculino encarna o modelo da ciência e da subjetividade, pois o falo subsume o pressuposto da ação e do movimento associados pela tradição metafísica da presença ao contínuo que se estende no espaço e no tempo da substância. Esses pressupostos acompanham a definição da subjetividade como subsumida na *mesmidade* identitária definida como um *continuum* que se estabiliza no espaço e no tempo e se substantiva no sujeito epistêmico da ação. Em contrapartida, o feminino, ao encarnar o vazio, o incompleto, o descontínuo, o passivo, escancara os limites teóricos da tradição do conhecimento ocidental, na medida em que as teorias hegemônicas não explicam e/ou compreendem o que negam e/ou desqualificam. Em outras palavras, os atributos designados ao feminino configuram o negado e o desqualificado no/ pelo conhecimento científico e no/pelo sujeito da ação em decorrência das dificuldades que oferecem à sua compreensão e/ou explicação. Assim, o feminino tornou-se alvo de desqualificação, sinônimo de impotência, de patologia, do outro, por agregar e explicitar a falácia dos pressupostos da verdade e da universalidade, pois ambos postulam os fundamentos da ordem ocidental e moderna.

Derrida (1978) aponta o feminino como:

> Desde que a questão da mulher suspende a oposição decidível do verdadeiro e do não verdadeiro, instaura o regime epocal das aspas para todos os conceitos que pertencem ao sistema desta decidibilidade filosófica, desqualifica o projeto hermenêutico que postula o sentido verdadeiro de um texto, libera a leitura do horizonte do sentido do ser ou da verdade do ser, dos valores de produção do produto ou de presença do presente, o que se desencadeia é a questão do estilo como questão da escritura, a questão de uma operação estimulante mais potente que todo conteúdo, toda tese e todo sentido. (p. 86)

Nessa perspectiva, a lógica causal e linear se entrelaça com o conhecimento científico ao produzir o sujeito ativo e o objeto passivo, bem como incide nas práticas sexuais ao delinear a referência do corpo ativo como aquele que penetra e do corpo passivo como o que é penetrado. Em outras palavras, a lógica causal e linear, axioma que sustenta a ciência e o sujeito, demanda o ativo que exerce a ação, o poder e, porventura, a violência, bem como demanda o passivo que sofre os efeitos dessa ação, na condição de vítima. Entretanto, a realidade, em sua plasticidade, extravasa os contornos, as fronteiras e explicita a prática sexual e

86 | Dimensões da violência

a construção subjetiva que interpela o axioma que define quem exerce a ação e quem sofre seus efeitos. Assim, nas diferentes práticas exercidas entre corpos e subjetividades que se configuram a partir da matriz binária heterossexual e homossexual, como delimitar quem penetra e quem é penetrado? Como lidar com o prazer que os corpos e as subjetividades marcados pelo vazio propiciam a outros corpos e subjetividades também marcados por esse atributo? Afinal, a ação demanda um sujeito que a exerça, já que o movimento é produzido em decorrência da continuidade presente na realidade e no subjetivo que garantem e operam na linha reta que se estende do ativo ao passivo. Nesses termos, o corpo subjetivado como vazio e feminino tanto pode provocar quanto receber prazer de outro corpo subjetivado como vazio e feminino, explicitando o exercício da ação? A capacidade de agir e de provocar alterações explicitadas no e pelo corpo definido como vazio, incompleto e passivo, equivoca a tradição do conhecimento binário e disjuntivo e demanda teorias sobre a realidade e o psiquismo que se estendem para além da metafísica da presença. Não obstante, a violência dos conceitos pautados nos pressupostos hegemônicos e da captura subjetiva que eles promovem se explicita quando nos pares denominados homossexuais ocorre a disjunção entre aquele que seria o ativo/masculino/masculinizado e o passivo/feminino/efeminado. Esse movimento disjuntivo mantém a tradição do conhecimento e do sujeito ao preservar a lógica identitária linear, causal, a substância e os binarismos. Na mesma senda, a preservação da lógica fálica acompanha esse trajeto, já que o falo opera como referência à constituição do sujeito da ação e como âncora à metafísica da presença.

Diferenças sexuais entre o somos ou o deviremos?

Manter a lógica do vazio como oposto à substância implica manter disjunções apoiadas em normas binárias e hierárquicas, bem como sustentar a crença na constituição subjetiva centrada na matriz identitária. Adotar essa leitura corresponde a reiterar a tradição que entroniza os pressupostos da verdade e do universal agregados tanto ao conhecimento científico quanto à subjetividade sujeitada e heteronormatizada. Ainda, essa leitura demanda acatar o processo que produz e dissemina o expurgo e a desqualificação atribuídos ao denominado feminino. Entretanto, leituras sobre o vazio que não o desqualifiquem podem contribuir com a ampliação do conhecimento sobre a realidade e a subjetividade, bem como questionar a relação de poder e de violência estabelecida entre o denominado masculino e o feminino.

No cenário contemporâneo a modalidade de conhecer e de subjetivar que ganha hegemonia é calcada na concepção de sujeito do conhecimento marcado pelo falo e pelo logos no sentido ontológico e epistêmico que engendra o sujeito da substância masculino e racional. Assim, o vazio configurado como o que escapa à representação e ao falo é desqualificado, denominado como feminino e falta. Entretanto, essa desqualificação explicita a defasagem do conhecimento que não dispõe de aparato teórico e instrumental necessário à leitura da realidade que extrapola a substância, o representado, o linear. Nessa senda, o feminino, ao encarnar o vazio, explicita o limite e gera angústia, pois questiona o status quo dominante e a pretensa verdade universal do pressuposto que associa ação, logos, representação, substância e falo. O trabalho de desconstrução desses fetiches demanda epistemologias e ontologias centradas na razão plural, na dúvida diante do real, no paradoxo, na contradição, no indeterminado, no indecidível. Sustentar concepções sobre o conhecimento, a realidade e a subjetividade que se ancorem na qualificação do vazio e da potência a ele associada constitui ponto imprescindível à crítica direcionada ao conhecimento assentado na hierarquia e na disjunção que opera a exclusão e desqualificação do outro.

No catálogo da Funarte escrito para a exposição Vazio e totalidade de Marcos Chaves, Canongia (2002) escreve:

> O buraco é a falta, o vazio, o lugar que nos solicita imediato preenchimento para que não nos deparemos com o fato insuportável da ausência. O buraco é ainda o desconhecido, a ameaça, o lugar da queda, do perigo e da morte. As interferências populares nos alertam para esses temores, nos protegem, sinalizando a iminência do desastre, e o fazem com o humor e a irreverência de quem ilude e desfaz as armadilhas da fatalidade. Reagem à morte com o humor que, no dizer de Chaves, "é uma forma de tirar a tragicidade das coisas". O buraco ressurge então como espaço de criação, de vida, de pulsação, justo as qualidades que a fotografia, enquanto meio, congela, e que a arte de Marcos Chaves, como expressão da ambivalência, retém, mas vivifica. "Come into the (w)hole!".

No trajeto que se anuncia as dúvidas são muitas. Entretanto, reconhecer o vazio e lançar o olhar sobre ele não implica necessariamente o trabalho de preenchê-lo, mas, antes, demanda o seu atravessamento. As relações perigosas entre os modos de produzir conhecimento e o fazer-se da vida cotidiana explicitam o emaranhado entre corpos subjetivados, passionais e sexualizados, borram os limites entre masculino e feminino, e perturbam os crentes na pureza e na assepsia das classificações. Assim, lançar o olhar sobre o feminino, o incompleto, o vazio, o indecidível, demanda contemplar o excluído e os restos produzidos pelo/no saber ocidental, bem como suportar o contato com o que nessa dimensão fascina e amedronta. Algo escapa no denominado feminino e no vazio e desestabiliza as referências conhecidas e estabilizadas. Entretanto, aproximar-se do que escapa implica buscar outros conceitos e referências que possam

88 | Dimensões da violência

sustentar esse contato e que extrapolem a dimensão do mensurável expresso na quantificação da falta e/ou do excesso. Essa perspectiva demanda a produção de epistemologias e ontologias centradas na razão plural, na dúvida frente ao real, no paradoxo, no indecidível, no indeterminado, bem como demanda concepções sobre o conhecimento, a ação, a constituição subjetiva, ancoradas na qualificação do vazio, da diferença.

O acontecimento, o devir e o descontínuo atravessam o vazio e convivem com a fluidez dos contornos, das fronteiras, das referências e das nomenclaturas que procuram demarcar territórios e saberes e preencher, tamponar, entupir, saturar o buraco. Suportar a condição de atravessar e ser atravessado demanda suportar a relação entre ativo e passivo e lidar com a modulação da ação que questiona a linearidade e a causalidade e põe em suspenso a certeza do lugar de quem age e penetra e de quem sofre os efeitos da ação e é penetrado. O desmanchar dos contornos vaza pelos poros do corpo subjetivo, da sexualidade, do conhecimento e do poder. Como incita o poeta, faz-se necessário desinventar palavras e coisas: "Desinventar objetos. O pente, por exemplo. Dar ao pente funções de não pentear até que ele fique à disposição de ser uma begônia. Ou uma gravanha. Usar algumas palavras que ainda não tenham idioma" (Barros, 1993, p. 53).

Cultivar a dúvida, lidar com a incerteza, caminhar no fio da navalha podem se constituir posições descentralizadoras dos parâmetros estabilizados nas/pelas certezas substantivadas nas ontologias e nas epistemologias dominantes no Ocidente. Cultivar a dúvida não significa estagnar e aceitar o niilismo. Antes, caminhar no fio da navalha demanda o ato de permitir-se a usar as palavras como se elas ainda não tivessem idioma e a sonhar o indecidível do caminho, sem se amparar em garantias e fundamentos.

Referências bibliográficas

Arendt, H. (1985). *Da violência*. Brasília: Editora da UnB.

Arendt, H. (2000). *Eichmann em Jerusalém: um relato sobre a banalidade do mal*. São Paulo: Companhia das Letras.

Barros, M. (1996). *Retrato do artista quando coisa*. Rio de Janeiro: Record.

Barros, M. (1993). *O livro das ignorãças*. Rio de Janeiro: Civilização Brasileira.

Benjamin, W. (1985). *Walter Benjamin: obras escolhidas*. São Paulo: Brasiliense.

Blanché, R. (1983). *A ciência atual e o racionalismo*. Lisboa: Res Editora.

Bachelard, G. (1996). *A formação do espírito científico*. Rio de Janeiro: Contraponto.

Butler, J. (1997). *The psychic life of power*. California: Stanford University Press.

Butler, J. (2003). *Problemas de gênero: feminismo e subversão da identidade*. Rio de Janeiro: Civilização Brasileira.

Chaves, M. (2002). *Exposição vazio e totalidade*. Brasília: Galeria Arte Futura. Recuperado em : 05 de maio de 2010 de <http://www.canalcontemporaneo.art.br>.

Canongia, L. (2002). *Marcos Chaves: vazio e totalidade*. Palestra proferida em Brasília. Recuperado em 07 de maio de 2010 de <http://www.canalcontemporaneo.art.br/>.

Derrida, J. (1971). *Escritura e diferença*. São Paulo: Perspectiva. (Coleção Debates).

Derrida, J. (1975). *Posições*. Lisboa: Plátano. (Coleção Discurso Social).

Derrida, J. (1978). *Eperons: les styles de Nietzche*. Paris: Flammarion.

Derrida, J. (1981). *Limited Inc*. Campinas, SP: Papirus.

Derrida, J. (1997). *A farmácia de Platã*o. São Paulo: Iluminuras.

Derrida, J. (1999). *Gramatologia*. São Paulo: Perspectiva.

Derrida, J. (2004, agosto, 15). Entrevista a Evando Nascimento. Caderno Mais!, *Folha de São Paulo*, pp. 10-11.

Descartes, R. (2003). *O mundo ou tratado da luz*. Paraná: Unioeste.

90 | Dimensões da violência

Descartes, R. (1996). *Meditações metafísicas*. São Paulo: Abril Cultural. (Coleção Os pensadores).

Dubucs, J. (2001). *A lógica depois de Russel*. In R. Blanché. História da lógica. Lisboa: Edições 70.

Foucault, M. (1990). *As palavras e as coisas*. Rio de Janeiro: Graal.

Foucault, M. (1987). *Arqueologia do saber*. Rio de Janeiro: Forense Universitária.

Foucault, M. (2001) *História da sexualidade I*: A vontade de saber. Rio de Janeiro: Graal.

Leibniz, G. W. (1979a) *A monadologia: discurso de metafísica*. São Paulo: Abril Cultural.

Leibniz, G. W. (1979b). *Correspondência com Clarke* (1715-6). São Paulo: Abril Cultural. (Coleções Os Pensadores).

Leibniz, G. W. (1980). *Novos ensaios sobre o entendimento humano*. São Paulo: Abril Cultural. (Coleção Os Pensadores).

Laqueur, T. (2001). *Inventando o sexo: corpo e gênero dos gregos a Freud*. Rio de Janeiro: Relume Dumará.

Lispector, C. (1998). *Felicidade clandestina*. Rio de Janeiro: Rocco.

Morin, E. (2005a). *O Método III: o conhecimento do conhecimento*. Porto Alegre: Sulina.

Morin, E. (2005b). *O Método IV: as ideias*. Porto Alegre: Sulina.

Nicolescu, B. (2000). *Um novo tipo de conhecimento: transdisciplinaridade*. Educação e transdisciplinaridade. Brasília: UNESCO.

Nicolescu, B. (2001). *O manifesto da transdisciplinaridade*. São Paulo: Trion.

Prigogine, I. (1996). *O fim das certezas: tempo, caos e as leis da natureza*. São Paulo: Editora da Universidade Estadual Paulista.

Ribas, A. (1997). *Biografía del vacío. Su historia filosófica y científica desde la Antigüedad a la Edad Moderna*. Barcelona: Destino/Ensayos.

Ribas, A. (1999). En los límites de la realidad: el vacío. *Mundo Científico - La Recherche, 202*, 41-45.

Souza Santos, B. (2003). *Conhecimento prudente para uma vida decente*. Porto: Edições Afrontamento.

Souza, M. (2008). De como des(colonizar) corações e mentes ou modos de conhecer e de subjetivar nas práticas de produzir e de disseminar conhecimento. In M. Souza; S.

Cassiani; D. C. Carvalho & A. Costa (Org.). *Lugares, Sujeitos e Conhecimentos* (pp. 57-74). Florianópolis: Editora da UFSC.

Souza, M. (2007). Narrativas, conhecimento e homem simbólico: entrelaçamentos entre saberes e fazeres. *Revista Mal-estar e Subjetividade*, VI, 137-161.

Zizek, S. (2003). *Bem-vindo ao deserto do real*. São Paulo: Boitempo Editorial.

Vida e morte no pensamento social e político brasileiro e as teses fundamentais de *Totem e tabu*: O caso dos linchamentos[1]

Paulo Cesar Endo[2]

Introdução

No Brasil, entre 1980 e 1996 foram noticiados pela imprensa brasileira 795 linchamentos, perfazendo uma média de quase 50 linchamentos por ano. Entretanto esses números são ainda subestimados, pois muito provavelmente o número de casos noticiados não representa a totalidade[3].

O estudo sobre os linchamentos no Brasil não é exaustivo, apesar dos numerosos linchamentos ocorridos no período entre 1970 e 1994; ficou a cargo de alguns sociólogos e psicólogos sociais brasileiros (Martins, 1989, 1995; Benevides & Ferreira, 1983; Souza & Menandro, 2002; Singer, 2003) se debruçar sobre o tema. O assunto, da mais alta complexidade, tinha de buscar suas principais referências na bibliografia e nos estudos disponíveis, sobretudo nos Estados Unidos, onde os linchamentos ocorreram aos milhares entre 1882 e 1951 (Roche, 1996; Benevides & Ferreira, 1983) e onde o caráter étnico das violências atestava

---

[1] Este artigo é uma versão bastante modificada do trabalho apresentado na *Ninth Essex Conference in Critical Political Theory*, em junho de 2008.

[2] Psicanalista, professor e pesquisador no curso de Psicologia e no Programa de Pós-Graduação no Instituto de Psicologia da Universidade de São Paulo (USP).

[3] Como exemplo, podemos citar o caso da Bahia em que em vários anos (1988, 1989, 1990, 1992, 1993 e 1995) a porcentagem de casos noticiados na imprensa em relação aos casos notificados à polícia não passou de 10% (Singer, 2003, p. 61).

94 | Dimensões da violência

um conflito de classe, cor, raça, casta e onde o vigilantismo foi uma característica preponderante.

A matança da população afro-americana por essa via revelava uma intrínseca relação entre a manifestação mais ostensiva de poder sectário, cujo alvo específico era o homem negro, a raça negra, a negritude. No Brasil, também é o homem negro, jovem e de baixa escolaridade o alvo preferencial das atrocidades homicidas de toda ordem, especificamente nos casos de violência policial, de homicídios dolosos, da ação de grupos de extermínio e de "justiceiros" cuja violência recai, sobretudo, no corpo do negro. No caso brasileiro, todavia, o conflito social não explica por si só a ação típica que caracteriza os linchamentos.

"Fazer justiça com as próprias mãos", expressão popular para caracterizar a forma de "justiçamento" que ocorre às margens do ordenamento jurídico, às margens do direito, revela-se como forma socialmente aceita, e incentivada no Brasil, de punir os pobres. Ainda que os linchamentos se concentrem em regiões e entre a população mais pobre e tenham como vítimas e perpetradores diretos também a população mais pobre, não raro eles são desencadeados por uma ofensa a pequenos comerciantes que insuflam o movimento e o apoiam. Em contrapartida, embora sem a participação direta das camadas mais ricas da população, pesquisas não muito recentes indicavam a ampla aprovação de 44% da população para os casos de linchamento (Benevides & Ferreira, 1983).

O que torna o linchamento uma violência com características bastante específicas é a mobilização coletiva imediata, a ritualização que lhe serve como mediação e o corpo do linchado, que se transforma em objeto de posse absoluta pelo grupo de linchadores. Tais aspectos estão ausentes em outras formas de execução ilegal como as chacinas, a ação dos justiceiros e os homicídios praticados por policiais. Neste último caso, embora as torturas sejam práticas mais ou menos comuns da polícia brasileira, não se evidenciam o aspecto ritual e de celebração que sobrevém aos linchamentos.

No mais amplo trabalho realizado sobre os linchamentos no Brasil, de José de Souza Martins (1989, 1995, 1996), algumas regularidades são destacadas. O corpo do condenado como alvo *sine qua non* dos linchadores, a presença de uma coletividade representativa que sustenta e apoia todo o procedimento do linchamento, desde a apreensão, passando pelo julgamento, à execução da pena, e as diversas formas de ritualização do ato que conduzirá à morte do condenado são traços regulares que definem grande parte dos linchamentos no Brasil.

Apresentarei aqui uma breve discussão, que se soma a outras em curso (Endo, 2005, 2006) e recorre ao texto de Freud *Totem e tabu* (1913) como instrumento teórico relevante para compreender essas regularidades e ultrapassar alguns pontos problemáticos encontrados no seio dessa reflexão.

Os pactos de sangue e os pactos com sangue

A tentadora interpretação sociológica brasileira sobre os linchamentos como uma espécie de reação política dos oprimidos, ou como uma percepção da classe oprimida da ausência de justiça para os pobres, e o linchamento como justiça popular (Moisés, s/d), que recai, invariavelmente, no corpo do próprio pobre, é limitada, mas não é inverídica.

Em outras palavras, a percepção coletiva da injustiça cometida, a ausência de providências legais e a certeza da impunidade àquele que cometeu a agressão primária são elementos presentes em alguns linchamentos. Entretanto, a reação violenta coletiva extravasa esses limites. Longe de se constituir um ato planejado passo a passo, os linchamentos bebem em valores, tradições, crenças e afetos reprimidos, que ressurgem imediatamente após intensa comoção afetiva. Essa é possivelmente a razão pela qual os linchadores são, muitas vezes, incapazes de explicar racionalmente o próprio ato cujo desfecho era totalmente previsível. A noção do eu nos linchamentos parece embaçada por um difuso nós.

A dimensão política não se esgota num conflito de classes, ainda que ele esteja ativo e presente. Aquilo que fora nomeado como conservadorismo, barbárie e irracionalidade das massas, seguindo inspiração do ainda influente Gustave Le Bon (Singer, 2003), carece da análise de um fato fundamental e precedente: o horror ao morto que permite que alguém mate impunemente impõe o imperativo de matar novamente (o agressor), por vezes como única forma aceitável de pagar a morte com novos mortos.

A ausência de mediação e constituição da experiência de justiça, recusada a muitos pelo próprio sistema judiciário, introduz um medo recorrente: o de que a morte está à espreita. Nossa morte, mas também nossa possibilidade de gerar mortes[4]. Tal medo, que se esparrama por todas as relações ordinárias e se automatiza nas grandes cidades brasileiras, faz de cada citadino um emblema do risco e do medo de si e dos outros.

Veículos blindados, grades nas residências, seguranças particulares, alarmes, toques de recolher e enclausuramento dentro de casas e carros são sinais de uma tendência paradoxal que se expressa, de um lado, no medo e na ostentação dos ricos, com seus caros sistemas de proteção, que convivem, por outro lado, com a inibição e o desaparecimento do pobre da circulação pedestre.

Com estratégias diferentes reguladas pelo poder de consumo que se têm, todos estão fugindo da morte, do morto e de todos os lutos que não pudemos

---

[4] A esse respeito ver o interessante artigo de Jacobs, Carmichael e Kent (2005) sobre a correlação entre a aplicação da pena de morte nos estados americanos e a prática de linchamentos no final de século XIX até a primeira metade do século XX nos Estados Unidos.

96 | Dimensões da violência

fazer pelos mortos, conhecidos ou não, em nossas cidades. A recusa da apropriação coletiva dessas perdas é a recusa do reconhecimento de que os mortos da cidade são, de algum modo, nossos próprios mortos e de que só nós poderíamos enterrá-los, velá-los e realizar seu luto.

Essa impossibilidade de luto, celebração, recomposição narcísica e rearticulação das redes de sociabilidade produz uma profunda instabilidade na transmissão de significações e fortalecimento de laços fundados sobre a tradição, os costumes e os valores transmitidos. Tomemos como exemplo um relato colhido numa entrevista por Godoy (2004) a uma cidadã guatemalteca e sua percepção sobre o crescimento do crime e dos assassinatos em sua região:

> Veja, eu sou de Aguacatán (Huehuetenango), e lá nós vemos o crescimento do crime com grande preocupação. Recentemente, cerca de uma semana atrás eles sepultaram um jovem que foi assassinado em um povoado e isso provocou uma espécie de escândalo, uma experiência que não havia sido vivida ainda nessa área, e que, bem, isso levou a comunidade a refletir sobre o que estava dando errado. Esse tipo de coisa cria instabilidade no interior das comunidades e isso também cria instabilidade no interior das famílias. Os jovens que estão vivendo nas comunidades, é como se eles não tivessem (...) eles não valorizam os princípios que suas famílias preservam, então eles não dão ouvidos aos seus pais e eles aprenderam outros princípios que não estão de acordo com os princípios da comunidade. Então isso cria instabilidade no interior da família e no interior da comunidade. (p. 634)

A desconfiança corrói os mecanismos de transmissão. Antigos valores parecem desatualizados diante do território figurado pelos assassinatos. Família e comunidade são esvaziadas de sentido para os jovens que se sentem ameaçados e sem mecanismos de proteção que lhes pareçam adequados diante das ameaças. O jovem então, não raro, rompe com o sentido de comunidade e alça seu voo solitário e mal calculado do enfrentamento, da exposição abusiva e da recomposição de alguma ordem em que ele se reconheça como protagonista. Protagonismo que ele, muitas vezes, não reconhece em sua comunidade, em sua família e num sistema regulado por leis não aplicáveis a todos do mesmo modo.

Nesse ponto crítico há pontos de articulação com a conformação que conduz ao linchamento. "Linchadores não clamam pela reivindicação de seus direitos individuais. O que eles buscam é uma ampla transformação do seu mundo, um sistema justo no qual o marginalizado tenha voz" (Godoy, 2004, p. 642). Em um de seus aspectos fundamentais trata-se de uma diferenciação radical entre lei e justiça. Segundo Godoy "não se trata de um chamado por direito (lei), mas um clamor por justiça" (2004, p. 642).

Trata-se da proposição de uma lógica em que se nega a lei para afirmar a justiça, a justiça com as próprias mãos que recoloca a violência como instrumento de justiçamento e condição para a afirmação da ordem. Nesse sentido o linchamento bebe das fontes mais conservadoras da organização societária e afirma o retorno reiterado à violência como recurso inexorável da vida em comum.

A reiteração da morte dos mortos insepultos: Da atualidade de *Totem e tabu*

Em 1913, Freud publica seu texto capital *Totem e tabu*. Esse texto foi, quando de sua publicação, execrado pelos etnógrafos e antropólogos contemporâneos de Freud. O texto recebeu críticas ácidas num texto de Kroeber (1920), reconhecido antropólogo americano estudioso de culturas indígenas, quando foi publicado em inglês em 1920 e, depois, como consequência adveio uma espécie de retratação em 1939, quando Kroeber escreveu um novo artigo comentando o primeiro. Lacan (1992) ironiza essa passagem dizendo que a primeira crítica de Kroeber o havia azucrinado por 20 anos, reconduzindo-o à releitura de *Totem e tabu* para dizer que "ali existia alguma coisa, que aliás não podia dizer o quê ..." (Lacan, p. 104).

Também Macdougall (1920), reconhecido psicólogo social inglês, autor que Freud lerá criticamente quando da elaboração do texto "Psicologia das massas e análise do eu", publicado em 1921, não deixará também de criticar o texto freudiano denominando-o de "trabalho de imaginação freudiana" (p. 349).

Mergulhado no dialogar com os antropólogos e o pensamento social de sua época, Freud desabafa numa carta a Ferenczi, seu discípulo dileto, o incômodo do trabalho intelectual que havia se imposto.

> O trabalho sobre o Totem está uma porcaria. Leio livros enormes sem estar realmente interessado, pois já conheço os resultados, é meu instinto que me diz. Mas é preciso arrastá-los através de todo o material, sendo que, enquanto isso, as percepções se obscurecem. Muitas coisas não querem encaixar, mas também não podem ser forçadas, nem todas as noites tenho tempo etc. Às vezes tenho a sensação de ter desejado estabelecer apenas uma tênue ligação e depois descoberto, com a minha idade, ter de casar com uma nova mulher. (Freud & Ferenczi, 1994, p. 372)

Nessa ocasião Freud elaborava a hipótese da horda primeva que sucintamente retomo aqui.

Originariamente a organização vigente era o estado de horda. Forma primitiva de organização na qual um macho, supostamente mais forte do que cada um dos indivíduos isolados dominava tiranicamente os demais ao mesmo tempo que os organizava e provia. Além disso, era esse macho que monopolizava todas as

98 | Dimensões da violência

mulheres. Viviam os demais indivíduos, então, sob o regime do comando e da subserviência desse macho-tirano. Em determinado momento, os filhos se unem e decidem matar quem os tiranizava. E eles o fazem. O pai é assassinado e, depois, devorado num banquete que funda uma segunda ordem e organização: o Totem.

O assassinato e seu corolário, o banquete totêmico, revelam, portanto, alguns aspectos fundamentais definidores da organização sociopolítica desde então: a proibição de disputar as mulheres do recém-criado clã, fundando a exogamia do Totem, que Freud procurará ilustrar com inúmeros exemplos recolhidos de diversos trabalhos etnográficos, e a incorporação física e psíquica do pai morto: o banquete totêmico.

A isso se deveria, para Freud, a primeira ordenação, a primeira regulação e a emergência da linguagem. Desde então o próprio sentido de cultura se inaugura, na medida em que a memória do assassinato resguarda a origem da cultura enquanto herança de lembrança e esquecimento. A lembrança do pai morto, a ser pranteado e perpetuamente enlutado, como tarefa permanente da cultura, e o esquecimento do assassinato desse mesmo tirano, que, pela via do assassinato torna-se pai, pai morto.

Diversos antropólogos do início do século XX rechaçaram a hipótese, considerada sem fundamentação etnográfica (Roudinesco, 1998), e os próprios psicanalistas de certa forma abandonaram esse texto. Exceção feita ao próprio Freud que sempre computou *Totem e tabu* como um de seus dois textos mais importantes, sendo concedido o outro lugar egrégio ao seu trabalho seminal *A interpretação dos sonhos*, de 1900. O texto *Mal-estar na civilização*, publicado em 1930, foi melhor acolhido pelo pensamento social à época de Freud, entretanto, foi assinalado por Freud como uma derivação direta de *Totem e tabu* e o mesmo aconteceu com o seu último grande texto: *Moisés e o monoteísmo*.

De forma vigorosa e fundamental Totem e tabu vem sendo retomado por importantes pensadores sociais e políticos dos séculos XX e XXI[5].

A impossibilidade de destinar nossos mortos, erigir nossos totens em sua homenagem e pranteá-los nos rituais disponíveis em cada cultura e em cada sociedade, impõe a sucessiva experiência da fratria que se desfaz, abrindo-se à fantasmagorização do retorno do tirano violento, cruel e provedor. Aquilo que Freud destacava na gênese da cultura, hoje sabemos, tem sua pertinência progressiva, esclarecendo-nos algo sobre o futuro, e não regressiva, como uma hipótese factível sobre o passado: a horda primeira.

Aliás, não custa lembrar que nas últimas páginas de *Totem e tabu*, Freud dilui o caráter factual da hipótese da horda primeira. Hipótese, aliás, que lhe custou

---

[5] Ver Bauman (1999), Agamben (2002), Enzensberger (1991), mais indiretamente Elias (1993, 1994), além do polêmico trabalho de Girard (1972) inteiramente consagrado a *Totem e Tabu*. Ver também as destacadas releituras de *Totem e Tabu* feitas pelos psicanalistas Pierre Fédida (1996) e Jacques Lacan (1992).

Vida e morte no pensamento social e político brasileiro e as teses fundamentais de *Totem e tabu* | 99

grande parte do argumento do texto. Freud lembra-nos de que outrora fora a descoberta da fantasia recalcada à grande descoberta psicanalítica na gênese das neuroses, e provoca, apontando para a possibilidade de serem as fantasias do homem primitivo aquilo que produziu os tabus e os manteve, independentemente de seu caráter factual. Assim, a hipótese do pai da horda como fato etnograficamente incontestável poderia não ser tão importante assim.

Na história de Freud, portanto, a fraqueza e a fragilidade dos irmãos impõem a banalização da morte dos outros e da sua própria, já que demonstra a fraqueza da coletividade para estancar um ato violento individual que fere os laços estabelecidos entre a comunidade. Tal como fizeram os irmãos da horda primeva em Freud ao se reunirem, pela primeira vez, e matarem o tirano cujo poder absoluto os ameaçava e os protegia.

O assassinato primevo que, para Freud, inaugura a necessidade da norma e da regulação entre pares é uma consequência direta e imediata da necessidade de estancar a ação individual (do tirano), quando ela é abusiva e violenta, mas sua contrapartida é a autoria de um novo assassinato que funda uma nova aliança entre os irmãos e o tirano, consagrado, após o ato assassino como pai morto, amado e odiado. Ele será sempre relembrado e adorado pelos signos de sua morte (o totem, os rituais de morte) e pelo ordenamento que o sucede (os tabus, as leis), como princípios da proibição e da transgressão.

Cometer o assassinato até o final, tal como o fizeram os filhos assassinos do pai-tirano, implicara o ato assassino, mas também o desaparecimento do assassinato físico e a incorporação individual e coletiva do assassinado, momento em que os filhos repartem o corpo do tirano morto e o devoram fazendo ao mesmo tempo e, por essa via, desaparecer o corpo do morto, incorporando-o. Aqui Freud se apoiou na obra de Robertson Smith e em suas explorações sobre o banquete totêmico nas comunidades semíticas.

Desde então o pai morto, assassinado, será parte de cada um dos filhos, e seu assassinato jamais poderá ser renegado. Um caso notável e literal dessa dinâmica ocorreu na cidade do Rio de Janeiro. Após o linchamento de um rapaz já morto pela ação dos linchadores, uma velha senhora tentava, com uma colher, arrancar os olhos do defunto, e foi retirada com dificuldade do local (Martins, 1989, p. 25).

O linchamento difere do assassinato anônimo, e a comunidade – e não os indivíduos – assume sua autoria. Aliás, é comum, após os linchamentos, não encontrar mais as testemunhas ou os envolvidos diretos na ação. A ação pertence à comunidade, e não a qualquer indivíduo isolado.

Todavia, os assassinatos sem autoria, cujos corpos baldios são lançados anônimos, em meio à comunidade, geram o horror de uma morte assombrada que não está entre os homens, isto é, não foi assumida por nenhum agrupamento ou por nenhum indivíduo. Uma morte ao acaso, sem explicação e indomável pelas leis dos homens. Uma morte sobrenatural, desumana e monstruosa. Uma

100 | Dimensões da violência

morte regida pelos tabus e pelo inexplicável e pela presença fortuita do ato assassino que fora recalcado. O horror revela-se agora por obra dos simulacros da cultura e do recalque. O ator do assassinato é duplamente ocultado: no seio de uma comunidade genérica que o exime da responsabilidade individual e por obra do recalque da autoria – o esquecimento – que o desloca do lugar de ator e protagonista para o de espectador. Em meio a esse duplo estratagema, o fenômeno resiste à compreensão, insuflando o horror do inexplicável e do assombroso e a proliferação de mortos-vivos. Aqueles que morreram sem que alguém os matasse.

Mais do que isso, esse ocultamento zomba da lei, que fora instituída por obra da lembrança do assassinato do pai, e desfaz a garantia de que tal ato não resultasse como predestinação de sua perpétua repetição. Mais uma vez os mecanismos inconscientes zombam da consciência.

A reflexão freudiana em Totem e tabu sobre a presença dos mortos entre nós destaca: "Sabemos que os mortos são poderosos soberanos; talvez nos assombre constatar que são também considerados como inimigos" (1982, p. 1.780). São esses os mortos-vivos que atacam desde o seu luto negado.

Se atentarmos para o mecanismo de defesa diante da ambivalência que Freud destaca no homem primitivo, e que Bauman (1999) encarecerá como experiência definidora da pós-modernidade, poderemos reconhecer que a projeção é o mecanismo que funda a ação coletiva de morte e cujo fundamento é a experiência, muitas vezes insuportável, da ambivalência.

Trata-se daquilo que Bauman (1999) grifara ao destacar que o estranho, quando não é tolerado, é odiado e, como tal, está exposto à eliminação. A projeção do próprio desejo de matar reconstrói projetivamente monstros hediondos a que todos tememos. Quando "encontrados", devemos aniquilá-los sem piedade, porém, enquanto não há acordo sobre sua autoria e sua identidade – enquanto ainda são ambivalentes –, o assassinato não é autorizado, o horror cresce e com ele o desejo e a expectativa de se construir, por projeção, novos vulneráveis à aniquilação. A projeção, portanto é, em si, um mecanismo tirânico, que lesa o objeto e o subjuga em sua forma e seu conteúdo. Será esse o jugo, que o sujeito tiranicamente determina coagindo os objetos que lhe são mais próximos e com os quais mantém relações de proximidade duvidosa e incompreensão radical, já que, como tal, a pulsão de morte é incompreensível, como Freud assinalará em 1933, em sua correspondência endereçada a Albert Einstein. A pulsão destrutiva é a expressão secundária do incompreensível: a pulsão de morte. Em torno dela gravita o insondável que zomba da razão e atiça a curiosidade, revelando um conhecimento liminar e inconcluso, o que torna impossível responder satisfatoriamente à pergunta "Por que a guerra?"[6].

---

[6] Pergunta endereçada a Freud por Albert Einstein que mereceu resposta apropriada de Freud. As correspondências entre ambos foram publicadas em 1933, sob o título O porquê da guerra.

Referências bibliográficas

Agamben, G. (2002). *Homo Sacer: O poder soberano e a vida nua* (vol. 1). Belo Horizonte: Editora da UFMG.

Bauman, Z. (1999). *Modernidade e ambivalência*. Rio de Janeiro: Jorge Zahar Editor.

Benevides, M. V. & Ferreira, R. M. F. (1983). Respostas populares e violência urbana: o caso de linchamento no Brasil (1979-1982). In P. S. Pinheiro. (Org). *Crime, violência e poder* (pp. 225-243). São Paulo: Brasiliense.

Elias, N. (1993). *O processo civilizador* (vol.1). Rio de Janeiro: Jorge Zahar Editor.

Elias, N. (1994). *O processo civilizador* (vol.2). Rio de Janeiro: Jorge Zahar Editor.

Endo, P. C. (2005). O sujeito imaculado na cidade privatizada: Psicanálise e Política em torno de Totem e tabu. *Textura: Revista de Psicanálise*, 5(5), 40-43.

Endo, P. C. (2006). A ambivalência como problemática particular no debate entre Psicanálise e Política. *Revista Latinoamericana de Psicopatologia Fundamental*, 11(3), 423-432.

Enzensberger,H.M. (1991). Reflexões diante de uma vitrine. *Revista USP*, n.9, São Paulo: Edusp 9-22.

Fédida, P. (1996). *O sítio do estrangeiro: a situação psicanalítica*. São Paulo: Editora Escuta.

Freud, S. (1982) *Psicologia de las masas y analisis del yo*. In Obras Completas de Sigmund Freud. Madrid: Biblioteca Nueva.

Freud, S. (1913/1982). Totem y Tabú. In *Obras Completas de Sigmund Freud* (vol. II, pp.1745-1850). Madrid: Biblioteca Nueva.

Freud, S. (1933/1986). O porquê da guerra (1933). In *Obras Completas de Sigmund Freud* (vol. III, pp. 3207-3215). Madrid: Biblioteca Nueva.

Freud, S. & Ferenczi, S. (1994). *Correspondência*. Editado por Ernst Falzeder, Eva Brabant e Patrizia Giampieri. Rio de Janeiro: Imago.

Girard, R. (1972). *A violência e o sagrado*. São Paulo: Editora Unesp.

Godoy, A. S. (2004). *When justice is criminal: lynchings in contemporary*. Latin America, 33(6), 621-651.

Jaobs, D.; Carmichael, J. T & Kent, S. (2005). Vigilantism, current racial, threat and death sentences. *American Sociological Review*, 70(4), 656-677.

102 | Dimensões da violência

Kroebber, A. L. (1920). Totem and taboo: an ethnologic psychoanalysis. *American Anthropologist: New Series*, 22(1), 48-55.

Lacan, J. (1992). *O seminário - livro 17: O avesso da Psicanálise*. Rio de Janeiro: Jorge Zahar Editor.

Macdougall,W. (1920). Review. *Mind: New Series*, 29 (115), 344-350.

Moisés, A. (s/d). *Linchamentos: por quê?* São Paulo: Lua Nova: mimeo.

Martins, J. S. (1989). Linchamentos: a vida por um fio. *Travessia: revista do migrante*, 21-27.

Martins, J. S. (1995). *As comdições do estudo sociológico dos linchamentos no Brasil*. Estudos Avançados, 9(25), 295-310.

Martins, J. S. (1996). *Linchamento: o lado sombrio da mente conservadora*. Tempo Social, 8(2), 11-26.

Roche, S. de la. (1996). Collective violence as a social control. *Sociological Forum*, 11(1), 97-128.

Roudinesco, E. & Plon, M. (1998). *Dicionário de Psicanálise*. Rio de Janeiro: Jorge Zahar Editor.

Singes, H. (2003). *Discursos desconcertados: linchamentos, punições e direitos humanos*. São Paulo: FAPESP/Humanitas.

Souza, L. & Menandro, P. R. M. (2002). Vidas apagadas: vítimas de linchamentos ocorridos no Brasil (1990-2000). *Psicologia Polític*a, 2(4), 249-266.

Crônica de uma tragédia anunciada

Maria Regina Greggio[1]
José Newton Garcia de Araújo[2]

Este texto pretende discutir, através de um caso isolado capaz de reproduzir milhares de outros, a trajetória de um trabalhador acometido por adoecimento físico e, posteriormente, também mental, ambos com evidente nexo com o trabalho. Sua trajetória na empresa compreendeu um período de 13 anos, seguido de outro momento, fora dela, após o trabalhador ter sido demitido. Neste relato, observa-se que, não raras vezes, os poderes público e privado se complementam em suas práticas de (des)assistência, deixando no desamparo um sujeito que, destruído física, psíquica e moralmente em seu trabalho ainda se vê privado da assistência social básica a que tem direito. Como opção metodológica, a primeira parte deste texto – extraída de uma série de atendimentos a Pedro (nome fictício), de relatórios médicos apresentados por ele, além de entrevistas com sua esposa e seu pai – será exposta à maneira de um relato-crônica; e a segunda parte ficará reservada às considerações teóricas.

O menino que veio da roça

Pedro nasceu em uma cidade do interior de Minas Gerais e passou sua infância na roça, onde começou a trabalhar com o pai, quando ainda criança. Estudou até a quarta série primária com um aproveitamento satisfatório na escola, mas interrompeu os estudos, pois precisava trabalhar para ajudar no sustento da família. Até os 23 anos, sua ocupação principal era o trabalho na lavoura, alternado

---

[1] Psicóloga, mestre em psicologia pela Pontifícia Universidade Católica de Minas Gerais (PUC-MG). Pesquisadora na área de Psicologia do Trabalho - CEREST.
[2] Psicólogo, professor e pesquisador no curso de Psicologia e no Programa de Pós-Graduação em Psicologia da PUC-MG.

104 | Dimensões da violência

com "bicos" em uma serraria, onde o pai e irmãos também trabalhavam para complementar a renda familiar.

A situação de carência leva toda a família a mudar-se para a região industrial da grande Belo Horizonte, em busca de melhores condições de vida e trabalho. Num primeiro momento, pai e filhos continuaram trabalhando juntos, em horticultura, até que Pedro recebeu uma carta de indicação para trabalhar numa grande empresa do setor automotivo da região. Como a maioria da população rural que migra para a cidade grande, essa carta acenava para um futuro promissor, cujo símbolo maior era a carteira assinada e o *status* de trabalhador metalúrgico de uma grande empresa multinacional.

A caminhada de um operário que sonhava

Desde o início desse novo emprego, Pedro trabalhou em turnos de revezamento, alternados em dois ou três horários, dependendo da maior ou menor demanda de produção da empresa. Ele foi admitido no setor de pintura de carroceria dos veículos, aplicando-lhes um produto químico, conhecido comercialmente como Protetivo Ceroso, um produto antioxidante, anticorrosivo e antiferrugem que as protegia por longo tempo. Pedro não conhecia, evidentemente, a fórmula do produto que manipulava nem seus efeitos tóxicos. Se tivesse consultado a Ficha de Informação de Segurança de Produto Químico (FISPQ) do fabricante, ele saberia que se deve evitar a inalação e o contato direto desse produto com o corpo (pele, mucosas e olhos); que o contato frequente ou prolongado pode causar dermatites, irritação nos olhos e nas vias respiratórias superiores; que a inalação pode causar dor de cabeça, náuseas, tonteiras e confusão mental; que a ingestão acidental poderá produzir dores abdominais, náuseas, vômitos e diarreia. Ele até pode ter suspeitado de que podia sofrer quase todos esses sintomas, algum tempo depois.

Na verdade, a respeito de sua saúde, na infância e na adolescência, Pedro diz que sempre foi saudável, sem problemas sérios. Lembra apenas de bronquite, mas "quando era muito pequeno ainda, depois era forte, não tinha nada...".

Casou-se no mesmo ano em que foi admitido na empresa. Sobre o relacionamento com a esposa, dizia que "nós dois sempre nos entendemos muito bem". Desse casamento nasceram duas filhas.

Passados entre três e quatro anos na empresa, Pedro começou a sofrer de inflamação nas vias aéreas superiores. Diagnosticado como sinusite, o quadro iria agravar-se gradativamente, apesar dos tratamentos aos quais foi submetido. A atenção à saúde dos trabalhadores da montadora era feita através da sua própria rede interna de assistência médica, além de um convênio com empresas prestadoras de serviços de saúde. Por obrigação legal, a empresa tinha também os Serviços Especializados em Engenharia de Segurança e em Medicina do Trabalho (SESMT), que foi criado por exigência da Norma Regulamentadora do Ministério do Trabalho, a NR-4, baseada no artigo 162 da Consolidação das Leis do Trabalho (CLT). Essa norma se aplica às empresas públicas e privadas, com empregados regidos pela CLT. A razão do SESMT é zelar pelo trabalhador, ou seja, promover sua saúde e proteger sua integridade, no local de trabalho.

Como a maioria dos trabalhadores da empresa, Pedro procurou o serviço médico do convênio. Seus problemas respiratórios foram considerados decorrentes do contato permanente com o Protetivo Ceroso. A médica que o atendeu solicitou sua transferência daquele posto de trabalho. Seu pedido foi atendido, mas só por curto período, embora Pedro permanecesse no mesmo ambiente, e exposto ao produto tóxico. Pouco tempo depois, por decisão da chefia e do SESMT, ele retornou à tarefa anterior.

Voltando a manipular o Protetivo Ceroso, seus sintomas reapareceram. Ele procurou outra médica do convênio que, desta vez, lhe receitou, além da medicação anterior, doses diárias de corticoide. Essa médica também solicitou o afastamento do paciente daquele posto de trabalho, mas isso não ocorreu mais. Pedro começou a entender, aos poucos, que o SESMT funcionava em comum acordo com os gestores da organização. Segundo ele, era preciso submeter-se ao que era definido pela empresa: "A médica achava que eu devia mudar de setor, mas eu não podia exigir isso, porque tinha medo de ser mandado embora, eu tinha família... eu fui aguentando...".

Equipamentos de segurança: A que servem?

O trabalho com o Protetivo Ceroso exigia o uso de equipamentos de proteção individual (EPI), que eram fornecidos pela empresa. Sobre esse material, Pedro diz: "a gente ficava lambuzado daquilo e usava aguarrás para tirar, o mau cheiro era horrível!". Por se tratar de um EPI inadequado, a empresa substituiu seu modelo, mais de uma vez, por exigência da fiscalização do Ministério do Trabalho. Além disso, já que a temperatura do ambiente era bastante elevada, o uso desses equipamentos aumentava ainda mais o calor:

> Quando entrei, a roupa era calça e camisa jeans. O produto pegava e vazava. Quando lavava com aguarrás, ninguém aguentava a catinga. A gente tinha que limpar os equipamentos antes de passar o serviço [*para os colegas do próximo turno*]; a luva era a mesma usada para o serviço, antes de brim, depois de malha. Na hora da limpeza, vazava aguarrás, a gente limpava e trabalhava

ao mesmo tempo. Deram uma luva de borracha pra gente limpar, mas não dava tempo de ficar trocando de luva, porque aí a gente ia pra "roia" [*acúmulo de tarefas a executar num tempo mínimo*]. Nesse tempo, foram testados vários tipos, mas continuava na mesma. Depois passamos a usar o macacão descartável, eram dois por semana. Era um tecido encerado que tinha uns pequenos furos. Quando a gente pegava para trabalhar, dentro de duas ou três horas já tava todo respingado, se a estação estivesse desregulada, então sujava muito mesmo. Quando a gente ia trocar de roupa no vestiário, todo mundo ficava reclamando que o cheiro estava ruim, mandando a gente ir para outro lugar. Depois eles mudaram para um macacão de um pano tipo guarda-chuva. O produto pegava por fora, secava, mas não vazava. Ele não transpirava, o suor vazava lá no pé. Trocava três vezes por semana, quando trocava já estava preto de sujo.

Além desses equipamentos, o uso de máscara e touca impermeável era obrigatório. Repetia-se, com Pedro, o que se observa em muitas empresas, obrigadas por lei a proteger seus trabalhadores: a aquisição de EPI's de má qualidade, inadequados e incômodos, devido ao baixo custo. Ocorre, por isso, que muitos trabalhadores – não era o caso de Pedro – preferem descartá-los, arriscando-se à contaminação ambiental ou a acidentes de trabalho. Essa atitude dos trabalhadores é interpretada de diferentes maneiras: de um lado, gestores que os consideram irresponsáveis ou desleixados; de outro, ergonomistas explicando que um EPI inadequado, além de altamente incômodo, chega a impedir o trabalhador de executar bem sua tarefa, a ponto de preferir não usá-lo, mesmo expondo-se a riscos.

Um joguete entre saberes e poderes

Pedro passou a fazer uso quase contínuo de corticoide, conduta que iria prolongar-se por vários anos. E assistia, passivo e impotente, à discordância entre a otorrinolaringologista, que o atendia pelo convênio, e o médico do SESMT. A primeira solicitou sua mudança de função, mas o segundo simplesmente argumentou: "não tem outro lugar para você na empresa". Só muito mais tarde, no entanto, Pedro se perguntaria se a função do SESMT era mesmo, conforme manda a NR4, zelar pela saúde e integridade do trabalhador, ou sujeitar-se às políticas de pessoal definidas pela empresa. De fato, ele já se sentia institucionalmente desamparado.

Os estudiosos do campo da subjetividade poderiam sugerir que o adoecimento físico de Pedro, ao se deteriorar progressivamente, como se verá adiante, gerava um sentimento de humilhação social e uma espécie de desespero calado.

Ele não podia protestar, precisava continuar no emprego: "dali dependia a minha sobrevivência e a da minha família e todo mundo pensava que não tinha empresa melhor para trabalhar e garantir o futuro das minhas filhas". Sabemos que as políticas das empresas não estão voltadas apenas para a gestão da produção, mas também para a gestão de sua boa imagem, junto aos trabalhadores e a todos que deles dependem, nos planos financeiro, social e afetivo, em especial os familiares. Doente e temendo a demissão, Pedro continuou no trabalho que o adoecia, já à custa de evidentes sofrimentos físico e psíquico.

Algum tempo depois, começaram a aparecer problemas neuropsicológicos, devido à exposição permanente ao produto tóxico. Foram os primeiros sintomas específicos de adoecimento mental. A conjunção de condições físicas e mentais debilitadas o levaria, mais tarde, a sofrer um acidente de trabalho. Ele já não tinha o mesmo vigor físico e a disposição daqueles tempos em que, segundo sua esposa, "era bem disposto, com um estado emocional controlado, não demonstrava sinal nenhum que parecia que ia adoecer... Chegava em casa, tinha ânimo pra fazer compra comigo, capinar um lote, sair...".

O desenvolvimento da doença mental

A história de Pedro na fábrica coincide com o momento da reestruturação produtiva do setor automotivo, nos anos 1990. Gradativamente são introduzidas modificações no sistema produtivo e na forma de gestão de pessoal, movimento global em que se adotaram novas tecnologias e métodos gerenciais.

Vários fatores de risco compunham, assim, sua trajetória laboral: turnos de revezamento, durante muitos anos; contato permanente com produto tóxico; uso de EPI's inadequados; realização obrigatória de horas extras; intensificação do trabalho e pressão para responder à demanda de produção, além de calor e ruídos excessivos. A primeira queixa de Pedro, como vimos, é orgânica, relacionada à alergia ao Protetivo Ceroso. A racionalidade gerencial, via SESMT ("não tem outro lugar pra você..."), a sonhada garantia futura para a família, as inúmeras demissões de outros colegas que também adoeceram, trabalhando naquela empresa, deixam Pedro sem alternativas, senão de sujeitar-se.

No entanto sua saúde piorava: apareceram distúrbios do sono e alterações gastrintestinais, sintomas associados ao trabalho em regime de turnos de revezamento, bem como ao uso prolongado de corticoides. Tempos depois, ele passou a ter alterações cognitivas, confusão mental, embora não percebesse que precisava de assistência especial: "eu não sabia que estava ficando [psiquicamente] doente".

108 | Dimensões da violência

Os novos sintomas de Pedro interferiam claramente em sua capacidade laborativa, dificultando seu desempenho nas tarefas. No entanto o fantasma do desemprego o impeliu a não diminuir a produtividade: "eu tinha que dar conta, senão a empresa punha outro em meu lugar". Nesse momento, até problemas relacionais apareceram: Pedro torna-se agressivo com os colegas, um comportamento estranho para quem tinha um temperamento tranquilo e equilibrado. Tal conduta estende-se à vida familiar. Em casa, irrita-se facilmente com os ruídos provocados pelas filhas. Ele se culparia por isso, posteriormente: "o que as meninas fazem são coisas de criança, eu que fico nervoso". Pouco a pouco, deixa até de acompanhar a família nos eventos sociais, nas visitas a amigos e parentes.

Seu défice de sono vai aumentando paulatinamente, e torna-se um mal crônico. Ele procurou um médico clínico, com queixas de "nervoso e insônia". O atestado médico relata "cefaleia, tonteira, insônia e gastrite", esta última já diagnosticada anteriormente. O CID-10, F51.2, caracteriza sua insônia como "Transtorno do Ciclo Vigília-Sono devido a Fatores Não Orgânicos". Essas diversas faces do sofrimento levam Pedro, finalmente, a ter consciência de seu adoecimento psíquico:

> Eu comecei a ficar muito cansado, não conseguia dormir de jeito nenhum e fui ficando sem paciência também, irritado. Fui aguentando assim até o dia que eu tive a crise. Achei que estava sofrendo um infarto... senti que estava apagando, minhas vistas escureceram e eu gelei o corpo todo, tremia todo ... falaram pra mim que meu problema era psicológico, eu comecei a tratar com a psiquiatra que me receitou um medicamento, eu melhorei, mas estava difícil demais trabalhar, tomando o remédio, eu ficava lento, não conseguia fazer meu serviço direito, aí parei de tomar e tive outra crise... me mandaram para o neurologista.

Pedro teve, então, o primeiro afastamento com diagnóstico de adoecimento mental, mas apenas por um dia. O atestado relatava "perda de consciência e ataque de pânico". A medicação prescrita era fluoxetina e alprazolan, além de ranitidina para os problemas gástricos. No entanto Pedro continuou com o tratamento à base de corticoides, pois o diagnóstico da alergia evoluíra, segundo atestado médico, para "Rinossinusopatia Crônica", por causa do contato permanente com o Protetivo Ceroso.

Como sentia que estava trabalhando sedado, Pedro pediu à psiquiatra que alterasse sua medicação. São prescritas, então, novas drogas, mas isso não melhorou sua dificuldade para trabalhar. Mesmo assim, o médico do SESMT solicitou à psiquiatra a diminuição da medicação, alegando que o efeito colateral dificultava o desempenho de suas funções - mais uma vez, o SESMT coloca os interesses da empresa acima da saúde do trabalhador. A psiquiatra recusou o pedido. Diante de mais esse impasse entre saberes e poderes, Pedro continuou impotente para reagir.

> Eu não tinha alternativa, a médica falava que eu tinha que continuar a tomar o remédio, para tomar os remédios eu tinha que afastar. O médico do trabalho não quis olhar o que a outra falou, a da Unimed, que eu não podia continuar naquele trabalho, mas um não bateu com o outro, e o da empresa não quis me mudar de lugar. Eu precisava trabalhar, eu ia...

As crises de pânico diminuíram com a medicação, mas Pedro não conseguiu acompanhar o ritmo de trabalho exigido e decidiu, então, abandonar os remédios do psiquiatra, e continuou apenas com os anteriores.

> Eu ia trabalhar, mas ficava lento e batendo a cabeça nas carrocerias, estava sentindo que estava meio sedado, sem reflexo... os colegas ficavam zoando, eu queria fazer o serviço como antes, mas não conseguia, pegava "roia", atrapalhava os colegas. Foi aí que eu parei de tomar o remédio de novo...

Após alguns meses, Pedro teve nova crise de pânico e foi novamente encaminhado ao serviço de saúde conveniado. Reiniciou o tratamento psiquiátrico e foi afastado por alguns dias, com mais um relatório médico solicitando sua mudança dali, descrevendo seu quadro como de "paciente muito estressado, evoluindo com insônia, tonteira e sensação de desmaio". A essa altura, ele estava completando dez anos na empresa. Suas alterações cognitivas, com dificuldades de memória e de concentração, já pareciam irreversíveis. Foi, então, mudado de setor, mas um setor para o qual uma das exigências era, justamente, a polivalência:

> Minha mente estava lenta, quando eu mudava de operação, pegava na da frente, eu esquecia o que eu estava fazendo, continuava o que estava fazendo antes, esquecia de mudar. Aí o pessoal me chamava pra eu mudar. Eu demorava a pegar de novo... Depois o pessoal começou a falar que eu estava com o olho dilatado. Eu fui sentindo que não estava bem, sentia uma confusão, trocando as coisas, não aguentava barulho, fui ficando cada vez mais irritado. Isso foi agravando muito.

Pedro já sabia que não estava bem e que, se piorasse, seria demitido. Foi então que começou a questionar seu real valor como pessoa, aos olhos da empresa, após tantos anos de dedicação. Onde estava o reconhecimento de seu trabalho, o que implicava a proteção à sua saúde e o cuidar de seu adoecimento? O que significava a valorização do trabalhador, tão divulgada no discurso daquela empresa?

Os últimos tempos no trabalho

A situação de Pedro se agravava cada vez mais, seu padecimento físico e mental fez coro com a situação de desamparo em que estava, dada a indiferença de chefes e médicos do SESMT:

> Minhas vistas embaraçava [*sic*] e a cabeça ficava ruim, o medo de machucar era grande e ia aumentando, eu pedia para avisar o chefe e ele me mandava para o departamento médico, eu ia, aí a médica mandava eu voltar e ficar na área, eu chegava lá, eles falavam que, se eu não estava aguentando, que eu fosse para o médico... Era muito difícil, eu nem sei o que sentia.

Nessa situação, várias crises se sucederam, com pequenos afastamentos, durante nove meses, até que a empresa resolveu, finalmente, mudá-lo de setor. Curioso é que, anteriormente, não havia outro lugar para ele na empresa. Mas agora, sim. No entanto essa mudança ocorreu muito tarde, dado o estado geral de sua saúde física e mental. Suas faculdades cognitivas e psicomotoras já estavam irremediavelmente debilitadas. E no novo setor para onde ele foi, exigia-se maior número de horas extras:

> Eles me colocaram trabalhando num turno só, só de manhã, a produção tinha aumentado e quem estava trabalhando de manhã, tinha que trabalhar todo sábado... trabalhei quatro sábados direto, foi onde eu fui piorando de novo, mas tinha que aguentar, meu caso não tinha solução...

Após novos afastamentos breves, uma médica da empresa lhe sugeriu requerer a aposentadoria, mas sem lhe dar nenhum relatório que sustentasse o requerimento. Pedro entrou com o processo, com os atestados médicos anteriores, indicando os nexos entre o adoecimento e o trabalho, além do diagnóstico de síndrome do pânico, com prescrição das medicações, inclusive a psiquiátrica, por tempo indeterminado. E o que ocorreu? Apesar de seu quadro de saúde nitidamente comprometido, a perícia médica do INSS o considerou apto para o trabalho.

Aqui já poderíamos concluir a crônica de uma tragédia anunciada. Pedro estava previamente condenado, vítima de um jogo ambíguo de poderes, de uma cumplicidade nem sempre clara entre empresas e poder público, representado pela perícia médica. Ele deve continuar trabalhando, de novo em outro setor.

> O trabalho era com carroceria, elas saíam como chapas para lixar e cortava demais. Era melhor que o outro trabalho, porque ficava fora do fluxo, das empilhadeiras, essas coisas... corria menos perigo, menos tensão... mas lá

tinhas umas travas e às vezes eu deixava uma parte sem travar. Quando cheguei, eles disseram pra ter cuidado, que outras pessoas já tinham cortado lá. Quando as chapas chegavam, a gente colocava distanciais para prender as partes móveis do carro, travava ... senão a porta abria.

A própria chefia percebeu que Pedro tinha dificuldades para o exercício dessa nova função:

> De vez em quando, eles falavam: cuidado que está amassando a porta, tá abrindo porta, mas eles não podiam exigir mais de mim, eu tomando aqueles remédios... estava fazendo o possível. A chefia falou pra eles ficar de olho [*sic*] em mim, por causa do meu problema, ficar de olho no meu serviço, que eu podia deixar sem travar direito... a médica da empresa falou que lá era o melhor lugar para mim, não entendi, porque eu estava tomando aqueles remédios, com a cabeça ruim, com problema.

Foi depois de algumas semanas nesse novo posto de trabalho que Pedro sofreu um acidente, um corte num dedo da mão direita e, assim, ficou dois dias de licença e retornou para outro setor, também com tarefas de risco:

> Me colocaram na boca de forno, aí peguei uma infecção no dedo e tive que ficar de licença de novo, por mais um mês. Quando retornei, a médica me falou para voltar pro mesmo lugar de antes [o setor das chapas]. Muitas vezes eu não conseguia por o distancial e era o pessoal que me ajudava.

O sofrimento de Pedro chegou ao limite do suportável. Sua grande dificuldade em executar as tarefas era evidente para a chefia e para os médicos da empresa, mas eles não lhe ofereceram alternativas. Eles não poderiam fazer algo diferente, depois de a empresa expropriar, durante tantos anos, sua força de trabalho e sua saúde? O argumento dos gestores, desta vez, não foi mais a falta de lugar, mas um bizarro "ninguém sabe o que fazer com ele".

A empresa sabe bem como lidar com os problemas de seu produto. Ela investe, permanentemente, enormes somas em pesquisas para inová-lo, diversificá-lo, mas com os problemas do trabalhador ela não sabe o que fazer. O produto deve estar perfeito para o mercado, mas o trabalhador não é objeto de venda. É ela, aliás, que o compra, compra-o como força de trabalho, fadada a desgastar-se até o momento de ser descartada.

O desfecho não podia ser diferente

Fora da empresa, Pedro não suportava nem mesmo o convívio familiar, ele já perdera sua vida social. Seu pai relatou que ele "saía para o mato de uma hora pra outra e demorava para voltar, não conseguia ficar junto das pessoas. Numa dessas saídas, ele sofreu um acidente em uma estrada de terra". Ele foi atropelado por um veículo, mas sem gravidade e sem sequelas.

A impotência desse trabalhador está patente em sua frase: "meu caso não tinha solução". Ele trabalharia ainda durante oito meses, antes de ser dispensado. Nesse período, teve mais dois afastamentos, não chegando a trabalhar três meses consecutivos, sem apresentar novas crises. Ao retornar do último afastamento, a empresa o liberou para gozar dez dias de férias. Ele voltou, mas em pouco tempo piorou novamente. Foi então encaminhado a um processo de reabilitação interno. Mas em que consistiu essa reabilitação? Clínica, sociopsicológica, profissional? Não. Tratava-se de uma série de palestras com o psicólogo do setor de RH, cujo conteúdo e finalidades ficaram bem evidentes para Pedro e para os demais colegas que, com ele, se "reabilitavam":

> Eu estava com muito medo de ser demitido, mas, no processo de reintegração, o psicólogo me fez acreditar que a empresa queria nos dar uma chance. Ele falava que todos nós tinha [*sic*] um potencial, que nós já tinha [*sic*] dedicado muito à empresa e que ela ia arranjar um lugar onde a gente ia continuar a produzir. Aí, achei que poderia ser aproveitado pela empresa, mesmo não estando cem por cento. Os psicólogos de lá me fizeram acreditar nisso. Mas quando voltei, eles me colocaram no mesmo setor e a cada dia me sentia pior, estava muito difícil de continuar. Eu estava indo arrastado...

Pedro foi então colocado em um único turno, o diurno, sem revezamento de horário, trabalhando de segunda a sábado. Tendo transcorrido o período de estabilidade de três meses, exigido por lei, após afastamento por motivo de doença, ele foi sumariamente dispensado pela empresa:

> Inclusive no dia que me demitiram, tinha me dado uma crise de manhã, aquela vontade de chorar... Parecia que eu estava adivinhando. Eu cheguei na fábrica angustiado, aí o chefe me chamou lá e perguntou o que estava acontecendo, eu falei que não estava bem, expliquei e ele me mandou procurar o médico. Eu fui... Quando foi de tarde, me chamaram dizendo que queriam conversar comigo, quando cheguei lá, era o relações-públicas. Me disse que a empresa estava rescindindo o contrato de trabalho comigo.

A demissão gerou, evidentemente, novas formas de sofrimento. Pedro era o sustento da família. Foi simplesmente demitido, sem nenhuma proteção da empresa, só teve o acerto de contas. E sem outra proteção social, pois já tivera negado seu pedido de aposentadoria:

> Senti muito machucado, a primeira coisa que veio na minha mente foi minhas filhas, eu doente... covardia demitir um doente como eu, se não posso trabalhar, se a médica da empresa disse que era caso para aposentadoria ... Fui para a perícia, perdi. Aí fiz um PR [Pedido de Reconsideração, junto ao INSS], fiz pedido de reconsideração, depois um pedido de recurso, foi para Belo Horizonte, ficou lá mais ou menos quatro meses, quando chegou a carta dizendo que eu tinha perdido o recurso. Hoje não estou recebendo nada, só gastando o pouquinho que eu peguei.

Em busca de outras ajudas

Só depois de dispensado, sem aposentadoria, é que Pedro procurou o Sindicato dos Metalúrgicos. Observe-se que, enquanto trabalhava, ele não o fez, pois buscar apoio do sindicato é uma conduta sistematicamente malvista pela empresa. Isso poderia até apressar sua demissão. O diretor do Departamento de Saúde do Sindicato o encaminhou para um psiquiatra e uma psicóloga, solicitando parecer de ambos sobre o seu quadro de adoecimento.

No acompanhamento psicológico, ele apresentou uma capacidade cognitiva seriamente comprometida. O quadro geral de sua debilitação física e psíquica o tornou cada dia mais dependente da família. Pedro tem dificuldade de localizar-se espacialmente, é preciso que um familiar o acompanhe, sempre que sai de casa. Sua esposa comenta que, quando dorme, ele fala muito e sempre de "coisas da fábrica", como se continuasse trabalhando. Ela comentou algo que reflete o sentido perverso de sua sujeição: "ele saiu da fábrica, mas, após tantos anos de trabalho e dedicação, a fábrica não sai mais de dentro dele".

Caberia aqui mais um diagnóstico psiquiátrico? Quem sabe, ridicularizando os sonhos e a tragédia de Pedro, falaríamos que ele agora sofria de uma "persecução alucinatória onírica"? Mas não seria mais correto diagnosticar esse sofrimento como um caso típico de violência no trabalho? Ele até deixa escapar um sentimento de vergonha e humilhação, mais do que revolta ou indignação, por tudo que lhe ocorreu. Isso é recorrente em suas falas. "As pessoas olham e dizem: um homão desse sem trabalhar... eu me sinto humilhado...".

Sua família o incentivou a lutar por seus direitos, acompanhando-o até o sindicato, seguindo as orientações dos advogados da entidade. Ele até tentou retornar a outro trabalho, fora da empresa, mas sentiu grande dificuldade: "Eu tento ajudar meu irmão que é pedreiro, mas eu começo a suar todo, molho a roupa toda...". Sua esposa comenta que "ele fica todo amarelo... não aguenta... isso não é preguiça".

Em casa, ele passa os dias sentado ou deitado. Parece desconectado do mundo. É ele mesmo que comenta: "Vou buscar uma coisa e esqueço, me dá um branco, minha mente tá lenta". Esta fala é também reforçada pela esposa: "O tempo foi passando e a mente dele foi ficando tão cansada que ele começou a não entender o que a gente fala. Eu estou expondo uma coisa e ele não entende, tenho que explicar duas, três vezes e até escrever".

Pedro passa, em seguida, a fazer acompanhamento psiquiátrico e psicológico pelo SUS. Suas lembranças remetem sempre à fábrica, de uma maneira obsessiva, como se só ela existisse. O psiquiatra aumenta a medicação. Pedro passa a acumular diagnósticos psiquiátricos: "Transtorno Depressivo Recorrente", "Transtorno do Pânico" e "Transtorno Misto Ansioso e Depressivo, associado a Transtorno Neurótico Relacionado com o Estresse". Em sua medicação, estão prescritos: cloridrato de paroxetina, nortriptilina, propanolol, clonazepan, ranitidina e haloperidol. Seus antigos sonhos de uma família feliz agora estão nas mãos dos benzodiazepínicos, ansiolíticos, neurolépticos, antidepressivos, anti-histamínicos...

A hipótese diagnóstica da psicóloga do trabalho, conveniada com o sindicato, sugere que as queixas e sintomas apresentados por Pedro, enfim, que todo seu processo de adoecimento, têm nexo com sua ocupação profissional. De acordo com a "Lista de Doenças Relacionadas ao Trabalho" (Ministério da Saúde, 2001), o diagnóstico que, embora genérico e insuficiente, mais se aproxima deste caso seria o de "Neurose Profissional", pois inclui uma gama de fatores de risco no trabalho, tais como: dificuldades físicas e mentais relacionadas ao trabalho; circunstâncias relativas às condições de trabalho, crises de ansiedade e fobia ao ambiente de trabalho, comprometimento cognitivo e retardo psicomotor, além de problemas relacionados com o emprego e desemprego.

O relatório também aponta para um prejuízo significativo do funcionamento social, profissional e familiar de Pedro, dados os transtornos psíquicos de difícil controle. Esse quadro gera incapacidade para a vida profissional. Assim, a indicação da aposentadoria seria a solução jurídica, clínica e psicossocial mais justa para o caso.

O último ato

Chamamos este relato de "Crônica de uma tragédia anunciada". O título é uma alusão à obra de Garcia Marquez *Crônica de uma morte anunciada*. A tragédia de Pedro é, ao mesmo tempo, singular, só dele, mas é também o destino de

Crônica de uma tragédia anunciada | 115

milhares ou milhões de trabalhadores, em todo o mundo. Ele passou anos de sua vida em um ambiente laboral que o adoeceu no corpo, depois na mente (funções cognitivas, confusão mental, esquecimento) e na esfera afetiva (sentimentos de angústia, desamparo, humilhação, perda do convívio amoroso com a esposa e filhas, perda de contato com a realidade, depressão, pânico). Enquanto trabalhou, como vimos, ele suportou, passivamente, o sofrimento, pois, além do medo do desemprego, a imagem da empresa era sinônimo de felicidade e suposta garantia, presente e futura, para a sua família. Adoecido, tornou-se joguete nas mãos dos médicos do convênio, da empresa e da perícia do INSS. Foi despedido, sem direito à aposentadoria, sem que jamais seus vários quadros patológicos fossem reconhecidos como incapacitantes para o trabalho, nem pela perícia médica do INSS nem, após sua demissão, pela perícia judicial.

Até aqui, no entanto, não falamos do que estava realmente anunciado, na tragédia desse trabalhador. Entre as diversas perdas até agora citadas, não se falou da perda radical e irreversível da própria vida: Pedro faleceu. Tomemos as cenas últimas deste relato.

Mais de um ano tinha se passado, após ele ser despedido, sem aposenta-doria e sem outra proteção da empresa. Após meses sem conseguir exercer nenhuma atividade, passando os dias no sofá de sua casa, ele é mais uma vez convidado pelo irmão a ajudá-lo numa construção. Naquele que seria o quarto dia de trabalho - sua tarefa era passar telhas para o irmão que fazia um telhado -, Pedro acordou sentindo-se mal. A esposa o aconselhou a ficar em casa, e saiu com as crianças para a escola e, depois, foi para o serviço (ela começara a trabalhar na informalidade, para garantir o sustento da família). Mesmo doente, Pedro foi ajudar o irmão. À noite, piorou e insistiu com a esposa que o levasse ao médico. Ela acordou as crianças rapidamente, ligou para o pai dele e saíram juntos para o serviço de urgência da cidade, onde foi prontamente atendido. Os profissio-nais de saúde que o acolheram tentaram, em vão, uma vaga no hospital público da cidade, com mais recursos para salvá-lo, mas Pedro faleceu algumas horas depois. Diagnóstico: infarto.

O diagnóstico revela, no entanto, apenas o último ato de sua história. Não inclui a trajetória de violências sofridas por Pedro, justamente porque ele trabalhava, porque sonhava com outra realidade - presente e futura - para ele e para a sua família. A morte representou, paradoxalmente, uma dupla saída: de imediato, para por fim a seu intenso sofrimento, e posteriormente, para que ele se tornasse novamente, mas só depois de morto, o provedor da família. Com efeito, sua esposa não desistiu de lutar, na justiça, para ter direito à "Pensão por Morte Previdenciária", pois Pedro não havia conseguido sua condição de segurado do INSS.

Em fevereiro de 2008, ela ganhou a causa e passou a receber a pensão reque-rida. Nesse processo, o juiz designou um médico perito, de sua confiança, para avaliar o caso e dar seu parecer. A esposa de Pedro lembrou que, nos últimos meses de vida, ele se mostrava extremamente preocupado com o fim do minguado dinheiro, decorrente do acerto que fizera com a empresa, ao ser demitido. Mesmo com toda economia e ajuda de familiares, o dinheiro estava acabando. E ele se perguntava como a família ia se alimentar, como seria o futuro de suas filhas.

Epílogo

A esposa de Pedro revelaria ainda um dado que não podia faltar a este relato. Vimos que, após ser demitido, ele recorrera à perícia judicial, através de um PR (Pedido de Reconsideração), junto ao INSS. Mais uma vez, a aposentadoria lhe fora negada. No entanto, só depois da morte de Pedro, o advogado revela à sua esposa o conteúdo do laudo que rejeitou seu pedido: "Retardo Mental". Se esta revelação chocou enormemente a esposa, num misto de surpresa, decepção e revolta, pois o laudo certamente pesara no parecer da perícia judicial, contribuindo para a perda da causa, ele nos choca talvez num grau ainda maior. Com efeito, se o perito se viu diante de um paciente gravemente sedado e apresentando confusão mental, ele tinha em mãos todo o seu dossiê, com sua pesada medicação psiquiátrica, sua história laboral e a história crescente de suas patologias física e mental, cujo nexo com o trabalho estava fartamente atestado. Além disso, ele deveria ter o conhecimento mínimo de que as atividades de risco exercidas pelo paciente, durante treze anos, no interior daquela grande empresa multinacional, fabricando um produto sofisticado, inclusive para exportação, eram incompatíveis com um quadro de retardo mental. Como entender essa conduta? Incompetência? Negligência? Má fé? Obediência a instruções "gerencialistas" superiores, relativas à política de restrição do benefício previdenciário? Tudo isso junto? Não nos cabe aqui responder, nem temos dados para tanto. Não seria o caso de perguntarmos pelas relações entre ética e exercício da profissão, neste caso?

Resta-nos assinalar que este relato da história singular de Pedro e de sua família representa algo mais que um frio exercício acadêmico. Trata-se de uma história singular que, como dissemos mais de uma vez, ocorre com multidões de trabalhadores, história que tem um mesmo pano de fundo político, jurídico, econômico e ideológico, que define as relações de trabalho, no modo de produção capitalista.

Discussões

O caso de Pedro remete a uma multiplicidade de questões que, na perspectiva teórica da complexidade, nos convida a recusar a hipótese de uma causa única como fonte de seu adoecimento. Em outras palavras, é preciso levar em conta a articulação entre fatores objetivos e subjetivos, psíquicos e sociais, inconscientes e políticos. Trabalhamos, então, com a hipótese de que todo sujeito é multideterminado, ou seja,

> ele é o produto de uma história complexa que diz respeito, ao mesmo tempo, à sua existência singular, portanto, ao seu desenvolvimento psíquico inscrito numa dinâmica familiar, e à sua existência social, vista como a encarnação das relações sociais de uma época, de uma cultura, de uma classe social. Todas essas determinações não são equivalentes, embora sejam dificilmente dissociáveis. (Gaulejac, 2001, p. 37)

Importa, pois, discutirmos o contexto do aparecimento de uma doença, seja ela física ou mental. As queixas do trabalhador devem ser compreendidas em sua história, em sua realidade social e laboral. Seria leviano, por exemplo, afirmar que, no caso de Pedro, o comprometimento das vias respiratórias superiores era apenas o retorno espontâneo de uma bronquite, de quando ele era criança. Se tal dado deve ser levado em conta em sua anamnese, é importante lembrar que, até entrar na empresa, ele nunca mais fora acometido desse agravo. E foi ali que passou a ter contato permanente com produtos voláteis altamente tóxicos. Vimos anteriormente que o contato com o Protetivo Ceroso é responsável por danos às vias respiratórias superiores.

As mesmas considerações valem para o adoecimento mental de Pedro. Le Guillant (2006) lembra que existe uma unidade indissolúvel – histórica e dialética – do indivíduo com o seu meio. Dessa "lei fundamental" não escapa o psiquismo normal ou doente, ou seja, o paciente inteiro. Com efeito, "o psiquismo é o reflexo da realidade – sem dúvida, reflexo imperfeito – realizado de forma aproximada, mas composto unicamente pelos elementos da realidade" (Le Guillant, 2006, p. 41).

Costa (1989, p. 18) comenta que "os distúrbios mentais só existem através de conflitos subjetivos, os quais, por seu turno, estão socioculturalmente condicionados". Para o autor, as "doenças nervosas" não se reduzem a um distúrbio genético ou hereditário "dentro" do sujeito, sem nenhuma relação com o "fora", pois elas estão referidas ao seu cotidiano. No caso de Pedro, vimos que há um elo evidente entre as queixas individuais, a organização do trabalho e as tensões sociais, como o medo do desemprego e a preocupação com o futuro da família.

A sua entrada na empresa coincide com a reestruturação produtiva no setor automotivo, o que implicava mais lucros para o setor, assim como a intensificação

118 | Dimensões da violência

e a precarização do trabalho. Para Harvey (1996), o aumento de lucratividade se dá através do aumento da mais-valia absoluta e da mais-valia relativa. A mais-valia absoluta se traduz pela diminuição dos postos de trabalho e pelo aumento de horas extras. A mais-valia relativa remete às mudanças dos processos de gestão e do trabalho. Uma pesquisa de Lima (2003) mostra o que ocorreu, na prática, durante a implantação das novas tecnologias nas fábricas do setor metalúrgico:

> ... os problemas mais citados foram: pressão da chefia; exigências crescentes de aumento de produção, acompanhadas de maiores exigências de qualidade e, muitas vezes, da diminuição de pessoal; ritmo acelerado na realização das atividades; chances reduzidas de promoção; monotonia das atividades e ameaça de demissão. (p. 162)

Essas mudanças geram o aumento das cargas física e psíquica de trabalho, com impactos nocivos à saúde. O conceito de carga de trabalho, originário da ergonomia francesa, diz respeito ao esforço físico e cognitivo na realização da atividade (Wisner, 1994). Já a psicologia do trabalho procura explicar a relação do trabalho com a saúde humana a partir da interação entre diversas dimensões - a biológica, a cognitiva, a psíquica e a sociocultural. Dessa interação, em diversos casos, podemos também inferir a carga de trabalho:

> ... a carga psíquica do trabalho é a carga, isto é, o eco ao nível do trabalhador da pressão que constitui a organização do trabalho. Quando não há mais arranjo possível da organização do trabalho pelo trabalhador, a relação conflitual do aparelho psíquico à tarefa é bloqueada. Abre-se, então, o domínio do sofrimento. (Dejours, 1994, p. 28)

No caso da reestruturação produtiva do setor automotivo, pode-se afirmar que, se houve diminuição da carga física, houve aumento da carga psíquica, pois ela exigia maior responsabilidade do trabalhador, aliada ao aumento de produção e à exigência de qualidade. Some-se, na ocasião, o aumento das demissões nas empresas, devido à diminuição dos postos de trabalho e à terceirização. As ameaças de demissão e a exigência da chefia por maior produção e qualidade já eram, então, sentidas pelos trabalhadores.

Abramos parênteses aqui para lembrar o que o próprio Pedro disse: "eu não sabia que estava ficando doente". Esse "não saber" pode estar ligado, nas classes trabalhadoras, à negação do adoecimento psíquico, muitas vezes representado como fraqueza, "coisa de rico" ou "frescura". Ideias de virilidade e força, afinal, ajudam a suportar o cotidiano laboral. Alguns trabalhadores sentem vergonha de sua suposta fraqueza, pois doença mental não deixa marcas corporais, daí serem considerados preguiçosos, vagabundos ou "nós-cegos". A esse respeito,

Boltanski (1984) observa que a percepção das sensações mórbidas é desigual nas diversas classes sociais. Assim, a atenção dada ao próprio corpo, às sensações de prazer ou desprazer, são mais acuradas quando os indivíduos se elevam na hierarquia social. Segundo este autor,

> ... os membros das classes populares ... reprovam aqueles que "se cuidam em excesso" e que "passam a vida no médico" ... valorizam a "resistência à dor" ... muitas vezes esperam, antes de consultar o médico, que a sensação de doença tenha atingido uma intensidade tal que os impeça de fazer uso normal do corpo, como se esperassem sempre que aquilo "passasse sozinho". (p. 152)

Voltemos à questão anterior, com uma observação que não se pode negligenciar: num mesmo ambiente de trabalho, o sofrimento não leva todos os indivíduos a adoecer, ou a adoecer na mesma intensidade. No caso, é importante lembrar, entre outros, o conceito de "estratégias defensivas" (Dejours, 1992, 1994), ou seja, os recursos ou adaptações individuais e/ou coletivos, através dos quais, escapando à rigidez da prescrição das tarefas, o sujeito enfrenta o sofrimento e confronta, criativamente, a organização e as condições do trabalho. Tais recursos, no entanto, ao tentarem neutralizar o sofrimento, acabam por denegá-lo; eles seriam uma forma de proteção, embora "alienada", que pode evitar o adoecimento e ajudar o sujeito a continuar trabalhando. Mas essa proteção pode esgotar-se com o aumento da precarização do trabalho, que intensifica as causas do sofrimento, exigindo do sujeito um investimento físico e sociopsíquico que vai além de seu desejo e de sua capacidade (Mendes, 2007).

No adoecimento de Pedro, podemos entrever "uma articulação entre um funcionamento perverso da organização do trabalho e o comportamento neurótico que os trabalhadores passam a assumir, submetendo seu desejo ao desejo da produção" (Mendes, 2007, p. 39). Com efeito, suas falas mostram que ele permanecia numa atitude de submissão total: "dali dependia a minha sobrevivência e a da minha família...", "eu tinha que dar conta, senão a empresa punha outro em meu lugar...", "... porque tinha medo de ser mandado embora, eu tinha família... eu fui aguentando...".

Podemos mesmo supor que ele tivesse poucos recursos pessoais, as "manhas", para contornar minimamente o rigor da prescrição das tarefas, mantendo o mesmo nível de produtividade. Uma coisa, porém, é incontestável: Pedro adoeceu, física e psiquicamente, depois que começou a trabalhar naquele setor, naquela empresa, manipulando aquele produto, naquele momento de reestruturação produtiva, de intensificação e de precarização das condições de trabalho, num clima de ameaça de demissão, tudo isso somado ao dever de sustentar e garantir o futuro da família.

120 | Dimensões da violência

Vale observar também que o adoecimento no trabalho não é um fenômeno que atinge sujeitos isoladamente. Ou que só atinge indivíduos frágeis ou "problemáticos". Não é novidade alguma lembrar que os ambientes de trabalho são uma fonte permanente de acidentes, de doenças e de morte, envolvendo milhões de pessoas, mundo afora. Dados de 2008 da Organização Internacional do Trabalho (OIT) mostram que ocorrem no mundo anualmente 160 milhões de novos casos de doenças relacionadas ao trabalho, e que cerca de 6 mil pessoas morrem, por dia, em consequência desses acidentes. No Brasil, o Ministério da Previdência Social (MPS) anotou, em 2006, catorze acidentes a cada quinze minutos e uma morte a cada três horas no trabalho (Brasil Atual, 2009). O Anuário Estatístico de Acidentes do Trabalho de 2007, do Ministério da Previdência Social , registra, no Brasil, 653 mil acidentes de trabalho em 2007, 27,5% a mais que em 2006. Desse total, 8.504 trabalhadores sofreram acidentes tão graves que se tornaram incapacitados permanentes, ou seja, inválidos para o trabalho pelo resto da vida. Inútil nos deter aqui no sofrimento que significa essa ruptura forçada com o trabalho, esse impedimento de viver, tanto na esfera familiar quanto no conjunto do convívio social. Além desses incapacitados permanentes, 2.804 trabalhadores tiveram o fim trágico da morte, também decorrente de acidentes de trabalho.

Aqui cabem ainda duas observações: em primeiro lugar, tais cifras são subestimadas. Há dados bastante divergentes a esse respeito. O site *Aprendiz – Guia de Emprego* (2009) diz que, segundo estatísticas da OIT, os acidentes de trabalho e doenças ocupacionais matariam, no Brasil, 57.409 pessoas por ano, ou seja, 22 vezes mais que os dados das estatísticas oficiais da Previdência Social. Por sua vez, a Organização Mundial da Saúde (OMS) reconhece que, na América Latina, apenas 1% a 4% das doenças do trabalho são notificadas" (Brasil, 2004), o que aponta para uma subnotificação ainda maior. Os próprios responsáveis pelo Departamento de Segurança e Saúde no Trabalho, do Ministério do Trabalho, reconhecem a subnotificação crônica desses dados, pois a Previdência não notifica os acidentes que atingem os trabalhadores informais (Aprendiz – Guia de Emprego, 2009). Observe-se que muitas empresas terceirizam e migram suas atividades de risco para a informalidade. E mais: muitos trabalhadores "escondem" seu adoecimento para não serem demitidos. Finalmente, além do trabalho informal, não entram nas estatísticas oficiais os acidentes de algumas esferas do setor público e nas organizações do Terceiro Setor.

Em segundo lugar, o conceito de acidente de trabalho (AT) não se refere apenas a um evento súbito que ocorre no ambiente de trabalho. A Lei n. 6.367, de 19 de outubro de 1976, em seu Art. 2°, considera como acidente do trabalho o evento que "ocorrer pelo exercício do trabalho a serviço da empresa, provocando lesão corporal ou perturbação funcional que cause a morte, ou perda, ou redução, permanente ou temporária, da capacidade para o trabalho".

Aqui se incluem as chamadas doenças profissionais ou ocupacionais, que se desenvolvem lentamente, em função das condições e da organização do trabalho. A noção de AT contempla, pois, todos os tipos de "lesão, doença, transtorno de saúde, distúrbio, disfunção ou síndrome de evolução aguda, subaguda ou crônica, de natureza clínica ou subclínica, inclusive morte, independentemente do tempo de latência" (Equipe Guia Trabalhista, 2009).

O adoecimento mental também está inserido no extenso rol dos AT. Embora de difícil reconhecimento, como vimos no caso de Pedro, essa patologia vem crescendo, tanto na população rural, com elevado número de depressão e suicídio, devido ao uso inadequado e indiscriminado de agrotóxicos (Faria et al., 1999; Pires et al., 2005), quanto nos setores de bens e serviços, após a implantação da chamada reestruturação produtiva, a partir das últimas décadas (Lima, 2003).

Dados da Organização Mundial da Saúde de 2003 (citados por Guimarães, 2009) mostram que 30% da população formalmente ativa sofrem dos chamados Transtornos Mentais Menores (TMM). E entre 5% a 10% deste mesmo universo padecem de Transtornos Mentais Graves, que são incapacitantes para o trabalho. Guimarães (2009) afirma ainda que os transtornos mentais são responsáveis por cinco entre as dez principais causas de incapacitação para o trabalho. E que, no Brasil, esses transtornos estão em terceiro lugar entre as causas de concessão de benefício previdenciário, como auxílio-doença, afastamento do trabalho por mais de quinze dias e aposentadoria por invalidez. No período de 1998-2002, de um universo de 18 milhões de pessoas com carteira assinada, 270.382 tiveram benefícios concedidos devido a algum tipo de transtorno mental.

Segundo Sato e Bernardo (2005), diversos estudos, pesquisas e atividades de intervenção relativos à temática "saúde mental e trabalho" se iniciaram no Brasil na década de 1980, mas muitos problemas nessa área ainda persistem. Ora o trabalhador é acusado de estar "simulando" sofrimento psíquico, ora o seu adoecimento é considerado um problema intraindividual ou "de personalidade", sem nenhuma relação com os processos de trabalho. Em outras palavras, nega-se o nexo do adoecimento com as condições e a organização do trabalho. Assim, um dos problemas mais recorrentes, até hoje, é "a dificuldade, por parte de todos os envolvidos – empresas, profissionais de saúde e peritos do INSS – em reconhecer o trabalho como causador de problemas de saúde mental" (Sato & Bernardo, 2005). Para essas autoras, os próprios trabalhadores tendem a procurar os serviços de saúde apenas quando acometidos por um problema de ordem física, como se o adoecer psíquico não fosse objeto de assistência médica.

Tal foi o caso de Pedro. Ele só procurou atendimento psiquiátrico quando seu mal-estar se agravou consideravelmente. Seu adoecimento mental foi progressivo, numa cadeia que começou com os problemas das vias respiratórias, seguidos depois de distúrbios permanentes do sono e do sistema gastrintestinal, "até o dia que eu tive a crise. Achei que estava sofrendo um infarto...".

122 | Dimensões da violência

Tentando apreender, cronologicamente, o adoecimento de Pedro, lembremos que, desde que começou a trabalhar, a exposição ao produto tóxico era concomitante ao fato de trabalhar em turnos de revezamento, o que pode favorecer a intoxicação por produtos químicos: "O trabalho em turnos pode influenciar o risco de intoxicação por substâncias químicas tanto em relação à flutuação circadiana da suscetibilidade biológica a xenobióticos, quanto a uma dessincronização dos mecanismos de desintoxicação" (Smolensky & Reinberg, 1990, citados por Fischer, 2004, p. 85).

Os transtornos do sono, no caso de Pedro, só foram reconhecidos como doença, ou seja, "Transtorno do Ciclo Vigília-Sono devido a Fatores Não Orgânicos (CID-10 F51.2)", quando o problema se agravou consideravelmente nos seus últimos anos de trabalho na empresa. Segundo Cole e colaboradores, citados por Fischer (2004, p. 80), a desorganização do sono "em longo prazo, pode produzir transtornos severos e persistentes do próprio sono, fadiga crônica e síndromes psiconeuróticas (tais como ansiedade ou depressão crônica), que com frequência podem exigir tratamento com agentes hipnóticos ou psicotrópicos".

O encadeamento entre os problemas físicos e mentais é reafirmado por diversos estudos. Jacques (2007) afirma que a etiologia dos transtornos mentais é multicausal, pois eles resultam da interação complexa de diversos fatores, entre os quais está a exposição a agentes tóxicos (lembremos aqui o contato de Pedro com o Protetivo Ceroso). A exposição a tais produtos pode gerar, entre outros agravos, episódios depressivos, transtorno cognitivo, transtorno mental orgânico, transtorno do ciclo sono-vigília, todos sintomas presentes no adoecimento de Pedro.

Um estudo de Costa e Costa (2002) mostra os riscos à saúde decorrentes da exposição a *compostos orgânicos voláteis*, encontrados no ar durante o processo de pintura (a tarefa de Pedro), provenientes da emissão de solventes orgânicos da tinta fresca. Esse estudo, feito na indústria naval, mostra que certas substâncias químicas (benzeno, tolueno, xilenos, n-butanol e metilisobutilcetona) atuam predominantemente sobre o sistema nervoso central. E, conforme a concentração do produto e o tempo de exposição a ele, o trabalhador pode ter desde sonolência, tontura e fadiga, até narcose e morte.

Aqui cabe também uma observação sobre o uso ininterrupto por vários anos que Pedro fez de corticosteroides, a fim de combater os efeitos alérgicos causados pela exposição ao produto tóxico. Os efeitos colaterais desses medicamentos no organismo humano constituem objeto de polêmica entre os profissionais e estudiosos da área médica. Segundo Damiani e colaboradores (1984),

> Os corticosteroides de modo geral, e em particular, os glicocorticoides, constituem-se em um grupo de drogas muito usadas em medicina clínica, nem sempre, porém, com indicações precisas. Em virtude de seu amplo

espectro de atividade e por serem os mais potentes anti-inflamatórios existentes, encontram uso praticamente em todas as especialidades. No entanto, é justamente esse "amplo espectro" de atividade que os torna capazes de provocar efeitos colaterais, que não poupam praticamente nenhum tecido do organismo humano. (p. 160).

O uso prolongado de corticoides está também associado aos transtornos gastrintestinais, mas estes também são frequentes em trabalhadores em turnos:

> Queixas frequentes dos trabalhadores em turnos [alternados] e noturno são transtornos de apetite, dificuldade de digestão, azia, dores abdominais, constipação, borborismo e flatulência (20-70%, comparados a 10-25% dos trabalhadores diurnos), que podem ainda desenvolver, a longo prazo, doenças sérias como gastrite crônica, gastroduodenite, úlcera péptica e colite. (Fischer, 2004, p. 80).

O resultado final, na cadeia de agravos à saúde de Pedro, foi a série de diagnósticos relativos a transtornos mentais. Sato e Bernardo (2005) afirmam que o aparecimento de patologias neuropsicológicas, decorrentes da exposição a produtos químicos, na situação laboral, é um dos principais problemas que figuram no campo da "Saúde Mental e Trabalho". As autoras tocam em questões que interessam diretamente ao presente estudo. Em primeiro lugar, lembram a "negativa do nexo com o trabalho, frequentemente apresentada pelos serviços médicos das empresas ou pelos médicos dos convênios de saúde". Em segundo lugar, observam que os efeitos neurotóxicos desses produtos provocam sintomas que são confundidos com problemas "de personalidade", alheios às condições de trabalho. Nesse caso, são tratados erroneamente. Elas comentam ainda que, mesmo quando os trabalhadores sabem que adoecem em função do trabalho, não lhes resta outra opção senão a "submissão consciente" (vide Pedro) a tais condições inadequadas, o que se configura como "um fator adicional de sofrimento psíquico".

Conclusão

Como dissemos mais de uma vez, o caso de Pedro, embora singular, reflete a condição de um enorme contingente de trabalhadores expostos a condições nocivas do ambiente laboral. No presente relato, trata-se dos trabalhadores da indústria automotiva, que compreende uma vasta rede de empresas terceirizadas, em torno da planta principal da montadora. Em uma conferência intitulada "As demandas da comunidade endereçadas ao psicólogo do trabalho", proferida em 25 de abril de 2005, na PUC-Minas, o diretor responsável pelo Departamento de Saúde do Trabalhador do Sindicato dos Metalúrgicos de Betim, Bicas e Igarapé, afirmou que é crescente o número de trabalhadores com adoecimento mental que, a cada dia, procuram a entidade. Entretanto, diz ele, a Comunicação de Acidente de Trabalho (CAT) raramente é emitida para esse tipo de adoecimento, ao contrário do que preconiza a resolução n. 1.488/98 do Conselho Federal de Medicina (D.O.U., 1998). Ele ainda comentou que tal subnotificação não se deve apenas à omissão das empresas, mas também ao despreparo dos profissionais de saúde em lidar com as novas formas de adoecimento, principalmente o mental. Isso mostra a incapacidade técnica para se elaborar o diagnóstico e o estabelecimento do nexo entre as doenças mentais e o trabalho.

A história trágica de Pedro aponta, como dissemos, para uma série de problemas que não podem ser analisados sob um ponto de vista único. Haroche (2008, p. 195) lembra que o espírito empresarial, nos dias de hoje, está "regido por um movimento incessante, por uma atividade desenfreada submetida à urgência, mas desprovida de reflexão, por uma produtividade cega e desengajada". Assim, o objetivo do sistema neoliberal é "suprimir tudo que não seja imediatamente útil ou rentável aos olhos da sociedade". Assim, a ausência de reflexão e a produtividade cega, inscritas no cerne do modo de produção capitalista, levam os setores de recursos humanos, responsáveis pela "gestão de pessoas", a suprimir todo trabalhador que não seja imediatamente útil e lucrativo para a empresa.

Dejours (1998) retoma essa reflexão, evocando a banalização da injustiça social. Aproximando o totalitarismo nazista ao neoliberalismo, ele toma de Arendt (1999) a noção de "banalidade do mal", na análise do caso Eichmann. Assim como Haroche (2008) aponta para uma ausência de reflexão, na produtividade cega e desengajada, Dejours faz menção, baseado em Arendt, à suspensão da faculdade de pensar, que acompanha os atos de barbárie, anulando nossa indignação, ante a injustiça e o mal. E pior, essa ausência da reflexão e do pensamento crítico mobiliza muitas pessoas, na efetivação desse mal, tornando-as cúmplices ou colaboradoras. Referindo-se ao neoliberalismo, na França – mas seu pensamento se aplica fartamente ao Brasil – Dejours (1998) afirma que as pessoas

> ... aceitam dar sua colaboração a um novo sistema de direção das empresas ... nos serviços, na administração do Estado, nos hospitais, etc., bem como no setor privado. Novo sistema que repousa na utilização metódica da ameaça e numa estratégia eficaz de distorção da comunicação. Sistema que produz infelicidade, miséria e pobreza, para uma parte crescente da população, enquanto o país não cessa, ao mesmo tempo, de se enriquecer. (p. 173)

Como vimos, a situação de Pedro remete a um profundo sentimento de humilhação. Este sentimento é analisado por Haroche e Déloye (2006), no bojo das condições sociais e políticas da integridade psíquica. Para esses autores, o sentimento de humilhação é a face perdida de valores como dignidade, respeito, consideração e reconhecimento, ou seja, "valores contemporâneos que estruturaram nossa sensibilidade democrática igualitária, desde o século XVII" (p. 9). Afinal de contas, o sentimento de humilhação atinge o que há de mais profundo em cada um de nós, nosso ser, nossa identidade, nosso próprio sentimento de existência. No caso de Pedro, mais que o sentimento, a sua existência mesma é que foi ceifada.

Referências bibliográficas

Aprendiz – Guia de Empregos. (s.d.). Acesso em 4 de julho de 2009, Disponível em: http://www2.uol.com.br/aprendiz/guiadeempregos/index.htm.

Arendt, H. (1999). *Eichmann em Jerusalém: Um relato sobre a banalidade do mal.* São Paulo: Companhia das Letras.

Boltanski, L. (1984). *As classes sociais e o corpo.* Rio de Janeiro: Graal.

Brasil. (2004). Ministério da Saúde. Política Nacional de Segurança e Saúde do Trabalhador - Minuta para consulta pública. Brasília, versão 12/11/2004. Recuperado em 2 de maio de 2009 de <http://www.saudeetrabalho.com.br/download_2/pnsst-11>.

Costa, J. F. (1989). *Psicanálise e contexto cultural: imaginário psicanalítico, grupos e psicoterapias.* Rio de Janeiro: Campus.

Costa, M. F. B.; Costa, M. A. F. (2002). Exposição ocupacional a compostos orgânicos voláteis na indústria naval. *Química Nova*, 25(3), 384-386.

Damiani, D.; Setian, N. & Dichtchekenian, V. (1984). *Corticosteróides: conceitos básicos e aplicações clínicas. Revisões e ensaios* (pp. 160-166). São Paulo: USP.

Dejours, C. (1992). *A loucura do trabalho: estudo de psicopatologia do trabalho.* São Paulo: Cortez-Oboré.

Dejours, C. (1998). *Souffrance en France*: la banalisation de l'injustice sociale. Paris: Éditions du Seuil.

Dejours, C.; Abdoucheli, E. & Jayet, C. (1994). *Psicodinâmica do trabalho*: contribuições da escola dejouriana à análise da relação prazer, sofrimento e trabalho. São Paulo: Atlas.

Diário Oficial da União (1976). LEI Nº 6.367 - de 19 de outubro de 1976. *Dispõe sobre o seguro de acidentes do trabalho a cargo do INPS, e dá outras providências* (Publicado em 21/10/76).

Diário Oficial da União (1998). *Resolução nº 1488/98 do Conselho Federal de Medicina - versa sobre normas específicas para médicos que atendam o trabalhador.* (Publicado em 06 de Março de 1998).

Equipe Guia Trabalhista, 2009. Recuperado em 2 de junho de 2009 de <http://www.guiatrabalhista.com.br/noticias/trabalhista210306.htm>.

Faria, N.; M. X. Facchini, L. A.; Fassa, A. G. & Tomasi, E. (1999). Estudo transversal sobre saúde mental de agricultores da Serra Gaúcha (Brasil). *Revista de Saúde Pública*, 33(4), 391-400.

Fischer, F.; Moreno, C. & Rotenberg, L. (2004). *Trabalho em turnos e noturno na sociedade 24 horas*. São Paulo: Atheneu.

Gaulejac, V. (2001). Psicossociologia e Sociologia Clínica. In J. N. G. Araújo & T. C. Carreteiro. *Cenários Sociais e Abordagem Clínica*. Belo Horizonte: FUMEC; São Paulo: Escuta.

Guimarães, L. A. M. (s.d.). *Atualizações em Saúde Mental do Trabalhador*. Recuperado em 2 junho de 2009 de <http://www.saude.df.gov.br/sites/100/163/00006126.ppt>.

Haroche, C. (2008). *A condição sensível*. Rio de Janeiro: Contra Capa.

Haroche, C. & Déloye, Y. (2006). *Le sentiment d'identité*. Paris: Éditions In Press.

Harvey, D. (1996). *Condição pós-moderna - uma pesquisa sobre as origens da Mudança cultural* (6a ed.). São Paulo, Loyola.

Jacques, M. G. (2007). O nexo causal em saúde/doença mental no trabalho: uma demanda para a psicologia (número especial). *Psicologia & Sociedade*, 19, 112-119. Recuperado em 4 de junho de 2009 de <http://www.scielo.br/scielo.php?script=sci_arttext&pid=S0102-71822007000400015&lng=en&nrm=iso>.

Le Guillantu, L. (2006). Introdução a uma psicopatologia social. In: Lima, M. E. A. (org.) *Escritos de Louis Le Guillant - da ergoterapia à psicopatologia do Trabalho* (pp.23-74). Petrópolis: Vozes.

Lima, M. E. A. (2003). A polêmica em torno do nexo causal entre distúrbio mental e trabalho. *Psicologia em Revista*, 10(14), 82-91.

Mendes, A. M. B. (Org.) (2007). *Psicodinâmica do trabalho: teoria, método e pesquisas*. São Paulo: Casa do Psicólogo.

Ministério da Saúde do Brasil. (2001). *Doenças Relacionadas ao Trabalho - Manual de Procedimentos para os Serviços de Saúde*. Brasília: Editora MS.

Pires, D. X.; Caldas, E. D. & Recena, M. C. P. (2005). Uso de agrotóxicos e suicídios no Estado do Mato Grosso do Sul, Brasil. *Cadernos de Saúde Pública*, 21(2) 598-604.

Rede Brasil Atual. (s.d.).Recuperado em julho 4 de 2009 de <http://www.redebrasilatual.com.br/temas/trabalho/acidentes-de-trabalho-numeros-que-impressionam>.

Sato, L. & Bernardo, M. H. (2005). Saúde Mental e Trabalho: os problemas que persistem. *Revista Ciência e Saúde Coletiva*, vol. 10, n 4, 869-878.

Wisner, A. (1994). *A inteligência no trabalho: textos selecionados de ergonomia*. São Paulo: Fundacentro.

Fetichização e banalização da violência: A clivagem do eu e a "foraclusão" do sujeito

Pedro Humberto Faria Campos[1]
Denise Teles Freire Campos[2]

O presente trabalho constitui uma reflexão sobre a violência que endossa a perspectiva de trazer (repatriar) o sujeito de volta ao centro da cena (Wieviorka, 2004), sem almejar a desvalorização ou negação dos determinantes histórico-sociais do fenômeno. O esforço faz sentido à medida que o enfrentamento do problema não se aloja somente na dimensão institucional, com maior responsabilidade do Estado nesta tarefa, e na implantação de políticas públicas de segurança. Como fenômeno "banalizado" a violência deve ser enfrentada nas escolas, no trânsito, nas relações familiares e amorosas e nos consultórios. De modo complementar e aquém da chamada "crise das instituições modernas", parece haver um grande limbo – mais que um hiato – entre o imaginário e o simbólico. Imaginário de uma sociedade que *se representa* como fragmentada, ineficiente, inescrupulosa, descontrolada, desconfiada de seus políticos e autoridades e inapta para lidar com o problema da violência, o qual, por sua vez, também é representado como em *crescimento descontrolado*. Simbólico de um sujeito que se constrói, representa-se em agonia diante de uma alteridade líquida, insípida e inodora. Destinos da pulsão e possibilidades "culturais" de subjetivação parecem convergir na legitimação social da violência como modo de relação. De fato, é pertinente pensar, com Lacan (1955/1988), na "contaminação do simbólico pelo imaginário". Porém o quadro desenhado deve ser examinado com mais rigor.

---

[1] Psicólogo, e professor e pesquisador no curso de Psicologia e no Programa de Pós-Graduação em Psicologia da Pontifícia Universidade Católica de Goiás (UCG).
[2] Psicóloga, psicanalista, e professora e pesquisadora no curso de Psicologia e no Programa de Pós-Graduação em Psicologia da UCG.

130 | Dimensões da violência

A hipótese de uma "sociedade violenta", cuja sombra cai sobre o sujeito (como a sombra do objeto cai sobre o eu na melancolia), seria verdade se pudéssemos considerar o ato violento um recurso voluntário do sujeito para impor sua vontade sobre a vontade de outro ator social. Em outras palavras, seria verdadeira se toda violência fosse sobredeterminada inconscientemente pelas pulsões de ordem narcísica. Seria compreensível se o sujeito se fizesse "ator", se realizasse na ação. A "hipótese" pressupõe o recurso voluntário para impor seu sentido ao real, impor o significado por ele construído e no qual ele se reconhece e se afirma como sujeito e ator.

Tal perspectiva pressupõe a não alienação do sujeito na violência, uma vez que ele seria ator social que se consolida na sua ação. Ou, ainda, seria pressupor que, dentro do quadro dantesco da sociedade que se significa pela violência, todo sujeito autor de violência seria estruturalmente perverso: aquele que impõe seu desejo sobre o real.

Retomemos o quadro com as mesmas tintas fortes, porém sem carregar na moldura e na iluminação: se as sociedades modernas, e particularmente a mídia, fazem da violência um *espetáculo* (Débord, 1997) e lhe atribuem um sobrevalor de mercadoria, isso não significa que ela possa ser entendida como "unidade de todas as determinações", base de todas as possibilidades de vínculo social, incluindo os relacionamentos íntimos. Se a violência é uma marca das sociedades modernas, ela não é a única e, talvez, não exatamente a marca essencial. Considerando os debates abertos sobre a centralidade do trabalho (Codo, Sampaio & Hitomi, 1993; Costa, 2003; Dejours, 2004) ou do consumo (Baudrillard, 1970) ou da mercadoria (Kosik, 1976) ou do *sexo-rei* (Foucault, 1985) ou da subjetividade narcísica (Birman, 2001). Não nos parece uma aposição frutífera ou sustentável colocar a "violência" na fila do pleito a ser considerada a dimensão central das subjetividades, dimensão central nas formas de subjetivação.

Assim, nosso objetivo é recompor alguns elementos através dos quais se pode observar que a fase atual acelerou as consequências da modernidade (Giddens, 1991, 1993), induzindo um efeito de desencaixe dos vínculos sociais, de desenraizamento (Castel, 1995), de *apartheid* do sujeito com relação à alteridade próxima; efeitos de fragmentação no real e deposição dos substitutos culturais do Outro. Esse quadro pode ser associado ao limite apontado por Wieviorka (2004), no qual o sujeito não se torna sempre, ou não facilmente, ator. E é no espaço que separa o sujeito e o ator que a violência se desenha. Para esse autor, a violência será então frequentemente a marca de um sujeito contrariado, interditado ou infeliz.

Por se tratar de um fenômeno social e cultural, a violência não exclui a existência de um sujeito (ainda que interdito, impedido, barrado ou negado) que sofre o impacto da alienação no real.

No real, há também uma multiplicação dos objetos, dos engodos de satisfação, que chega até a pulverização dos efeitos de gozo. A essa dispersão do simbólico e essa fragmentação do real somam-se ainda os reflexos plurais do imaginário ... Assim, vemos a ação do simbólico no real reduzir-se cada vez mais a seu nível básico: a visão, o corte em detrimento do efeito de ligação. Nesse sentido, a esquizofrenia é realmente da nossa época. (Soller, 2007, p. 116)

Duas figuras da atualidade nos ajudam a pensar o fenômeno da violência: de um lado, o imaginário de uma sociedade que se representa pela violência e dela faz objeto de mídia e de gozo, que produz uma rede de representações sociais que findam por valorizar e legitimar a própria violência como recurso da subjetividade para o "sucesso", no espetáculo da exterioridade pura; de outro lado, um mundo propício ao *sintoma perverso*, à clivagem do eu (Dejours, 1986), à "submissão do outro", enfim, à negação da castração. Essas duas figuras devem ser examinadas de perto. Como figuras da atualidade, elas se associam à violência nos movimentos históricos através dos quais a modernidade implantou um longo e sólido processo de fetichização da existência, tanto no sentido marxiano (Kosik, 1976), quanto freudiano do termo.

A violência como um fenômeno representado

Em suas múltiplas formas de manifestação, a violência deve ser compreendida sempre como um fenômeno que tem uma dimensão social (Campos, Torres & Guimarães, 2004; Moser, 1991; Velho, 2000). Ela existe em determinado contexto e se efetiva na relação com o outro. Trata-se de uma "interação" entre indivíduos situados em dada estrutura social, ocupando papéis sociais e orientados por valores que definem e modelam as possibilidades dessa interação. Daí parte a perspectiva de análise da violência enquanto dado cultural e societário, cujas manifestações variam de acordo com o contexto sociocultural e são dotadas de valores complexos e diversificados. Apesar das dificuldades de delimitação conceitual, parece consensual entre os pesquisadores (Michaud, 2001; Velho 2000; Wieviorka, 1997) a concepção de violência enquanto fenômeno multifacetado que assume formas e sentidos variados, em conformidade com o momento histórico e a cultura em que ele é produzido.

Em suas reflexões sobre a violência, Tavares dos Santos (2004) busca compreendê-la nos diferentes conjuntos relacionais, tomando-a como "um ato de excesso, qualitativamente distinto, que se verifica no exercício de cada relação de poder presente nas relações sociais" (p. 8). A força, a coerção e o dano são percebidos como formas de violência enquanto ato de excesso presente tanto nas

132 | Dimensões da violência

estratégias de dominação do poder soberano quanto nas redes de micropoder entre grupos sociais.

A violência não se encontra necessariamente articulada ao uso de instrumentos de força bruta e não há uma fronteira claramente delineada que nos permita distinguir a violência física da violência simbólica, a qual exclui e domina por meio da linguagem. Desse modo a violência pode ser considerada,

> ... como um dispositivo de excesso de poder, uma prática disciplinar que produz um dano social, atuando em um diagrama espaço-temporal, a qual se instaura com uma justificativa racional, desde a prescrição de estigmas até a exclusão, efetiva ou simbólica. Essa relação de excesso de poder configura, entretanto, uma relação social inegociável porque atinge, no limite, a condição de sobrevivência, material ou simbólica, daqueles que são atingidos pelo agente da violência. (Tavares dos Santos et al., 1999)

A noção de violência cobre, portanto, uma vasta gama de eventos e fenômenos nos quais o ato violento é a expressão da imposição das necessidades, expectativas e vontades de um ator social sobre as necessidades, expectativas e vontades de outro ator. Nesse sentido, diversos autores (Tavares dos Santos, 1999, 2004; Sawaia, 2004; Velho, 2000; Wierviorka, 1997; Zaluar & Leal, 2001) reconhecem a violência como a expressão de um conflito no interior de uma dinâmica de poder.

Reconhecendo a importância da mídia na contemporaneidade e que, atrás dela, se produz visibilidade e se constroem os sentidos de algumas práticas culturais, Pereira e colaboradores (2000) destacam o modo como a violência se apresenta enquanto produto cultural em circulação no sistema midiático.

> Ao ser estilizada, na sua absorção pelos meios de comunicação, a violência representada passa por um processo de tradução que favorece e estimula seu consumo por um público mais amplo. Este procedimento se apoia no poder de fascinação da violência, que é potencializado por sua espetacularização, podendo alterar os sentidos iniciais das manifestações, bem como tornar os indivíduos menos sensíveis às diferentes realidades expostas. (p. 18)

Segundo Costa (1999), essa violência percebida como gratuita, praticada pelo simples prazer da violência, encontra respaldo no atual modo de vida das sociedades capitalistas, na ideologia do lucro fácil e da busca da satisfação imediata do desejo de consumir. Assim, a não aceitação de limites para a satisfação de qualquer tipo de prazer e o desejo de consumir leva a condutas que, em última instância, visam à destruição do outro. Trata-se de uma real possibilidade de eliminação do outro se este resiste e faz obstáculo ao gozo do sujeito.

Assim, o episódio violento da vida real cotidiana transforma-se em um espetáculo produzido pelos meios de comunicação em massa. O fenômeno da violência é, portanto, transformado em um produto com grande poder de venda no mercado da informação e em objeto de consumo, que passa a fazer parte do dia a dia de grande parte da população, mesmo daqueles que nunca tiveram experiência de contato direto com o objeto.

Obviamente, não se trata de tentar estabelecer uma relação direta simplista entre a mídia e a violência. Contudo, na concepção de Porto (2002), se a mídia não pode ser responsabilizada pelo aumento da violência, ela é, sem dúvida, um meio que favorece e fortalece sociabilidades estruturadas na e pela violência. Não são raras as oportunidades em que a violência é apresentada como um comportamento valorizado e tratada como um recurso no qual sua utilização passa a ser uma questão de eficácia, oportunidade, afirmação de identidade, explosão de raiva, frustração, dentre outras possibilidades. Nesse sentido, excesso na difusão de manifestações de violência na mídia, por um lado, a mídia contribui para uma estigmatização de agentes e grupos envolvidos em tais práticas, reforçando um quadro de exclusão social e, por outro lado, legitima a instauração de modelos de sociabilidade e de construções identitárias pautadas na violência.

Ao iniciar um grande levantamento sobre manifestações e representações da violência na escola, na Suíça, Clémence e colaboradores (2001) colocam-se uma questão intrigante: a escalada da violência nas escolas, envolvendo, sobretudo, adolescentes, seria, de fato, um fenômeno nas proporções veiculadas na mídia, ou dever-se-ia pensar que o fenômeno real seria uma escalada do sentimento de inseguridade, engrossado pela sede de público dos canais de comunicação de massa? A mesma questão está presente na sociedade brasileira, mas não somente em relação à violência nas escolas: estaríamos de fato diante de um aumento assustador da violência, em especial, envolvendo os "jovens"?

Definir a violência como intervenção física e voluntária, de um agente (grupo ou indivíduo), contra outro agente, visando intencionalmente impor a vontade do primeiro e/ou causar dano, destruir, ofender e coagir, aproxima o conceito de violência do campo da violência interpessoal e do campo da agressão como disposição básica do indivíduo.

Em um trabalho importante de síntese das teorias e dos modelos de estudo sobre a agressão, Moser (1991), retoma uma premissa fundamental, segundo a qual a agressão preenche funções essenciais à sobrevivência do indivíduo e mesmo à continuação da espécie. Em uma análise cuidadosa, o autor põe em evidência as falhas nas explicações baseadas no modelo da frustração-agressão, dado que nem toda frustração gera automaticamente uma conduta agressiva. Evidentemente, se a frustração está associada a condutas agressivas, como construto ela não é suficiente para explicá-las. Berkowitz e Lepage (1967) e Buss (1966) demonstram o caráter relativo da frustração como causa da agressão, mediada pela presença ou ausência de indicadores evocativos, pela variável intencionalidade e pela avaliação geral do comportamento dos outros agentes envolvidos na interação.

No entanto, deve-se, sobretudo, compreender que um ato agressivo, mesmo um ato inserido no estrito espaço do que se chama de "relação interpessoal", é sempre um social: ele sempre existe em um contexto, um contexto de indivíduos que se situam em uma estrutura social, que ocupam papéis sociais, que se orientam por valores que definem a natureza e as possibilidades dessa mesma relação. Do mesmo modo, não se pode esquecer de que existem diferentes tipos de violência, segundo os diferentes tipos de motivação e os diferentes graus de aceitabilidade social.

A noção de agressão é, de algum modo consubstancial ao universo das interações interpessoais, mas o termo "violência" deve se inscrever para além da perspectiva do dano causado, intencionalmente ou não, reativamente ou não. O termo violência exige a referência a uma *norma*, pois ela remete a um *excesso*, um abuso.

Adotamos uma perspectiva segundo a qual a violência interpessoal é compreendida como um construto próximo à agressão e corresponde a um excesso do irracional (Tavars dos Santos, 1995, 2002), excesso de um ato cujas motivações profundas não são do registro do racional: a agressão torna-se violência quando *irracionalmente* ela se torna um ultrapassar dos limites de uma norma aceitável do uso da agressão nas relações.

Em trabalhos anteriores (Campos, 2000; Almeida, Ribeiro & Campos, 2001) já havíamos assinalado a necessidade de trabalhar com uma abordagem mais dinâmica e histórica dos fenômenos de violência, destacando a noção de violência estrutural. Essa noção estabelece uma relação não automática entre miséria e violência (Zaluar, 2000), e reintroduz o tema da exclusão nas discussões sobre violência. No sentido contrário, o uso corrente da expressão "violência social" remete mais diretamente às condições de vida geradas pela exclusão e pela injustiça social.

Que isso agrade ou não, a noção de exclusão causa um grande impacto, porque, sendo vaga e polissêmica, permite um "repensar" das relações entre miséria, estrutura social e violência. O uso "inadequado" da noção de exclusão consiste em tratá-la como fenômeno "em si", descontextualizado; assim nos parece mais coerente falar de formas *precárias, instáveis e marginais de inclusão* (Campos, 2001; Martins, 1997). O uso mecânico da noção de exclusão oblitera a visão da pobreza como fenômeno político (Demo, 1998) e esconde o conflito, como se as populações vítimas da chamada exclusão estivessem totalmente "à parte" ("apartadas") da sociedade, quando, em realidade, elas continuam, de algum modo, exercendo "de dentro" uma resistência. O problema das sociedades modernas não pode ser definido em termos de possuir ou não os bens materiais, mas sim em termos de inclusão. Assim, quanto mais desigual for dada sociedade, mais a violência torna-se inerente às relações sociais, nas quais grupos (indivíduos e famílias) vivem cotidianamente relações conflituosas, na tentativa de permanecer incluídos, mesmo que precária, instável e marginalmente.

Das três dimensões, sinteticamente apontadas nos itens anteriores (interpessoal, social e estrutural), devemos assinalar que, essas "perspectivas" do olhar para o fenômeno da violência *não são excludentes entre si*. São níveis de análise que se complementam, sobretudo no campo da violência, que exigem uma abordagem interdisciplinar e plurimetodológica.

No caso da sociedade brasileira, devemos salientar os seguintes aspectos: a) a situação de miséria vem sendo acompanhada de um aumento da violência e expansão do crime organizado, ou, como diria Adorno (1998), "não se trata de histeria coletiva"; b) os "jovens" constituem o maior agressor e a maior vítima; c) o caráter "inseguro" das instituições brasileiras (Pinheiro, 1998; Velho, 1996) e a fragilidade do estatuto da cidadania; d) uma tendência assinalada por vários autores, de *banalização* da violência (Lucinda, Nascimento & Candau, 1999; Zaluar, 1996).

A "banalização" da violência

Considerando a configuração própria adquirida pela violência nas sociedades ocidentais contemporâneas, alguns aspectos têm merecido destaque entre os pesquisadores da temática, dentre os quais se podem destacar a banalização da violência e o grande envolvimento de jovens.

Com a atual mudança cultural e as transformações do sistema de valores e das relações sociais, observa-se que as tensões sociais, que anteriormente apresentavam desfechos em que tendiam a predominar acordos e negociações, atualmente encontram na violência física ou verbal uma tendência predominante. Essa tendência à banalização da violência tem merecido a atenção de diversos autores (Campos, Torres & Guimarães, 2004; Velho, 2000; Zaluar, 2000), que enfatizam a existência de uma disposição cultural em considerar fenômenos de violência explícita (atos agressivos) como, além de frequentes, "comuns", "naturais", "corriqueiros", "banais", destituindo a violência do lugar da excepcionalidade para tornar-se uma marca do cotidiano.

A ideia de que só a força resolve os conflitos tem se generalizado no nível cotidiano ao ponto de verificarmos uma rotinização da violência física. A noção de banalização da violência diz respeito a essa legitimação do uso da agressão (especialmente a física) como forma de regulação/resolução de conflitos de interesses, seja entre pessoas ou grupos. Um reflexo dessa disposição pode ser observada tanto nos jornais televisivos, que mostram assassinatos e brutalidades por motivos cada vez mais banais e que não mais chocam os telespectadores, como também nos discursos do cotidiano nos quais agressões consideradas "leves" não são caracterizadas como violências.

Essa percepção denuncia outra face da banalização da violência. Trata-se de uma tendência verificada principalmente em estudos com adolescentes (Campos & Guimarães, 2003), em que o reconhecimento da violência acontece somente nas situações marcadas pela existência da violência física, ou seja, uma assimilação da noção ou representação da violência ao ato agressivo e, prioritariamente, ao ato agressivo resultante em morte.

A tendência à banalização tem merecido grande destaque nos estudos sobre a representação social da violência. A naturalização e normatização do fenômeno são apontadas por estudos específicos sobre a violência doméstica dirigida contra mulheres (Santos, 2004), contra crianças (Gonçalves, 2003), sobre a violência envolvendo gangues (Abramovay, Waiselfisz, Andrade & Rua, 2004) e sobre a violência nas escolas (Abramovay & Rua, 2002). Diante dessas informações sugere-se que uma representação social da violência como forma "natural" de solucionar conflitos está presente nos mais diversos segmentos da sociedade.

A *banalização* é um efeito normativo. É uma consequência da transformação das normas sociais, uma vez que o que encontramos em nossas pesquisas (sejam qualitativas ou quantitativas) são sinais de uma regulação social das formas de solução de conflito. No nosso entender a principal modalidade de pensamento que opera e sustenta esse tipo de normas sociais são as representações sociais: nelas encontramos a materialidade simbólica e linguística das regulações das práticas dos sujeitos coletivos. Voltaremos a esse ponto adiante, agora voltemos à banalização e à solução de conflitos.

Duas precisões devem ser feitas. A primeira refere-se à noção de conflito, aqui empregada como "conflito de interesses", diferença de interesses e não necessariamente antagonismos de posição ou de classe social. Desse modo, fala-se da diferença de interesses, de vontades, que entram em conflito desencadeando um processo dinâmico de negociação. Se o conflito evolui, há interação, negociação de sentidos, "respeito" entre as partes, chegando ou não a uma solução de fato (equitável ou não, justa ou não, pouco importa); se há evolução do conflito, há gestão das diferenças e não impasse, e essa evolução (qualquer que seja a solução encontrada ou uma longa e infindável "negociação") pressupõe que a estrutura social dê suporte, sustente a diversidade de interesses, não acolhendo a ruptura ou a imposição pela força. A evolução dos conflitos supõe uma interação e uma estrutura sociais que sejam *continentes*. Quando não há evolução, o conflito de interesses se interrompe e aparece a ruptura: imposição da vontade de um ator sobre um outro, cuja qualidade de ator passa a ser negada, violência e submissão ou violência e resistência, que pode ser entendida como contraviolência.

A segunda precisão remete à noção de violência como mecanismo de "solução de conflito". Segundo os estudos de banalização, pode-se afirmar que ela é representada como um mecanismo *legítimo* de eliminação ("solução") do conflito. Contudo, isso não demonstra, nem induz a ideia de que a violência se tornou o principal mecanismo em operação. A violência ainda é contraditoriamente representada como um valor negativo, como recurso do qual não se deve fazer uso imediato, automático ou sem restrições. Observações de grupos com socialização marcada pela agressão mostram que o uso da violência é "legítimo", é normatizado em certos casos, em situações específicas, em cenários pré-marcados com finalidades preestabelecidas. Dito de outro modo: se os estudos demonstram claramente efeitos de banalização em diferentes contextos e grupos, isso não quer dizer que se instalou uma norma social que impõe a violência como recurso nem primeiro, nem único, nem prioritário. O fenômeno conhecido como "banalização" não remete a uma incitação da violência. Parece mais coerente pensar que a violência passa a ser *tolerada* como um modo de regulação, ou seja, como "modo de conflito", uma vez que o outro não quer ceder/aceitar/acatar a vontade do ator que se coloca em posição de protagonista, o que é lido como ruptura da negociação e abertura ao espaço vazio de regulação.

Sociabilidade violenta: Uma "nova norma social"?

Uma questão central organiza o conjunto de nossas reflexões sobre a violência e os estudos de representações sociais que temos empreendido: estaríamos assistindo, e não somente na sociedade brasileira, a uma "mudança de norma social", para uma norma social "violenta", porém estrutural ao capitalismo, cujo um dos principais esteios culturais seria a *banalização* da própria violência?

A perspectiva aqui esboçada refere-se à necessidade de reconhecer e de tratar a dimensão simbólica da violência, a qual, segundo a Teoria das Representações Sociais, exerce uma mediação nas relações concretas entre os indivíduos. As representações sociais da violência ou mesmo de certas práticas educativas (violentas) estariam na base das práticas sociais violentas, orientando-nas e justificando-nas.

Afirmando que as transformações verificadas na contemporaneidade têm produzido uma nova morfologia dos processos sociais, Tavares dos Santos (1999, 2004) sugere que uma nova forma de sociabilidade está se desenhando no contexto moderno, definida por estilos violentos de sociabilidade, que invertem as expectativas do processo civilizatório.

> As relações de sociabilidade passam por uma nova mutação, mediante processos simultâneos de integração comunitária e de fragmentação social, de massificação e de individualização, de ocidentalização e de desterritorialização. Como efeito dos processos de exclusão social e econômica, inserem-se as práticas de violência como norma social particular de amplos grupos da sociedade, presentes em múltiplas dimensões da violência social e política contemporânea. (Tavares dos Santos, 1999, p. 20)

Assim, na visão do autor, afigura-se nas sociedades do século XXI o fenômeno da violência difusa, cujas raízes estão nos processos de fragmentação social. Nesse sentido, as instituições socializadoras, como a família, a escola, a religião, as fábricas etc., estariam vivendo um processo de crise e desinstitucionalização. Se antes as relações de sociabilidade construídas nessas instituições eram marcadas prioritariamente pela afetividade e pela solidariedade, hoje reaparecem como preferencialmente conflitivas, como demonstram, por exemplo, os fenômenos da violência doméstica e da violência na escola.

A violência difusa seria, portanto, um novo modelo de sociabilidade verificado na atualidade e que perpassaria os diferentes contextos de interação social. Ao que parece, as mudanças no cenário mundial promoveram a fragmentação social e a fragilização dos laços sociais, o incremento de processos de exclusão e a "desfiliação" de algumas categorias, como a juventude. Foram esses processos que possibilitaram a emergência do que seria um novo modo de interação social, no qual as conflitualidades encontrariam espaço privilegiado.

Esboçando a noção de sociabilidade violenta a partir de uma análise da natureza e do sentido da radical transformação de qualidade das relações sociais, e as práticas de criminosos comuns, Silva (2004) aponta que os padrões de sociabilidade convencionais, regulados no âmbito do Estado, em determinados contextos e sob certas condições, perdem a validade e são substituídos por um complexo de práticas estruturadas na relação de forças.

Segundo o autor, a representação da violência urbana tem como característica central a expressão de uma ordem social, isto é, um complexo orgânico de práticas, mais do que um conjunto de comportamentos isolados. Ao considerar a existência desse modelo de ordem social, o autor sugere que o uso da força como princípio de regulação das relações sociais convive com o modelo de sociabilidade regulada pelo Estado. Assim, "não há luta, mas convivência de referências, conscientes ou pelo menos claramente 'monitoradas', a códigos normativos distintos e igualmente legitimados, que implicam a adoção de cursos de ação divergentes" (Silva, 2004, p. 73). Nesse sentido, os atores sociais articulam suas práticas cotidianas a essa dupla inserção: como participantes da ordem estatal e, paralelamente, da sociabilidade violenta.

Buscar uma apreensão da violência a partir dos novos processos sociais que se configuram na atualidade não é uma tarefa simples. A noção de sociabilidade violenta tenta captar a natureza e o sentido da radical transformação na qualidade das relações sociais como uma possibilidade de compreensão da violência enquanto questão social global. Assim, trata-se de uma perspectiva que não pretende respostas conclusivas, mas que fornece um caminho de reflexão a partir das formas de organização social das relações de força.

Certas leituras que chamaremos aqui de "socializantes" parecem criar um cenário no qual a sociedade cria as condições de emergência da violência, mais exatamente as "condições sociais" ou "fatores de risco" determinam a emergência do ato violento. Sem perdão da metáfora, nessas concepções, as ciências que deveriam se ocupar da violência não seriam nem a psicologia social, nem a antropologia, nem a sociologia, nem a psicopatologia, mas sim a epidemiologia. Wieviorka (2004) já alertava para o fato que essas análises acabam por ocultar ou negar o espaço do sujeito. Afinal, a violência não tem autor nem paternidade?

Norma social violenta ou norma social narcísica?

Um traço marcante a ser observado é a forma pela qual se estrutura a vida mental do sujeito moderno, particularmente no que concerne às formas de construção da subjetividade, nas quais o eu situa-se em posição privilegiada. Segundo Birman (1999), o autocentramento do sujeito atingiu limiares impressionantes e espetaculares, se comparado com a história do mundo ocidental. Para o autor, o autocentramento apresenta-se inicialmente sob a forma da estetização da existência. Trata-se de uma exaltação gloriosa do próprio eu, baseada principalmente na aparência, de modo que o sujeito vale aquilo que parece ser.

O autocentramento pode ser considerado o traço fundamental da chamada *cultura do narcisismo*. Utilizando o *narcisismo* como metáfora da condição humana, Lasch (1983) afirma que existem conexões entre o tipo de personalidade narcisista e certos padrões característicos da cultura contemporânea. Dentre estes, pode-se apontar "o temor intenso da velhice e da morte, o senso de tempo alterado, o fascínio pela celebridade, o medo da competição, o declínio do espírito lúdico, as relações deterioradas entre homens e mulheres" (p. 57).

O autor afirma que a construção da organização social vigente exigiu novas formas de personalidade, novos modos de socialização e novos modos de organizar a experiência. Diante disso, o padrão narcisista de personalidade ao mesmo tempo que é incentivado pelos atuais padrões sociais, parece representar também a melhor maneira de lutar em igualdade de condições com as tensões e ansiedades da vida moderna. Trata-se de uma busca da felicidade através de

140 | Dimensões da violência

estratégias narcísicas de sobrevivência que reproduzem os piores aspectos da crise geral da cultura ocidental.

Uma das características fundamentais desse movimento de massificação cultural é o intenso investimento na libido narcísica (Bauman, 1998; Birman, 2001), como emergência de uma norma social individualista. Tomemos então a liberdade de falar de uma massificação violenta do individualismo. Do mesmo modo, pode-se afirmar que a globalização está *dentro do sujeito* (Tavares dos Santos, 2002).

A pós-modernidade – com o perdão do uso flexível desse conceito – parece estar constituída de uma dupla exigência: uma espécie de *norma* social cujo pleito é a satisfação narcísica, que não mensura os atos em busca dessa mesma satisfação (inclusive os atos destrutivos de si e do outro); a queda de toda autoridade (contestação da legitimidade e do poder de controle do Estado, da política, da escola, dos pais, das gerações anteriores etc.) e o exagero do individualismo ideológico (Velho, 1996).

O ódio e a violência são constitutivos do sujeito, uma vez que a heterogeneidade nasce do ódio (Freud, 1914/1987; Lacan, 1958/1971). Nesse sentido, é uma operação simbólica (o reconhecimento da castração e a entrada na ordem fálica) que permite ao sujeito reconstituir o vínculo e se inserir em uma ordem social. A pós-modernidade pode ser pensada como espaço para onde convergem o ódio constitutivo, a norma *sem-pai* sem castração simbólica e "sem controle" da autoridade representada como ilegítima (Lesourd, 2001) e a libido narcísica. Se ocorre uma falha na construção da subjetividade (na castração simbólica), o sujeito encontra-se excluído da ordem simbólica, e, assim como a figura do Outro, é negada (foracluída) também a paternidade do ato violento: a violência não é reconhecida como tal ou não é reconhecida como ato do sujeito (os mitos, deuses e demônios se tornam, então, os *autores* do ato violento).

A violência é uma linguagem?

Em toda evidência teórica, quando a referência são as sociedades modernas, violência, exclusão e injustiça são conceitos que derivam em uma relativa tautologia. Um remete-se ao outro, como conceitos. A forma de fugir ou negar a interpenetração teórica é adotar uma *concepção restrita* de violência. Por exemplo, para aqueles que adotam uma concepção psicologizante, organicista ou psicopatologizante: a violência será, então, percebida como inerente ao sujeito, mais exatamente ao indivíduo, portanto anterior às relações sociais. No outro extremo, estariam as concepções sociologizantes, da violência como imanente às instituições, portanto, violência *sem sujeito*.

Ao analisar a *banalização do mal*, Dejours (1999) denuncia justamente a ideologia de um sistema "sem intencionalidade" que produz, "apesar" dele próprio ou independente de sua vontade, a injustiça. Para ele, trata-se da *banalização do mal*, assim sintetizada:

> É sabido que todos esses sofrimentos e injustiças infligidos a outrem são comuns em todas sociedades, até mesmo as democráticas. Qualificamos aqui como mal todas essas condutas quando elas são:
> - Instituídas como sistema de direção, de comando, de organização ...,
> - Públicas, banalizadas, conscientes, deliberadas, admitidas ou reivindicadas, em vez de clandestinas, ocasionais ou excepcionais, e até quando são consideradas corajosas.
> Hoje, em muitas empresas, o que até recentemente era considerado uma falta moral, que se podia evitar ou mesmo combater graças a uma coragem nada excepcional, tende a tornar-se norma de um sistema de administração das questões humanas no mundo do trabalho: ei-nos portanto diante do universo do mal ... (p. 77)

O que não chega a ser paradoxal é sua defesa (Dejours, 1999) de uma "concepção restrita de violência". Isso porque o sentido dado à "restrição" não é o da causalidade, mas sim o da prudência ao nominar os eventos como "manifestações de violência": ao rotularmos toda injustiça e exclusão de violência, corremos o grave risco de não dar a esses fenômenos a devida atenção. E essa postulação em prol de uma "restrição" teórica acerca do que se define ou não como violência tem consequências frutíferas para a compreensão dos fenômenos.

É especialmente no mundo do trabalho que tal postura tem mais consequências. Isso porque, se a "pós-modernidade" teve algum "mérito", foi o de constituir um vínculo profundo, disseminado e resistente entre sofrimento, trabalho e injustiça. Se existe uma dimensão da vida humana moderna na qual a "violência" é uma marca incontornável, essa dimensão é o trabalho. Entendendo aqui "violência" pela conduta de infligir sofrimento e injustiça a outrem. O que nos interessa em particular não é o exame do mundo do trabalho, mas a relação peculiar entre injustiça, sofrimento e violência, relação no trabalho que nos ajuda a problematizar relações teóricas entre injustiça, desigualdade, exclusão e violência, tendo em vista a retomada do espaço do sujeito.

> Não me parece que seja possível evidenciar nenhuma diferença entre banalização do mal no sistema neoliberal (ou num "grande estabelecimento industrial", nas palavras de Primo Levi) e banalização do mal no sistema nazista. A identidade entre as duas dinâmicas concerne à banalização e não à banalidade do mal, vale dizer as etapas de um processo de atenuar a consciência moral em face do sofrimento infligido a outrem e de criar um estado de tolerância ao mal. (Dejours, 1999, p. 139)

142 | Dimensões da violência

Toda violência se inscreve em uma relação. Pode-se interrogar se a violência se constitui, na atualidade, como um *modo de relação* com os outros e com o mundo. Como analisamos anteriormente, esta não é uma afirmação generalizável. A questão mais pungente é saber se a violência pode significar o eu, se como caminho ou possibilidade de ação, ela tem valor de significante do eu, em quais condições e quais as consequências. Com grande prudência Wieviorka (2004) discute a questão. A violência pode ser um sentido, dentre os possíveis, da evolução do conflito ou da expressão da subjetividade, que corresponde, ao final das contas, na aniquilação do conflito enquanto tal e no estabelecimento da ruptura. A interrogação que retorna é a da autonomia do sujeito face à violência como "escolha", como passagem da alienação e da passividade para a ação.

Nesse sentido o ato violento pode significar o esforço do sujeito em se constituir como ator social, em marcar o mundo com sua subjetividade de modo ativo. O impasse vem do fato que a violência em si instala um não sentido, uma quebra de sentido e vazio, e ela escapa ao controle do "autor" do ato. Se a violência pode ser lida como um esforço de autonomia, nela o sujeito se instala e se perde naquilo que ela tem de excesso, de desmesura: ela constitui o apagar da alteridade, um não reconhecimento do outro, que é corolariamente o aniquilamento do próprio sujeito, uma vez que toda subjetividade somente pode se constituir em referência e através da alteridade (*no* Outro, *"chez l'Autre"*).

> É por causa disto que o protagonista pode passar da autonomia, quer dizer de uma relativa capacidade de se fixar para ele próprio as orientações e as modalidades de sua ação, para a heteronomia, que significa que ele se torna vetor de um sentido que não lhe pertence – no limite, ele se torna sicário, matador de aluguel, mercenário de uma causa que não é a sua, ou, de todo modo, não aquela causa pela qual ele operou a passagem à violência. (Wieviorka, 2004, p. 41)

Da "implantação perversa" à "posição perversa"

A afirmação de que as perversões são uma forma privilegiada de subjetivação na atualidade não é nova, nem negligenciável (Birman, 2001; Campos & Campos, 2005). No entanto, não se fala mais de perversão, ela não se apresenta como um objeto privilegiado da psicologia, psiquiatria ou psicopatologia. Também não existe registro dela no Manual de Diagnóstico e Estatística das Perturbações Mentais (DSM-IV), não se encontrou – se é que foi buscado – um quadro sindrômico, ou "transtorno" que pudesse nominar essa *desordem* em particular. Entretanto, o movimento é outro, é que não se fala mais de perversão *enquanto tal*: as formas "diversas", polimorfas (para retomar o registro freudiano), enfim as sexualidades pré-genitais ou as "sexualidades periféricas" na expressão incômoda e imprecisa de Foucault são valorizadas, reguladas e integradas no campo da *normalidade* "pós-moderna".

Os perversos, em sua pluralidade de destinos libidinais, não serão encontrados nos consultórios ou nos serviços especializados de atenção à saúde mental. Não serão também e de modo algum considerados criminosos ou que sofrem de alguma degeneração moral qualquer. Não serão perseguidos em praça pública, nem tidos como casos de polícia. Porém, a "sociedade" e a ciência (medicina e psicologia, aqui de mãos dadas) exercerão outra forma de regulação, na qual o saber sobre seu destino pulsional, a verdade que o sujeito constrói sobre seu gozo, não mais será reconhecido como pertencente ao sujeito: a verdade do sujeito será objeto de investigação científica e de uma *aceitação* pela via da explicação: algo ou alguém se desviou durante o processo de subjetivação, processo de formação da escolha de objeto. Não mais caso de polícia, as perversões serão, doravante, assunto de mídia, sobretudo a televisiva. As perversões serão objetos midiáticos privilegiados, objetos valorizados na sociedade do espetáculo, sem, contudo, poder ser nominados como *perversos*. Em uma sociedade na qual a identidade sexual é uma tarefa, para a qual a sexualidade do tipo "heterogenital" não é referência, a existência de múltiplas e variadas "sexualidades" é reinserida como vitrine. O diferente, o exótico, o estranho, o estrangeiro, o "pervertido" compõem um espetáculo de pura exterioridade.

A cultura da atualidade é intrigante; não vivemos em uma sociedade que baniu a repressão sexual, abrindo espaço para cada um gozar como lhe aprouver? As diversas formas da sexualidade não são permitidas ou, ao menos, relativamente aceitas? Por que o sujeito iria procurar seu gozo em "produtos", em objetos materiais, se basta um clique para encontrar o parceiro perfeito para seu gozo?

Quando Foucault fala da "implantação perversa", ele indica um conjunto de operações, de micropoderes. Se ele buscou dar unidade ao processo de implantação perversa, através de um mecanismo ou agente "perverso", isso não nos parece o eixo da questão. Indubitavelmente, sua análise aponta para o fato de que a diversidade das formas sexuais foi classificada – objeto de uma verdadeira taxonomia criteriosa e reguladora – não mais pela interdição ou punição. Em seguida, as formas foram objeto de inscrição (detalhada, criativa e generosa) na sociedade do consumo e do espetáculo. Quanto a isso, não resta dúvida. Retomamos aqui uma afirmação anterior: o perverso não mais será caso de polícia, nem alvo de preconceito (explícito); ao contrário, ele encontrará agora as lojas e os produtos adequados, incluindo os produtos em carne e osso, *ao vivo e em cores,* para atender ao seu estilo de consumo, ou seja, seu *estilo de prazer.* A cultura tornou-se tão perfeita, tão eficaz, que ele sabe por antecipação o exato produto capaz de trazer o gozo ao sujeito. Antes mesmo que o próprio sujeito saiba quem ele é...

144 | Dimensões da violência

De volta à Birman (2001) e à valorização, na atualidade, das formas perversas de expressão da subjetividade. Desde Granoff, Wladimir, Perrier e François (1991) se reconhece o fetichismo como modelo paradigmático das perversões. O fetichismo é delineado pela conjunção de três elementos (Campos, 2004): a) a *recusa* (denegação) em reconhecer a castração materna, reconhecer a falta do falo na mãe; b) uma cisão do ego, na qual duas tendências opostas coabitam, a primeira reconhece a castração e a segunda busca ativamente negá-la, "ambas as tendências terão sua quota", como afirma Freud (1927/1995); c) entrada em um processo metonímico, no qual um objeto (de onde vem o termo "fetichização", também como "coisificação") é eleito para obliterar a falta.

Se a alteridade é fundamental na constituição do sujeito, na cultura da atualidade ela não estará ausente, pois não se trata da absoluta ausência do Outro e de seus substitutos. A alteridade apresenta-se no campo da ambivalência como uma *alteridade líquida*. Desenha-se a posição do perverso, a do espaço da ambivalência face ao outro, ou de cisão do ego; e é essa posição que permite o *desafio* perverso, elucidado no paradigma do fetichismo: tentativa de tamponar a falta para aplacar o desamparo. O outro fetichizado tem a função de tampão: o processo não é mais metafórico, mas de uma simbolização líquida, no portal do Édipo, sem conseguir voltar para trás, sem suportar entrar completamente. A simbolização possível é mais vaga, fundada no deslocamento, a metonímia. Depois de muito vagar, de novo, a figura do fetiche.

As banalizações da violência e da injustiça, ao nosso ver, estão organicamente (bem que se poderia dizer *corporalmente*) associadas ao que Dejours (1999) chamou de "posição perversa". As *banalizações* são processos de instalação de uma predisposição a infligir sofrimento, predisposição à violência. De fato, *é como se*, pelo recurso à clivagem do eu e de modo defensivo, o sujeito tivesse sempre à mão, sempre ao bolso, o recurso a "agir de modo perverso".

Mundo perverso, subjetividades perversas? Desde os *Três ensaios sobre a teoria da sexualidade*, Freud (1905/1987) já nos convidava à prudência na hora de analisar as "inversões", mudanças de objeto ou de alvo sexuais. Em Foucault, a noção de "implantação perversa" remete mais à ideia de um "polimorfismo sexual" não dominante, nem liberado de toda repressão, mas, ao contrário, sob os efeitos de poder da *ordem* moderna. Sob o controle da ciência moderna, da naturalização dos "desvios sexuais" (afinal "explicados" por tendências genéticas ou disfuncionamentos orgânicos). Não poderíamos deixar de pensar que a economia libidinal dos sujeitos foi canalizada para o mercado público das trocas econômicas; assim, perversos se instalaram na ordem como consumidores. Ainda sim, seria somente um abuso de linguagem ou uma má metáfora dizer que vivemos no reino dos perversos. Ao explicar a "Terceira Tópica", Dejours (1986) nos oferece uma saída para começarmos a repensar o problema do sujeito no campo da violência:

A clínica dos pacientes não neuróticos nos revela cada dia brotos desse inconsciente sob a forma da violência, da atuação violenta, da perversão e da somatização, tendo como característica comum a não mentalização. Isso constitui o conjunto dos sintomas não neuróticos que forma a patologia *psiquiátrica*. Além disso, sabe-se que esses pacientes nem sempre estão doentes e que são capazes, em certas fases de sua vida, ou até mesmo durante toda a vida, de permanecer ao abrigo de descompensações. (pp. 110-111)

A tese da "implantação perversa" só tem plausibilidade se pensarmos em termos de manifestações perversas às quais a cultura convida, ao invés de se pleitear o aumento das estruturas perversas! O *mundo perverso* não é um mundo exclusivamente ou majoritariamente de *perversos*, apesar de que *"o líder do trabalho do mal é antes de tudo perverso..."* (Dejours, 1999, p. 82). A implantação perversa como explicação da cultura ganha mais sentido se vinculada à noção de "posição perversa". Há inúmeros sinais clínicos e sociais dessa operação pela qual o sujeito, ao infligir o sofrimento e praticar a injustiça e o mal, opera por uma clivagem do eu, da qual pode se valer quando as circunstâncias externas se tornam ameaçadoras. Num mundo cruel, quem é o "sujeito normal"? O *normopata* é aquele para quem a injustiça e a violência não são metáforas, mas partes concretas do real. Realidade que, por sua vez, não se configura como real do encontro com o outro. Nesse sentido, parte do sujeito clivado nega a castração e efetiva a *foraclusão do outro*, do limite que é o desejo do outro.

Voltemos ao título, um tanto quanto provocativo, do texto: não se trata propriamente de foraclusão do sujeito, pois o sujeito mesmo é irrepresentável enquanto totalidade, assim ele não poderia "ocultar" a si mesmo. Tampouco o *mundo* poderia foracluir o sujeito, pois a sociedade não tem aparelho psíquico. Trata-se finalmente da "foraclusão" do outro, no sentido de negação da alteridade que engendra a alienação do sujeito em uma *exterioridade pura* ou ofuscante; exterioridade sem interioridade, sem intencionalidade. Alienação sem possibilidades de simbolização da falta. Pode-se pensar que, pelo recurso à clivagem, o sujeito defende-se de um real da cultura no qual ele é *"contrariado, interdito, impossível ou infeliz"* (Wieviorka, 2004).

A especificidade dos atos violentos é que, ao *aderir* à violência, o outro lado da clivagem, aquela parte do eu que reconhece a castração, se faz significar pela violência. A adesão às normas sociais submete o sujeito aos "efeitos de norma" dentre os quais um é exatamente a produção de um hiato de tempo entre o ato previsto (normatizado e induzido) e a reflexão do sujeito sobre os propósitos e a pertinência das possibilidades colocadas à disposição do ator. As banalizações da violência e da injustiça eliminam, senão encurtam gravemente, esse hiato de tempo: infligir sofrimento ou usar a força são condutas normatizadas, esperadas, toleradas e, até em circunstâncias precisas, valorizadas.

146 | Dimensões da violência

Se não há um sujeito (um adversário, um diferente) do outro lado do conflito, não há reconhecimento do outro (que se torna *inimigo*). A armadilha dialética é que só pode existir um ator, do lado do sujeito, se houver um outro qualificado como sujeito, do outro lado. É como se o sujeito, ao se "realizar" como ator, através da violência, haverá sido *foracluído*.

Essa posição é o passaporte para que o sujeito possa hipotecar seu desejo no imaginário, compondo sonoras rimas com uma cultura na qual "uma imagem vale mais do que mil palavras" e na qual somos invadidos – querendo ou não – pelos excessos da mídia.

Referências bibliográficas

Abramovay, M. & Rua, M. G. (2002). *Violência nas escolas*. Brasília: UNESCO.

Abramovay, M.; Waiselfisz, J. J.; Andrade, C. C. & Rua, M. G. (2004). *Gangues, galeras, chegados e rappers: juventude, violência e cidadania nas cidades da periferia de Brasília*. Rio de Janeiro: Garamond.

Adorno, S. (1998). *O adolescente na criminalidade urbana em São Paulo*. Brasília: Ministério da Justiça, Secretaria de Estado dos Direitos Humanos.

Almeida, A. de O.; Ribeiro, A S.; Campos, P. H. F. (2001). Bem-estar, maus-tratos e risco: Da violência suposta à violência reconhecida. *Estudos, Vida e Saúde*, 28(4), 561-590.

Baudrillard, J. (1970). *La Société deconsommation*. Paris: Editions Denöel.

Bauman, Z. (2001). *Modernidade líquida*. Rio de Janeiro: Jorge Zahar Editor.

Bauman, Z. (1998). *O mal-estar da pós-modernidade*. Rio de Janeiro: Jorge Zahar Editor.

Berkowitz, L. & Lepage, A. (1967). Weapons as aggression-eliciting stimuli. *Journal of Personality and Social Psyhcology*, 3, 202-207.

Birman, J. (1999). A psicopatologia na pós-modernidade. Alquimias do mal-estar na atualidade. *Revista Latinoamericana de Psicopatologia Fundamental*, 2(1), 35-49.

Birman, J. (2001). *Mal-estar na atualidade: a psicanálise e as novas formas de subjetivação*. Rio de Janeiro: Civilização Brasileira.

Buss, A. H. (1966). Instrumentality of aggression, feedback and frustration as determinants of physical aggression. *Journal of Personality and Social Psychology*, 3(2), 153-162.

Campos, P. H. F. (2000). Algumas reflexões acerca da violência contra crianças e adolescentes. In A. M. de O. Almeida & L Pulino. (Orgs). *Projeto Bem-Me-Quer. Fórum de combate à violência* (pp. 31-46). Brasília: Prática.

Campos, P. H. F. (2001). Quando a exclusão se torna objeto de representação social. In A. Moreira. (Org.) *Representações sociais: teoria e prática* (pp. 103-121). João Pessoa: Editora da UFPB.

Campos, D. T. F. (2004). Fetichismo e subjetividade feminina. *Revista Latinoamericana de Psicopatologia Fundamental*, 7(3), 12-25.

148 | Dimensões da violência

Campos, P. H. F. & Campos, D. T. F. (2005). Representaciones, violência y exclusion: el desafio del adolescente em el contexto de la modernidad. In M. F. Armenta & V. C. Verdigo (Eds.) *Niñez, adolescência y problemas sociales* (pp. 83-96). México: Univesidad de Sonora/CONACYT.

Campos, P. H. F. & Guimarães, S. P. (2003). Representações de violência na escola: elementos de gestão simbólica da violência contra adolescentes. *III Jornada Internacional e I Conferência Brasileira sobre Representações Sociais.* Rio de Janeiro: UERJ.

Campos, P. H. F.; Torres, A. R. R. & Guimarães, S. P. (2004). Sistemas de representação e mediação simbólica da violência na escola. *Educação e Cultura Contemporânea,* 1(2), 109-132.

Castel, R. (1995). *Les métamophoses de la question sociale.* Paris: Fayard.

Clemence, A.; Rochat, F.; Cortolezzis, C.; Dumont, P.; Egloff, M. E. & Kaiser, C. (2001). *Scolarité et adolescence: les motifs de l'insécurité.* Bern; Stuttgart; Wien: Haupt.

Codo, W.; Sampaio, J. J. C. & Hitomi, A. H. (1993). *Indivíduo, trabalho e sofrimento.* Petrópolis: Vozes.

Costa, J. F. (2003). *Violência e Psicanálise.* Rio de Janeiro: Graal.

Costa, M. R. (1999). A violência urbana é particularidade da sociedade brasileira? *São Paulo em Perspectiva,* 13(4), 3-12.

Debord, G. (1997). *A sociedade do espetáculo.* Rio de Janeiro: Contraponto.

Dejours, C. (1986). *O corpo, entre a biologia e a psicanálise.* Porto Alegre: Artes Médicas.

Dejours, C. (1999). *A banalização da injustiça social.* Rio de janeiro: editora FGV.

Dejours, C. (2004). Subjetividade, trabalho e ação. *Revista Produção,* 14(3), 27-34.

Demo, P. (1998). *Charme da exclusão social.* São Paulo: Editora Autores Associados.

Foucault, M. (1985). *A história da sexualidade I: A vontade de saber.* Rio de Janeiro: Graal.

Freud, S. (1905/1987). Três ensaios sobre a teoria da sexualidade. In *Obras completas.* (v. VII, pp. 118-216). Rio de Janeiro: Imago.

Freud, S. (1914/1984). Pour introduire le narcissisme. In *La vie sexuelle* (pp. 81-105). Paris, PUF.

Freud, S. (1927/19955). Le fétichisme (1927). In *La vie sexuelle* (pp. 133-138). Paris: PUF.

Giddens, A. (1991). *As consequências da modernidade.* São Paulo: Ed. UNESP.

Giddens, A. (1993). *A transformação da intimidade.* São Paulo: Editora UNESP.

Gonçalves, H.S. (2003). *Infância e violência no Brasil.* Rio de Janeiro: NAU Editora.

Granoff, W. & Perrier, F. (1991). *Le désir et le féminin.* Paris: Aubier.

Kosik, K. (1976). *Dialética do concreto.* Rio de Janeiro: Paz e Terra.

Lacan, J. (1958/1971). La signification du phallus. In J. Lacan. *Écrits II* (pp. 103-115). Paris: Seuil.

Lasch, C. (1983). *A cultura do narcisismo: a vida americana numa era de esperança em declínio.* Rio de Janeiro: Imago.

Lesourd, S. (2001). Violences réelles de l'adolescence. In A. Houbballah; R. Gori & C. Hoffmann (Orgs.). *Pourquoi la violence des adolescents? Voix croisées entre occident et orient* (pp. 127-138). Saint-Agne: Eres.

Lucinda, M. C.; Nascimento, M. G. & Candau, V. M. (1999). *Escola e violência.* Rio de Janeiro: DP&A.

Martins, J. de S. (1997). *Exclusão: a nova desigualdade social.* São Paulo: Vozes.

Michaud, Y. (2001). *A violência.* São Paulo: Ática.

Moser, G. (1991). *A agressão.* São Paulo: Ática.

Pereira, C. A. M.; Rondelli, E.; Schollhammer, K. E. & Herschmann, M. (Orgs.) (2000). *Linguagens da violência.* Rio de Janeiro: Rocco.

Pinheiro, P. S. (1998). Diagnósticos da violência. In P. S. Pinheiro (Org.). *São Paulo sem medo: Um diagnóstico da violência urbana* (pp. 13-18). Rio de Janeiro: Garamond.

Porto, M. S. G. (2002). Violência e meios de comunicação de massa na sociedade contemporânea. *Sociologias, 4*(8), 152-171.

Rosolato, G. (1990). Étude des perversions sexuelles à partir du fétichisme. In *Le désir et la perversion* (pp. 7-40). Paris: Éditions du Seuil.

Santos, M. F. S. (2004). Representações sociais e violência doméstica. In L. Souza & Z. A. Trindade (Orgs.). *Violência e exclusão: convivendo com paradoxos* (pp. 132-145). São Paulo: Casa do Psicólogo.

Sawaia, B. B. (2004). Uma análise da violência pela filosofia da alegria: paradoxo, alienação ou otimismo ontológico. In L. Souza & Z. A. Trindade (Orgs.). *Violência e exclusão: convivendo com paradoxos* (pp. 21-42). São Paulo: Casa do Psicólogo.

150 | Dimensões da violência

Silva, L. A. M. (2004). Sociabilidade violenta: por uma interpretação da criminalidade contemporânea no Brasil urbano. *Sociedade e Estado*, 19(1), 53-84.

Soller, C. (2007). *O inconsciente a céu aberto da psicose*. Rio de Janeiro: Jorge Zahar Editor.

Tavares dos Santos, J. V. (1995). A violência como dispositivo de excesso de poder. *Sociedade e Estado*, 10, 281-298.

Tavares dos Santos, J. V. (1999). *Novos processos sociais globais e violência*. São Paulo em Perspectiva, 13(3), 3-17.

Tavares dos Santos, J. V. (2002). *Microfísica da violência, uma questão social*. Ciência e Cultura, 54(1), 22-24.

Tavares dos Santos, J. V. (2004). Violências e dilemas do controle social nas sociedades da "modernidade tardia". *São Paulo em Perspectiva*, 18(1), 3-12.

Velho, G. (1996) Violência, reciprocidade e desigualdade: uma perspectiva antropológica. In G. Velho & M. Alvito (Orgs.). *Cidadania e violência* (pp. 10-24). Rio de Janeiro: Editora UFRJ/FGV.

Velho, G. (2000). Violência, reciprocidade e desigualdade: uma perspectiva antropológica. In G. Velho & M. Alvito (Orgs.). *Cidadania e violência* (pp. 11-25). Rio de Janeiro: Ed. UFRJ/FGV.

Wieviorka, M. (1997). O novo paradigma da violência. Tempo Social. *Revista de Sociologia da USP*. 9(1), 5-41.

Wieviorka, M. (2004). Pour comprendre la violence: l'hypothèse du sujet. *Sociedade e Estado*, 19(1), 21-51.

Zaluar, A. (2000). A globalização do crime e os limites da explicação local. In G. Velho & M. Alvito (Orgs.). *Cidadania e Violência* (pp. 49-69). Rio de Janeiro: Ed. UFRJ; Ed. FGV.

Zaluar, A. & Leal, M. C. (2001). Violência extra e intramuros. *Revista Brasileira de Ciências Sociais*, 16, 145-164.

Violência e supereu

Ana Maria Rudge[1]

Em toda a história da humanidade, a violência e a crueldade estiveram presentes. Os homens sempre assassinaram e escravizaram uns aos outros. No século XX as atrocidades perpetradas nas duas Grandes Guerras, especialmente aquelas do nazismo, mobilizaram o espanto e tentativas de entendimento da violência e crueldade que se configuraram como um trauma e um enigma.

Freud, que não chegou a tomar conhecimento de toda a crueldade que veio à tona ao final da Segunda Guerra Mundial, embora pareça, em seu texto *Psicologia das massas*, ter intuído os rumos que tomaria o nazismo, reagiu à Primeira Grande Guerra com amargura e pessimismo, e como tantos pensadores de diferentes áreas do saber, tentou dar conta dessa experiência com o trabalho simbólico. A emergência das noções de compulsão à repetição e pulsão de morte não deixa de ter relações com seu confronto com as crueldades cometidas por nações tidas como as mais civilizadas da Europa, e o desrespeito pelas normas do Direito Internacional em que incorriam. Freud confessa seu sombrio estado de espírito a Lou Andreas-Salomé em carta de 25 de novembro de 1914: "... não duvido que a humanidade se refará também dessa guerra, mas tenho por certo que eu e meus contemporâneos não veremos mais o mundo com alegria. É feio demais"(Andreas-Salomé, 1970, p. 29).

A noção de pulsão de morte provocou muitas controvérsias no seio da psicanálise, foi recusada por muitos analistas, e até hoje é interpretada de formas muito diversas. Mas vem a dar conta exatamente da observação que assim foi formulada por Sartre:

> Nada, nem as grandes feras nem os micróbios, poderia ser mais terrível para o homem do que uma espécie inteligente, carnívora, cruel, capaz de compreender e frustrar a inteligência humana, e cuja finalidade fosse

---

[1] Psicanalista e professora e pesquisadora no curso de Psicologia e no Programa de Pós-Graduação na Pontifícia Universidade Católica do Rio de Janeiro (PUC).

152 | Dimensões da violência

precisamente a destruição do homem. Essa espécie evidentemente é a nossa. (Sartre, 1960, p. 208)

Sartre não considera que haveria uma tendência intrínseca dos indivíduos ao mal, mas que o surto de barbárie dependeria das condições que o campo de concentração realiza, nascidas de circunstâncias históricas específicas.

Essa opinião não é compartilhada por outros pensadores, como Simone Weil. Ela, como Freud, considera que o assassinato e a tortura são comportamentos naturais no homem. Eles se manifestam sem freios "quando as autoridades temporais e espirituais põem uma categoria de seres humanos à parte daqueles cuja vida tem um preço" (Weil, 1960, citado por Saint-Sernin, 1998, p. 152).

Seja ou não a violência algo como uma tendência, uma força natural no homem, determinada configuração social é necessária para que ela ecloda em seus mais sinistros aspectos.

A questão da regressão à barbárie, embora antiga, ainda sustenta sua pertinência nos dias de hoje. Agamben, cuja tese de doutorado foi orientada por Simone Weil, dedicou uma trilogia de livros ao estado de exceção. O autor foi motivado pelas consequências do atentado terrorista de 11 de setembro, que inclusive o levaram a afastar-se da Universidade de Nova York, onde lecionava. As imagens dos abusos cometidos por militares dos EUA contra iraquianos na prisão de Abu Ghraib, que se espalharam pela web em 2004, e o documentário *Procedimento Operacional Padrão*, em que Errol Morris entrevista os militares envolvidos, que aceitam falar em busca de justificar as imagens que tantos viram, são exemplos chocantes dessas consequências.

Os suspeitos de terrorismo, os refugiados e todos os estrangeiros sem documentos vivem, à margem de qualquer direito, uma vida nua. A atual crise econômica mundial faz aumentar o número dos que têm recusada sua entrada nas fronteiras dos países e aeroportos, e são enviados de volta para os países de onde vieram. Na França, por exemplo, os brasileiros são, atualmente, a segunda nacionalidade, após os chineses, em termos numéricos, a terem a entrada impedida e permanecerem nas "zonas de espera", verdadeira terra de ninguém. Em 2007, um total de 16.318 pessoas, entre as quais 1.819 brasileiros, ficaram nessa "antessala dos rejeitados" (Berlinck & Duarte, 2009).

O estado de exceção, como uma situação política cuja forma extrema foi o campo de concentração nazista, generaliza-se. Agamben considera que o estado de exceção representou algo extraordinário, uma situação que vigorava por um período limitado. Hoje, entretanto, ele se transformou na forma normal de governo. O campo de concentração é então o paradigma político da modernidade.

Isso justifica o interesse que ainda tem o trabalho de Adorno e Horkheimer, dois judeus alemães exilados, que se dedicaram com especial tenacidade a pensar por que a razão ocidental, em vez de resultar em maior felicidade, levou ao triste destino de Auschwitz, e qual o motivo do triunfo do nazismo em seu país.

Dedicaram um importante livro em coautoria à questão do fracasso da civilização e da queda na barbárie. A escrita terminou na Califórnia em 1944, mas a publicação ocorreu já na Europa em 1947, *A dalética do esclarecimento (Aufklärung)*.

Como pode a razão, que proporcionou o desenvolvimento material e condições para o conforto humano, redundar em tal regressão? – essa é a questão que percorre o livro. A resposta que se ensaia é que a crença nos poderes ilimitados da ciência e da técnica como instrumento para tornar o homem o senhor da natureza termina por conduzi-lo à ambição de domínio do próprio homem e à formação do Estado totalitário.

O positivismo tal como o definem, ou seja, a idealização da ciência objetiva, seria o motivo da decadência da civilização no século XX, numa verdadeira perversão da razão que a teoria crítica tem como missão desvelar e combater (Delacampagne, 1997). Inspirando-se no marxismo, sobretudo na análise marxista da ideologia (Marcondes, 1997), para pensar as questões sociais, criticam a racionalidade técnica e instrumental que se instaurou com a Revolução Industrial, e que toma como seu objetivo fundamental a dominação não apenas da natureza, mas também dos processos sociais. Na sua perspectiva, as ciências sociais e humanas são interpretativas da cultura e devem visar à emancipação do homem.

Do livro consta um excurso, o segundo, cujo título é "Juliette ou Esclarecimento e Moral", em que os autores pretendem, a propósito de objetos específicos, desenvolver a tese radical de que o esclarecimento é totalitário. Os objetos escolhidos para tal são Kant, Sade e Nietzsche, qualificados de "implacáveis realizadores do esclarecimento" (Adorno & Horkheimer, 1985, p. 16). Os autores visam mostrar como o sujeito autocrático do esclarecimento, em sua ambição de submeter a natureza, termina por produzir o apagamento da antinomia entre o rigor moral e a amoralidade absoluta.

Antes de comentarmos "Juliette ou Esclarecimento e Moral", vale lembrar que essa é a primeira e surpreendente proposta de aproximação entre Kant e Sade, que teve como sucessor o importante escrito de Lacan *Kant com Sade* (1966), cujo tema fundamental é o supereu, embora ele seja poucas vezes nomeado como tal no texto. A retomada por Lacan do trabalho dos filósofos atesta sua importância.

A formulação kantiana é de que o esclarecimento é a saída do homem da menoridade, entendida a menoridade como a incapacidade de se servir do próprio entendimento sem a direção de outrem. Adorno e Horkheimer consideram que Sade demonstra os efeitos do entendimento sem a direção de outrem, do sujeito burguês liberto de toda a tutela. Ou seja, defendem a ideia de que Sade desvela a verdade de Kant, a mesma que percorre o texto de Lacan.

O formalismo do imperativo categórico, segundo esses pensadores, teve suas consequências destacadas na literatura de Sade, que teria o mérito de desvelar a verdade do iluminismo. É, fundamentalmente, pela promoção da apatia – que justifica a ausência de remorsos e compaixão –, que os autores aproximam a

154 | Dimensões da violência

lei moral kantiana dos heróis sádicos, assim como do torturador que cumpre apaticamente o seu nefasto "dever". O domínio dos próprios sentimentos leva a tratar-se os outros com frieza e apatia, como objetos de gozo.

Se a ação moral é puramente racional, como propõe Kant (1989), a diferença entre as forças éticas e aéticas é expulsa pelo iluminismo. Adorno e Horkheimer assinalam que a razão e a ciência são frequentemente consideradas neutras e independentes de interesses e valores. Verifica-se ou falsifica-se teorias tendo como referência a objetividade. Preconizam, então, um exame das condições concretas em que os produtos da razão ou o trabalho científico ocorrem. Instituições sociais que parecem puramente racionais ou tecnocráticas podem, na verdade, conduzir à escravização do homem.

A dureza do imperativo categórico kantiano foi levantada por Freud mais de uma vez a propósito do supereu em sua versão mais destrutiva e irracional, o que mostra que, ao fundador da psicanálise, não escapou essa dimensão da lei moral kantiana que encaminha ao totalitarismo. Antes mesmo da segunda tópica, já em *Totem e tabu*, Freud (1913/1971) declarava que os tabus têm em comum com o imperativo categórico o fato de que operam de forma compulsiva e rejeitam qualquer motivo consciente. O imperativo categórico e os tabus compartilham a mesma sujeição à compulsão à repetição.

O mito científico já nos introduz ao aspecto cruel e irracional do supereu que será frequentemente ilustrado, por Freud, com a analogia entre essa instância e o imperativo categórico kantiano. Se a noção de supereu ainda não havia sido formulada, o *Urvater* (pai originário) é seu precursor. A comparação será invocada novamente nos trabalhos posteriores a 1920, quando é acentuada a posição do supereu como terreno privilegiado para a ligação da pulsão de morte, já que é sempre a propósito da crueldade do supereu e do caráter compulsivo da obediência aos seus ditames, que Freud o compara com o imperativo categórico.

Quando aborda o supereu cruel, é bom lembrar, Freud não se refere a um supereu arcaico, como o proposto por Melanie Klein (1928), o que ataria esse supereu a uma espécie de regressão temporal. Em *O problema econômico do masoquismo*, por exemplo, ele afirma o seguinte: "O supereu, a consciência moral que se elabora nele, pode então se mostrar dura, cruel, inexorável quanto ao eu que tem sob sua guarda. O imperativo categórico de Kant é assim o herdeiro direto do complexo de Édipo" (Freud, 1924b/1971, p. 167).

Ao mesmo tempo é concedida ao supereu uma função importante na transmissão intergeracional:

> O supereu da criança não se forma à imagem dos pais, mas sim à imagem do supereu deles; abriga o mesmo conteúdo, torna-se o representante da tradição, de todos os juízos de valor que subsistem através das gerações. É fácil adivinhar a importância de tomar o supereu em conta para a compreensão do comportamento social da humanidade ... (Freud, 1933/1971, p. 67)

Assim, o supereu é inseparável da transmissão que sustenta a cultura. Freud refere-se às "ideologias do supereu" (Freud, 1933[1932]/1971, p. 67), indicando que tem conhecimento da noção de ideologia derivada da obra de Marx e Engels, que introduziram o sentido negativo do termo ideologia como falsa consciência. Para eles, a ideologia mascara a realidade das relações materiais, e legitima interesses da classe dominante. O desmascaramento das ilusões de que se compõe a ideologia seria a tarefa da filosofia.

Freud não se aprofunda no tema, mas apenas menciona que o materialismo histórico considera que as ideologias são "produto e superestrutura" de condições econômicas contemporâneas, com o que ele está de acordo. Mas observa que esta não é toda a verdade, já que a "humanidade nunca vive inteiramente no presente" (Freud, 1933[1932]/1971, p. 67). O supereu, na medida em que se encarrega da transmissão, está comprometido com a tradição e com o passado, e só responde às mudanças e às novas condições lentamente.

Não dispomos de uma articulação teórica bem elaborada entre ideologia e inconsciente, duas estruturas que portam o traço comum de que operam ocultando sua própria existência produzindo verdades subjetivas que constituem o sujeito (Pêcheux, 1996). Mas é possível adiantarmos que, ao invés de ao inconsciente de forma geral, é ao supereu, como estrutura inconsciente, que a noção de ideologia pode se articular de forma mais pertinente.

A noção de supereu atesta o quanto a psicanálise se afasta de uma oposição entre o individual e o coletivo, já que essa instância constitui verdadeiramente um ponto de passagem fundamental para a teoria psicanalítica da cultura. Os sintomas se articulam com a cultura, porque esta agencia de certas maneiras o mal-estar resultante de conflito entre suas exigências e as pulsões.

Os sintomas, neuróticos ou psicóticos, são também sintomas da cultura, e comportam um potencial de crítica social que pode encontrar terreno fértil para exercer seus efeitos desde que haja quem se disponha a dar-lhe ouvidos, e nesse ponto a intervenção da psicanálise encontra um lugar fecundo.

Assim como as histéricas do século XIX denunciavam sua insatisfação sexual e a moral sexual repressiva que atingia particularmente as mulheres na época, nos delírios que Schreber anotou com minúcia afloram referências ao rigor e ao sadismo que presidiram sua criação por seu pai, assim como os traços da cruel moralidade da Alemanha pré-nazista.

A obra de Sade seria assim, em "Juliette ou Esclarecimento e Moral", um sintoma da verdade oculta do Esclarecimento, o deslizar da autonomia da razão para o despotismo e a instrumentalização do outro.

O sujeito autônomo para Kant deve se liberar de qualquer móvel patológico, como o amor pelo objeto ou a busca do prazer. Qualquer objeto que desperte nosso desejo ou interesse já é patológico, e nos afasta do ato moral que é motivado apenas pela lei *a priori*. Na opinião de Zizek, foi a ausência do conceito de

156 | Dimensões da violência

supereu que impediu Adorno e Horkheimer de melhor precisar o vínculo entre a lei moral kantiana e a "lei louca que inflige aos heróis sádicos um gozo que chega até ao sacrifício do objeto" (1992, p. 41).

Supereu e imperativo categórico

Adorno e Horkheimer não usam o conceito de supereu, e por esse motivo colocam o sujeito no lugar do carrasco sádico e o objeto como a vítima, enquanto, para Lacan, o herói de Sade desempenha o papel de um objeto do Outro, seja esse Outro a Natureza, Deus ou o ser supremo em maldade. Sem dúvida, trata-se de uma versão do supereu.

A analogia entre o imperativo categórico kantiano e o supereu tem se mostrado de grande valor heurístico desde que proposta por Freud, tanto em suas elaborações quanto nas de outros autores que a retomaram, como Lacan (1963/1966) e Zizek (1992). Entretanto são conceitos oriundos de campos teóricos diversos, e há diferenças importantes entre eles.

Partindo do suposto que o imperativo kantiano e o supereu têm em comum a crueldade e compulsividade a que a apatia pode destiná-los, passemos às divergências. São, pelo menos, três as diferenças básicas entre a teoria do supereu e a do imperativo categórico kantiano, que têm consequências relevantes.

A primeira é de que o imperativo categórico remete, para Kant, à autonomia do sujeito, na medida em que é sua razão que lhe dita essa lei *a priori*. O supereu, ao contrário, tem sua origem no vínculo social. A criança nasce amoral. Através da identificação com valores superegoicos e desejos inconscientes dos pais ou substitutos é que se constituem as leis do supereu. Elas não caracterizam nenhuma autonomia do sujeito, são heteronômicas.

Como corolário da primeira distinção, surge uma segunda: a universalidade e racionalidade, a que almeja a Lei kantiana, não encontram lugar na lei superegoica. Se o imperativo kantiano busca fundamentar a moralidade em uma lei a priori e universal, o supereu não o acompanha nisso, pois, embora efeito de estrutura, jamais deixará de trazer o selo da singularidade, já que se constitui a partir das relações amorosas dentro das quais aquele sujeito foi marcado pelo significante e da situação histórica concreta em que isso se deu. Seus ideais trarão a marca dos valores de sua nacionalidade, sua classe social, seu credo, sua raça e, como sustenta Freud (1921/1971), só eventualmente ele poderá atingir alguma independência e originalidade. Kant lida com um sujeito transcendental, não empírico, que é, na verdade, a própria Razão, enquanto a psicanálise, embora atente para as condições estruturais, deve sempre lidar com uma verdade particular.

A terceira distinção entre o supereu e o imperativo categórico kantiano assume a forma de uma verdadeira oposição. Se a maior crítica de Adorno e Horkheimer (1944/1994) à lei moral kantiana é que os sentimentos, como o remorso e o amor, estão excluídos do ato moral, que é executado apenas pelo dever, na psicanálise o remorso está na origem de todo o laço social. Na verdade, no mito científico freudiano, o remorso pelo assassinato do pai é a própria origem da lei. Os filhos que matam o pai da horda instituem a interdição do incesto e erigem o totem como representante do venerado pai, por conta do remorso que os invade antes mesmo que exista qualquer lei proibindo o parricídio. A razão para o remorso é apenas o fato de que tirano perdido é admirado e amado. É no amor que se funda a moralidade.

Totem e tabu não é uma tentativa de aplicar o saber psicanalítico, mas uma obra metapsicológica (Gabbi Jr., 1991), o que permite concluir que nesse papel dado ao amor e ao remorso na origem da moralidade, Freud já antecipa o valor constitutivo que concederá posteriormente ao temor da perda do amor, temor que se apoia no desamparo primitivo e na completa dependência em que se encontra a criança dos adultos provedores para sua sobrevivência física e psíquica.

A crítica feita pelos dois filósofos do grupo de Frankfurt à moralidade kantiana não se poderia aplicar à teoria freudiana da moralidade. Já o demonstra a conhecida afirmação freudiana de 1895 que o choro do bebê deixa de ser pura expressão de desprazer e passa a ser um chamado à mãe, e que, assim, "o desamparo inicial do ser humano é a fonte primeva de todos os motivos morais". (Freud, 1971/1895, p. 318).

Mais do que isso, a opinião dos filósofos de que a crítica idealista da razão pura deveria ser substituída por uma crítica da sociedade e da economia política que levasse em conta a história é devidamente contemplada pela psicanálise. O supereu, que é fruto da identificação com as figuras transmissoras dos valores, porta explicitamente ideais marcados por sua pertença a certa nação, classe social, religião, profissão etc., e é sensível às condições históricas, tanto aquelas que afetam a sociedade como um todo, como aos acontecimentos de uma história pessoal.

A violência da pulsão de morte

A pulsão de morte, como vimos, faz sua entrada na teoria psicanalítica a partir da impressão causada em Freud pela violência, como também pelas observações clínicas sobre a insistência em caminhos que levam ao sofrimento. Ela opera sempre através da atuação do supereu, uma vez que é o primeiro posto da ligação da pulsão de morte, e seu executor. Essa instância se torna responsável pelo sentimento de culpa inconsciente e pela necessidade de punição que há muito Freud identificara, mas aos quais dará uma importância crescente ao concluir que dor e desprazer nem sempre funcionam como sinais de alarme, a serviço do princípio de prazer, mas que podem ser alvos da pulsão.

O masoquismo, neste momento, é promovido a primário (1924/1971), e a reação terapêutica negativa leva à constatação de que o supereu pode tornar-se a arena de uma satisfação perversa. A crueldade do supereu pode proporcionar ao eu uma satisfação masoquista, mediante os castigos a que se submete. É para servir à satisfação pulsional masoquista que o supereu assume feições cruéis.

Os imperativos tornam-se impossíveis de serem atendidos, sua severidade cresce proporcionalmente às tentativas de obediência, atribuindo culpabilidade ao sujeito de forma inteiramente incontornável. Conhecemos o paradoxo de que, quanto mais se renuncia à agressividade, mais cresce a violência do supereu contra o eu, o que tornaria os virtuosos vítimas preferenciais do supereu (Freud, 1930/1971). Mas a violência do supereu não vitima apenas o eu, mas pode, por exemplo, manifestar-se em crimes que resultam do sentimento de culpa inconsciente e da busca de punição. Eu e objeto são reversíveis, quando se trata de punir.

Ao abordar a psicologia das massas, antecipando o fenômeno do nazismo, Freud (1921/1971) nos fala da deposição do ideal do eu na figura concreta do líder, com o efeito de uma total sujeição ao mesmo, e a exclusão de toda possibilidade de crítica, tanto do objeto quanto de si mesmo. Isso significa que, privados de nossos ideais, nossa instância autoobservadora (supereu) deixa de funcionar como consciência moral, o que representa uma economia de tensão e angústia. Piera Aulagnier (1980) é uma autora que desenvolve com muita felicidade os destinos dessa deposição do ideal do eu, tanto na relação com o líder como na paixão ou na dependência às drogas. São manejos que possibilitam evitar a angústia da castração.

Aulagnier propõe que o estado de alienação constitui uma configuração dos investimentos libidinais que não pressupõe uma patologia preexistente, e não caracteriza uma psicose nem uma neurose; ela o define como uma "patologia da idealização" (1980, p. 35). Pode-se alienar o próprio pensamento ao projeto identificatório de um outro, ao mesmo tempo que se desinveste os próprios projetos e ideais, o que redunda em esquecer as próprias referências ideais em prol de um projeto realizado. O ganho dessa manobra é minorar a angústia pela defasagem sempre presente entre o eu e seus ideais, e a dúvida e o conflito em relação a esses ideais. O custo disso é que o eu é obrigado a condenar à morte partes importantes de sua atividade de pensamento, para seguir uma causa ou palavra de ordem que lhe vem de outro.

A alienação pressupõe uma força que quer alienar. Essa força é idealizada pelo sujeito e por outros, já que a alienação é um fenômeno coletivo. Em contrapartida, o estado de alienação concretiza uma tentação que está presente em todo eu: encontrar a certeza, em vez do conflito e da dúvida. Esse processo é inconsciente, e o sujeito não tem nenhuma ideia do estado de alienação em que se encontra afundado.

Essa concepção de alienação como terreno fértil para a violência e para a crueldade consegue dar conta dos aspectos libidinais e defensivos do que Hanna Arendt definiu como a banalidade do mal, em seu livro sobre o julgamento de Eichmann. Aliás, em sua observação sobre a pessoa de Eichmann, relata que se surpreendeu com a incapacidade de pensar demonstrada pelo nazista. A alienação é manobra que implica a deterioração da consciência moral.

A distinção enfatizada por Lacan entre ideal do eu e supereu é fundamental, já que há textos freudianos em que os termos são empregados indistintamente. É apenas ao final de sua obra (Freud, 1933[1932]/1971) que Freud apresentará a distinção entre o supereu, parte cindida do eu, e suas funções, que são a autoobservação e a consciência moral. Os laços da consciência moral com o supereu são contingentes. A autoobservação, indispensável à consciência moral, é a função básica do supereu. Ela pode operar como apoio da moralidade, mas não o faz necessariamente. Uma das circunstâncias em que a consciência moral se desfaz, é quando os ideais foram descartados em nome de uma idealização maciça, seja na paixão, quando alguém toma o lugar do ideal inalcançável, seja na adesão apaixonada a ideias. A devoção ao objeto, quando ele substitui o ideal do eu, acarreta uma falência das funções do mesmo. "A crítica exercida por essa agência silencia, tudo o que o objeto faz ou demanda é correto e decente", "na cegueira do amor a ausência de remorso pode chegar ao ponto do crime" (Freud, 1921, p. 113). Aqui Freud se refere aos excessos do amor que tocam à servidão e remetem à posição passiva e masoquista devida ao pai primevo, que está na base da pulsão de morte e de seu executor, o supereu.

A identificação com o adulto que dá origem ao supereu é basicamente identificação com seu desejo em relação à criança, embora saibamos que o ódio recalcado do próprio sujeito virá a colorir em tons mais fortes a hostilidade do supereu, que, portanto, não será forçosamente proporcional ao ódio efetivamente apreendido nos adultos.

Os mandatos superegoicos resultam de identificações com o que, nos adultos, é desejo inconsciente, e subjugam o sujeito com especial eficácia porque operam, em sua quase totalidade, de forma inconsciente. Os sonhos e aversões parentais inconscientes, que transbordam nas entrelinhas do que dizem, comporão, em sua ausência, o supereu, o que torna perene o efeito das palavras ouvidas. As injúrias ou maldições, que mereceriam um estudo à parte, têm o poder incomensurável de moldar o destino se o supereu não puder ser barrado, e mostram como a violência pode ser intolerável, mesmo se mantendo no nível do ato de fala.

Referências bibliográficas

Adorno, T. W. & Horkheimer, M. (1994). *Dialética do esclarecimento*. Rio de Janeiro: Jorge Zahar.

Agamben, G. (2004). Interview with Giorgio Agamben – Life, a work of art without an author: the state of exception, the dministration of disorder and private life. *German Law Journal*, 5(1). Recuperado em 25 de fevereiro de 2009 de < http://www.germanla-wjournal.com/article.php?id=437>.

Andreas-Salomé, L. (1970). *Correspondence avec Freud suivi du Journal d'une année*. Paris: Galimmard.

Arendt, H. (1983). *Eichman em Jerusalém: um relato sobre a banalidade do mal*. São Paulo: Diagrama e Texto.

Aulagnier, P. (1980). *Os destinos do prazer*. Barcelona: Petrel.

Berlinck, D. & Duarte, F. (2009). *Regras mais duras de entrada*. O Globo.

Delacampagne, C. (1997). *História da Filosofia no século XX*. Rio de Janeiro: Jorge Zahar.

Freud, S. (1911/1971). Psychoanalytic notes on an autobiographical account of a case of paranoia (dementia paranoides). *The Standard Edition of the Complete Psychological Work of Sigmund Freud, v. XII.* (pp. 1-84).London: The Hogarth Press and the Institute of Psychoanalysis.

Freud, S. (1913/1971). Totem and taboo. *The Standard Edition of the Complete Psychological Work of Sigmund Freud v. XII.* (pp. 1-161). London: The Hogarth Press and the Institute of Psychoanalysis.

Freud, S. (1914/1971)._On narcissism: An introduction. *The Standard Edition of the Complete Psychological Work of Sigmund Freud v. XIV.* (pp. 67-104). London: The Hogarth Press and the Institute of Psychoanalysis.

Freud, S. (1919/1971). A child is being beaten: a contribution to the study of the origin of sexual perversions. *The Standard Edition of the Complete Psychological Work of Sigmund Freud v. XVII.* (pp.175-204). London: The Hogarth Press and the Institute of Psychoanalysis

Freud, S. (1921/1971). Group psychology and the analysis of the ego. *The Standard Edition of the Complete Psychological Work of Sigmund Freud v. XVIII.* (pp. 65-144). London: The Hogarth Press and the Institute of Psychoanalysis.

Freud, S. (1923/1971). *The ego and the id. The Standard Edition of the Complete Psychological Work of Sigmund Freud v. XIX*. (pp. 1-59). London: The Hogarth Press and the Institute of Psychoanalysis.

Freud, S. (1924/1971). The economic problem of masochism. *The Standard Edition of the Complete Psychological Work of Sigmund Freud v. XIX*. (pp. 155-172). London: The Hogarth Press and the Institute of Psychoanalysis (SE), 1971, p. 155-172.

Freud, S. (1930-1929/1971). Civilization and its discontents. *The Standard Edition of the Complete Psychological Work of Sigmund Freud v.XXI*. (pp. 57-146). London: The Hogarth Press and the Institute of Psychoanalysis.

Freud, S. (1933-1932/1971)). Lecture XXXI - The dissection of the psychical personality. *The Standard Edition of the Complete Psychological Work of Sigmund Freud v. XXII*. (pp. 58-80). London: The Hogarth Press and the Institute of Psychoanalysis.

Freud, S. (1950[1895]/1971). Project for a scientific Psychology. *The Standard Edition of the Complete Psychological Work of Sigmund Freud*. (pp. 295-398). London: The Hogarth Press and the Institute of Psychoanalysis.

Gabbi Jr., O. (1991). *A origem da moral em psicanálise*. Cadernos de História e de Filosofia, 2, 129-169.

Kant, I. (1788/1989). *Crítica da razão prática*. Lisboa: Edições 70.

Klein, M. (1928). Early stages of the Oedipus complex. *International Journal of Psychoanalysis*, 9, 167-180.

Lacan, J. (2005). *O seminário livro 10: A Angústia* (1962-1963). Rio de Janeiro: Jorge Zahar.

Lacan, J. (1966). *Kant avec Sade: Écrits* (p. 765-792). Paris: Seuil.

Marcondes, D. (1997). *Iniciação à história da filosofia*. Rio de Janeiro: Jorge Zahar.

Pêcheux, M. (1996). O mecanismo do (des)conhecimento ideológico. In B. Saint-Sernin (1998). *A razão no século XX*. Rio de Janeiro/Brasília, D. F.: José Olympio/ UNB.

Sartre, J. P. (1960). *Questions de méthode*. Paris: Gallimard.

Zizek, S. (1992). *Eles não sabem o que fazem: o sublime objeto da ideologia*. Rio de Janeiro: Jorge Zahar.

Zizek, S. (Org.). *Um mapa da ideologia*. Rio de Janeiro: Contraponto.

Casamento forçado, uma violência intrafamiliar: Sujeito e subjetividade

Edwige Rude-Antoine[1]

Introdução

No dia 30 de abril de 2002, o Comitê dos Ministros dos Estados-membros do Conselho Europeu adotou uma recomendação a respeito da proteção às mulheres, mencionando os casamentos forçados entre os atos de violência sofridos por elas e incitando os Estados a tomarem todas as medidas para proibir essas uniões, concluídas sem o consentimento das pessoas envolvidas. Após a conferência ministerial europeia sobre a igualdade entre mulheres e homens, realizada em Roma, em 21 de dezembro de 1993, e após a declaração final da segunda cúpula dos chefes de Estado e de governo do Conselho Europeu, em 10 e 11 de outubro de 1997, essa recomendação é testemunho de que a luta contra a violência tornou-se uma das prioridades do Conselho Europeu.

Em 2005, a Direção Geral dos Direitos Humanos publicou um relatório (Rude-Antoine, 2005) sobre os casamentos forçados nos Estados-membros do Conselho Europeu. O relatório menciona a dificuldade de definição da noção de casamento forçado e evoca terminologias diversas para se referir a ela, tais como: casamento arranjado, casamento tradicional, casamento costumeiro, casamento de conveniência, casamento falso para obtenção de visto de permanência, entre outras. Observe-se que a análise das decisões judiciais na França mostra um número relativamente elevado de casamentos falsos para obtenção de visto de permanência. Poucas decisões envolvem casamentos forçados. Na Europa, alguns países associam o casamento forçado com casamento falso. Ora, neste

---

[1] Diretora de Pesquisa do Centre de Recherche Sens, Éthique, Société (CERSES), afiliado ao Centre National de la Recherche Scientifique (CNRS) e à Université Paris-Descartes, UMR8137.

164 | Dimensões da violência

último caso, realmente existe um consentimento para o casamento, mas que não está ligado ao conteúdo do casamento. Os cônjuges usam a instituição do casamento com uma intenção que não é a de se casarem. O casamento falso perturba a ordem pública, o direito territorial, o direito dos estrangeiros, o controle de imigração. Os casamentos forçados dizem respeito à proteção da pessoa, à liberdade individual, à liberdade do casamento.

O relatório analisa os instrumentos jurídicos internacionais e, em 28 Estados-membros do Conselho Europeu, as legislações civis e penais aplicáveis aos casamentos forçados, bem como as ações políticas exercidas para prevenir e lutar contra esse fenômeno. O conflito a respeito dos princípios fundadores da sociedade está no cerne da reflexão. O liberalismo dos países democráticos só é possível, com efeito, através de um consenso implícito sobre os valores fundamentais: a liberdade do consentimento ao casamento, a supremacia do interesse do filho sobre o poder paterno, a igualdade dos sexos.

Ao mesmo tempo, em nome da Comissão sobre a Igualdade de Oportunidades para Mulheres e Homens, Rosarie Zapfi-Helbling, do Grupo do Partido Popular Europeu, apresentou um relatório[2] sobre os casamentos forçados e os casamentos de crianças. Nesse documento, o casamento forçado é definido como "união de duas pessoas das quais pelo menos uma não consentiu inteira e livremente ao casamento". O relatório estima que é inaceitável "que, sob a cobertura do respeito da cultura e das tradições das comunidades imigrantes, haja autoridades que tolerem tais casamentos, ainda que estes violem os direitos fundamentais de cada vítima".

No dia 5 de outubro de 2005, a Assembleia Parlamentar do Conselho Europeu adotou a Resolução 1468 e a Recomendação 1723, "Casamentos forçados e casamentos de crianças", textos jurídicos que incitam os Estados-membros a tomarem medidas legislativas para definir melhor o direito do casamento e para evitar as uniões forçadas: fixar a idade legal do casamento em 18 anos, tornar obrigatória a declaração de qualquer casamento, verificar o consentimento dos cônjuges e facilitar a anulação dos casamentos forçados. A Assembleia Parlamentar destaca assim sua preocupação ante essas violências graves e repetidas aos direitos humanos e às crianças, no caso dos casamentos forçados e dos casamentos de crianças. A Assembleia Parlamentar considera estupros as relações sexuais forçadas e sofridas pelas vítimas de casamentos forçados. E recomenda aos Estados-membros do Conselho Europeu que modifiquem suas legislações penais. Ela lembra ainda a resolução 843 (IX), da Assembleia Geral da Organização das Nações Unidas, de 17 de dezembro de 1954, segundo a qual alguns costumes relativos ao casamento são incompatíveis com os princípios enunciados

---

[2] Doc. 10590 da comissão sobre a igualdade de chances para mulheres e homens, do Grupo do Partido Popular Europeu.

na Carta das Nações Unidas e na Declaração Universal dos Direitos Humanos. Ela também faz suas as considerações da Convenção de 1962 sobre o consentimento ao casamento, a idade mínima e o registro do casamento, que reafirma que

> ... todos os Estados ... devem tomar todas as medidas úteis, a fim de abolir esses costumes, antigas leis e práticas, garantindo, notadamente, a inteira liberdade na escolha do cônjuge, abolindo totalmente o casamento de crianças e a prática de noivados de jovens moças antes da idade núbil, instituindo, se for o caso, as sanções necessárias e criando um serviço de registro do estado civil ou algum outro serviço que registre todos os casamentos. (Assemblée Parlementaire du Conseil de l'Europe, 2005, p.1)

Ela menciona igualmente o art. 12 da Convenção Europeia dos Direitos Humanos, que reconhece o direito ao casamento e prevê que esse direito seja exercido conforme as leis nacionais.

No dia 12 de setembro de 2008 é apresentado um relatório[3] da comissão sobre a igualdade de oportunidades para mulheres e homens, intitulado: "Combater a violência contra as mulheres: para uma convenção do Conselho Europeu". Esse relatório destaca a violência doméstica, inclusive a penalização do estupro marital. Através dele, a Assembleia Parlamentar do Conselho Europeu adotou, em 3 de outubro de 2008, a resolução 1635/2008 e a recomendação 1847/2008 (36ª sessão), ambas inseridas no documento de combate à violência contra as mulheres.

Um terceiro relatório[4] da comissão sobre a igualdade de oportunidades para mulheres e homens, intitulado "Sequestros de mulheres e meninas, motivados por práticas contrárias aos direitos da pessoa humana", tem por objetivo trazer soluções que reforcem a prevenção dos sequestros e a assistência às vítimas.

O casamento forçado é, pois, considerado um ato de violência que agride os direitos fundamentais da pessoa humana. Pacto de família ou primazia do casal, apelo ao divino ou compromisso secular, o casamento pode ocorrer em situações muito diferentes (Boswell, 1996). Em muitas sociedades, a palavra casamento designa ao mesmo tempo a cerimônia do casamento e a vida conjugal, em sua duração (Gaudemet, 1987; Delmas-Marty & Labrusse-Riou, 1978). O laço conjugal situa-se no cruzamento entre vários sistemas normativos. Ele é apreendido não somente pelo direito positivo dos Estados, mas, igualmente, pelas normas religiosas e morais, pelos costumes ou suas regras. Ele depende das estruturas familiares, conforme elas são estendidas ao conjunto dos parentes ou reduzidas ao casal e a seus filhos.

---

[3] Doc. 11702, apresentado por José Mendes Bota, de Portugal, Grupo do Partido Popular Europeu.
[4] Doc. 10753, apresentado por Antigoni Papadopoulos, do Chipre, Aliança dos Democratas e dos Liberais para a Europa.

166 | Dimensões da violência

Durante muito tempo, algumas sociedades não se preocuparam com o consentimento dos nubentes como manifestação de vontade: o casamento nascia de uma vontade estranha à sua[5]. Dependendo dos espaços e das épocas, foi dado um lugar mais ou menos amplo à vontade dos futuros noivos, com relação a sua escolha matrimonial. Flandrin (1975) mostra que, desde o século XVII, os cônjuges se escolhem e têm relações amorosas. Segalen (1980) precisa que não se deve confundir amor e sexualidade. É principalmente a partir do século XX que constatamos a ausência de qualquer intervenção que não seja a dos próprios noivos, na efetivação do casamento (Gauthier, 1998; Valière, 1996).

Todavia, ainda se fazem casamentos sem que os nubentes queiram contratá-los. Em algumas sociedades, o casamento está subordinado a imperativos superiores à vontade pessoal dos nubentes, sujeitos aos controles familiares e a verdadeiras proibições ao casamento (desejado por eles), por motivos sociais.

De acordo com o artigo 16 da Declaração Universal dos Direitos Humanos, "o casamento não será válido senão com o livre e pleno consentimento dos nubentes". No entanto, apenas se existirem provas reais de atentado à liberdade do consentimento do casamento, devido a coações ou violências físicas que evidenciem que determinado casamento é forçado, nem sempre é fácil demonstrar que ele é, de fato, forçado. A noção de consentimento implica problemas de identificação: o que é um consentimento válido, livre e não viciado? A vontade interna ou os fenômenos psicológicos associados ao conteúdo explícito do casamento são elementos de difícil apreciação. A vontade declarada, no ato do casamento, não consiste somente nos termos que a exprimem, mas depende de todo o contexto ou das circunstâncias das quais ela se origina e às quais está ligada. O medo ou o temor podem neutralizar qualquer veleidade de resistência, sem que se possa falar de consentimento real. Nesse caso, trata-se de violência física, assassina, destrutiva, ou de violência simbólica, que atinge a integridade moral daqueles que a sofrem? Violência percebida como tal ou violência sofrida a tal ponto que a pessoa é incapaz de conceber sua opressão? Violência objetiva, avaliada com a ajuda de instrumentos de medida, ou violência subjetiva, que depende de uma apreciação pessoal e da vida psíquica? Violência econômica, em que a vítima é, muitas vezes, obrigada a romper com sua família, colocando-se em uma situação social precária, ou violência jurídica, isto é, fechada em um impasse jurídico? Em resumo, são estas as situações de violência que caracterizam o casamento forçado.

---

[5] O direito romano faz menção à *adfectio maritalis*. Demóstenes (citado por Boswell, 1996, p. 61) escreve em "Contra Neaera": "Eis o que quer dizer ser casado: ter filhos que podemos apresentar à nossa família e a nossos vizinhos, e ter filhas que podemos dar a seus maridos. Pois temos cortesãs (*hetairas*) para o prazer, concubinas (*pallakas*) para satisfazer nossas necessidades físicas cotidianas e esposas para carregar nossos filhos legítimos e para serem fiéis guardiãs de nossos lares".

Como vimos, as expressões de casamento forçado são muitas e as maneiras de tratá-las podem levar a recorrer a diversos paradigmas das ciências sociais. Neste texto, seria superficial propor uma análise de conjunto. Meu objetivo será mais limitado e mais preciso, mostrando a pertinência de uma ferramenta teórica para abordar as diversas experiências concretas de casamento forçado. Proponho demonstrar que há, em qualquer experiência significativa de casamentos forçados, dimensões de subjetividade, no sentido de um atentado ao processo de subjetivação.

Literalmente, o termo "subjetivação" designa o processo que permite que o homem tenha acesso a uma posição de sujeito. Na filosofia, o conceito de sujeito implica o sentimento de ser único, e também certo valor moral, pois o sujeito se beneficia de direitos, mas é obrigado a cumprir deveres. Enfim, o sujeito é capaz de refletir sobre si mesmo, de um olhar sobre si. Isso implica a mediação do outro e da linguagem, para que seja desenvolvida essa aptidão a dialogar consigo mesmo. Também é preciso que a sociedade autorize essa atitude.

Assim, essa ferramenta coloca o sujeito no cerne da análise do casamento forçado. Vamos nos distanciar das teorias ou dos raciocínios neofuncionalistas que associam condutas de violência e crises à perturbação de um sistema, bem como das perspectivas que associam a violência individual ou coletiva a uma ação instrumental, como a teoria da mobilização dos recursos (Tilly, 1978; Oberschall, 1973). Mostraremos que, no caso do casamento forçado, os sistemas social e cultural impedem que a pessoa seja capaz de refletir sobre si mesma. Assim, insistiremos sobre a dimensão de produção do sujeito, tomando-a não como origem e constância, mas como destino e futuro.

A sensibilização aos casamentos forçados, números estimativos

Segundo textos internacionais, o casamento é um evento maior na vida, que consiste na aliança de duas vontades livres. No entanto, ele pode tomar outra forma e resultar da tratativa das famílias, que chegam a obrigar uma pessoa a se casar com outra, contra sua vontade. Na França, o problema dos casamentos forçados dá-se principalmente pela presença de comunidades imigrantes e atinge, em primeiro lugar, jovens moças e meninas, sem excluir jovens rapazes e meninos. Aliás, este é um ponto destacado pela Comissão das Questões Sociais, da Saúde e da Família:[6]

---

[6] Doc. 10678, de 21/09/2005, apresentado por Helena Bargholtz, da Suécia, Aliança dos Democratas e dos Liberais para a Europa. Além disso, quatro emendas são propostas aos projetos de resolução e de recomendação (Doc. 10590).

168 | Dimensões da violência

É um fato comprovado – essa prática atinge mais particularmente hoje em dia as jovens moças e as meninas. Mas assim como as mulheres, os homens também são vítimas, e seus direitos elementares são igualmente vilipendiados. Trata-se de uma questão que diz respeito ao direito da pessoa humana, que não deve ser restrito somente à questão da igualdade entre homens e mulheres.

Se a Comissão das questões sociais, da saúde e da família subscreve os projetos de resolução e de recomendação anteriormente citados[7] e apresentados pela Comissão sobre a igualdade de oportunidades para mulheres e homens, ela lembra que esses casamentos forçados também têm incidência em matéria de política de coesão social e de políticas de imigração: "A motivação das famílias é impedir a independência de seus filhos e os eventuais casamentos mistos. O casamento forçado para obter documentos para o esposo ou a esposa e sua residência no país de acolhimento também não é uma preocupação ausente".

Rude-Antoine (2005) destaca os múltiplos fundamentos do casamento forçado, notadamente ligando os casamentos forçados às estratégias de construção familiar, às transações econômicas e até mesmo aos fluxos migratórios. A tomada de consciência dessas uniões forçadas, cada vez maior na Europa, explica-se sem dúvida pelo número crescente de casos noticiados na mídia.

Lembremos a mobilização de uma escola parisiense, no caso do desaparecimento de uma jovem senegalesa, Fatoumata Konta, de vinte anos de idade, aluna do último ano do ensino médio, que foi passar as férias de Páscoa no Senegal e que nunca mais foi vista. Ou a história de Asumam, uma jovem alemã de origem curda que, por pouco, nunca voltaria de suas férias na Turquia. Estas e tantas outras se veem assim casadas à força, muitas vezes sentem vergonha[8] demais para confessar que não são livres. Ainda que esses casamentos forçados sejam cada vez mais levados à praça pública pelas associações e pelas vítimas que ousam testemunhar, ainda é difícil medir o fenômeno. Nenhum dos Estados-membros do Conselho Europeu efetuou uma pesquisa quantitativa que permitisse conhecer a realidade sociológica desses casamentos. Somente alguns estudos em pequena escala e informações parciais deixam entrever essas uniões: os casamentos forçados não são práticas limitadas a uma parte do mundo. Eles tocam principalmente as populações mais pobres do globo. Na Europa, os países ligam essas uniões aos fluxos migratórios, notadamente às populações oriundas do Magreb, da África, da Índia, do Paquistão, do Sri Lanka e da Turquia. Coloca-se a questão de saber o valor que deve ser atribuído aos dados quantitativos, se eles têm o status de prova. Os dados recolhidos para desvelar tais tendências nos remetem a toda sorte de práticas matrimoniais conhecidas e desenvolvidas nos trabalhos dos antropólogos (Drieskens, 2008),

---

[7] Cf. A resolução 1468 e a recomendação 1723 (2005) "Casamentos forçados e casamentos de crianças".

[8] O dicionário *Le Robert* define vergonha como: "sentimento doloroso de sua inferioridade, de sua indignidade ou de sua humilhação perante outrem, de seu rebaixamento na opinião dos outros".

como a endogamia e a exogamia, a escolha preferencial do parceiro etc., segundo os contextos locais e historicamente situados.

A incerteza quanto ao que os números provam provém da perturbação que acompanha o caráter problemático do conceito de "casamento forçado", que pode aparecer como produto inverso do imaginário do sujeito totalmente livre de suas escolhas e soberano. Portanto, hesitamos em ler muito rapidamente nossos números e as tendências que eles indicam, à luz de um conceito que poderia ser contestado. Em contrapartida, a gramática local das relações matrimoniais demonstra ser ao mesmo tempo significativa e muito menos simplista do que parece. Ao nos reunirmos com responsáveis de associações com jovens, nas escolas, presenciamos casos em que a gramática da linguagem exprime critérios específicos da intimidade matrimonial, que não são dados pelos significantes do evento fundador do amor, mas pelas categorias das obrigações familiares e sociais. As narrativas recolhidas não se situam no registro da identidade, mas na proibição de escolher seu esposo, na tradição vilipendiada, no isolamento sofrido.

Os casamentos forçados na França, um negócio privado ou uma questão de integração

Os Estados membros do Conselho Europeu estão de acordo com a ideia de que qualquer casamento implica o livre e pleno consentimento dos nubentes, expresso pessoalmente diante de uma autoridade competente, na presença de testemunhas. E também que não se pode autorizar o casamento de crianças, ou seja, indivíduos que não atingiram a idade núbil. Note-se que, na França, foi preciso esperar a lei de 29 de março de 2005 para que a idade mínima dos nubentes, exigida para o casamento, fosse elevada para dezoito anos para o homem e para a mulher. Esta modificação do artigo 144 do código civil francês faz parte da orientação seguida pela maioria dos países europeus, que determina que a idade legal seja de dezoito anos, sem determinação de sexos. No entanto, esses estados estão confrontados a uma diversidade de processos que acabam em uniões não consentidas e devem buscar soluções que possam se adaptar a essa diversidade da melhor maneira possível, para prevenir ou lutar contra esses casamentos.

A França também não escapa a esses casamentos forçados. Segundo Gillette-Faye (2002), eles afetariam 70 mil jovens mulheres, na França. Um relatório do INED (Institut National d'Études Démographiques), intitulado *Comportamentos sexistas e violências contra as jovens*, analisa os casamentos forçados, com base em uma pesquisa feita em Seine-Saint-Denis, junto a jovens de 18 a 21 anos de idade, em uma amostra de 1600 jovens mulheres. A pesquisa de Rude-Antoine (2005)

170 | Dimensões da violência

apresenta todos os estudos estimativos quantitativos, relativos aos casamentos forçados nos Estados membros do Conselho Europeu[9]. Esses casamentos forçados geram violências e sofrimentos que infelizmente ainda permanecem reduzidos à esfera privada e familiar, ou são vistos como uma questão de integração. A França não é o único país a ter colocado essa questão dos casamentos forçados em termos de integração. Os dinamarqueses também restringiram dessa forma o acolhimento de cônjuges estrangeiros para desencorajar os casamentos forçados, lei que suscitou muitas críticas por parte das autoridades dinamarquesas[10].

O ministério das Causas sociais e o ministério delegado à Paridade e à Igualdade profissional integraram assim a questão dos casamentos forçados aos dispositivos ligados ao contrato de acolhimento e de integração[11], cujo objetivo é apreciar a realidade da vontade, por parte do estrangeiro, de se enquadrar em um percurso de inserção social e profissional. O artigo 74 da lei de 26 de novembro de 2003, relativa ao domínio da imigração, à estadia de estrangeiros na França e à nacionalidade, introduz ao artigo 63 do Código Civil a obrigação, para os oficiais do estado civil, de entrevistar os nubentes antes de qualquer celebração de casamento no território nacional (*Journal Officiel*, n. 274, 27 de novembro de 2003). Essa audiência preliminar, em comum ou individual com cada noivo, tem o objetivo de verificar, com antecedência suficiente com relação à data da cerimônia, a autenticidade da intenção matrimonial. Para os casais mistos que se casam no exterior, é a autoridade diplomática ou consular que procede a essa audiência individual ou em comum, seja quando da publicação dos proclamas, seja quando da entrega à pessoa francesa do certificado de capacidade matrimonial, ou ainda quando da transcrição da certidão estrangeira de casamento nos registros franceses do estado civil. O oficial do estado civil ou o agente consular pode, todavia, dispensar essa audiência, quando ela se mostrar impossível, por razões materiais ou quando não houver nenhuma dúvida a respeito da intenção matrimonial dos futuros noivos. Assim, se um dos nubentes estiver sendo pressionado, essa audiência deve permitir que os noivos desistam de seu projeto de casamento. Em caso de sérias dúvidas a respeito da intenção matrimonial, o Procurador da República é chamado. Todavia, esse procedimento coloca em dúvida a interpretação dessa intenção matrimonial e sua realização pela pessoa habilitada a apreciar a autenticidade do compromisso dos futuros noivos.

A problemática de fundo permanece sendo a questão da realidade do consentimento, da autonomia e da liberdade dessas pessoas casadas ou que correm o

---

[9] Ver, ainda, o estudo de Orphélie Saphy, na região do Rhône, entre fevereiro de 2004 e junho de 2005, relatório DRDFE.

[10] Ver em http://www.liberation.fr/actualite/monde/249774.FR.php

[11] Ver Circular n. NOR/INT/D/04/00006/C do ministro do Interior, da Segurança Interior e das Liberdades Locais, de 20 de janeiro de 2004, aos administradores locais – da Metrópole e dos Territórios de além-mar.

risco de serem casadas à força, confrontadas a pressões familiares, a chantagens ou a outras ameaças afetivas consideradas violências psicológicas. Não podemos ignorar as verdadeiras condições nas quais um indivíduo faz sua escolha, pois o exercício da autonomia nunca é abstrato, ele está sempre inserido em um contexto específico. A problemática é também a questão do acompanhamento dessas pessoas e do lugar dos atores sociais e das instituições. Para escapar de um casamento forçado e do domínio familiar, a pessoa pode ser obrigada a deixar o domicílio familiar. Além dos problemas psicológicos ligados a essa ruptura com a família (sentimento de vergonha e culpabilidade, com relação à família), podem ocorrer distúrbios do sono, da alimentação (anorexia, bulimia), do comportamento (desinvestimento escolar, fuga), somatizações diversas que podem ir até à tentativa de suicídio. Com efeito, a vítima muitas vezes encontra dificuldades para obter ajuda material de subsistência, ajuda e conselhos jurídicos, assim como para seguir um curso escolar ou universitário ou encontrar um emprego. Essas dificuldades podem reforçar a opressão dessas vítimas e o poder das famílias.

Casamento forçado, um sentimento de vergonha e um atentado à subjetivação

Como já dissemos anteriormente, o casamento forçado cria nas pessoas que o sofrem um sentimento de vergonha, no sentido de que ele atinge a imagem de si e as instâncias narcísicas do sujeito. Gaulejac (1996), que analisou as dimensões do vivido vergonhoso, mostra que a vergonha é muitas vezes acompanhada de um sentimento de ilegitimidade, de um sentimento de inferioridade, que ela faz desabar a imagem parental idealizada e conduz à experiência de rupturas e feridas, pois o sujeito fica diante de identificações necessárias, mas impossíveis. São essas dimensões que encontramos na vivência dos casamentos forçados. Tisseron (1992) interpreta a vergonha como uma ruptura de investimentos sentida pelo sujeito. Ele distingue três tipos de rupturas de investimento: a ruptura de ligação, a ruptura do objeto e, enfim, a ruptura narcísica. Assim, a ruptura do investimento de ligação faz com que a pessoa, vítima de um casamento forçado, corra o risco de ser excluída de seu grupo de pertencimento. Esse investimento estaria baseado na necessidade que todo ser humano tem de se desenvolver em um ambiente social. Essa necessidade de ligação pode, aliás, conduzir a pessoa a preferir um casamento muito insatisfatório à ausência de relação com sua família. A vergonha da pessoa casada contra sua vontade pode também levar a uma ruptura do investimento de objeto, ou seja, à perda dos objetos de amor, ou ainda a uma ruptura do investimento narcísico, ou seja, a um desacordo com seus próprios valores, figuras do Ideal. A vergonha pode ser interpretada aqui como

172 | Dimensões da violência

experiência subjetiva de rupturas de investimento. A vergonha, assim, mostra para a pessoa casada à força um perigo que diz respeito à continuidade de seus investimentos psíquicos, ao mesmo tempo que a faz mergulhar em um momento de angústia ou de confusão. Tisseron (1998) precisa que a vergonha não é um sentimento, mas uma angústia:

> É uma angústia, e uma das piores que existem. É a angústia de ser abandonado a uma solidão definitiva e sem recurso, condenado a uma errância sem fim, até mesmo à exclusão do gênero humano ... Sempre que o pensamento corre o risco de se aproximar da vergonha, ele fica louco. A vítima é tomada pela angústia ou pela confusão. (p. 34)

A vergonha derruba o sujeito, fragilizando-o em suas referências identitárias. Existe uma discordância entre a imagem de si, que a pessoa deseja dar, e a imagem que a esfera familiar reflete, colocando o sujeito em uma instabilidade em seu sentido de si, naquilo que sente de seu valor próprio, de sua humanidade, e às vezes até mesmo de sua dignidade. A função significante e a regulação narcísica podem então se enrijecer em um processo mortífero: o sujeito se rebaixa à condição de objeto. Ele é atingido nos fundamentos de seu ser. Essa vergonha exteriorizada estaria ligada a toda a violência da humilhação, toda a violência do arcaico que emerge, toda a vergonha da história familiar, desses pais e dessas mães imigrantes. Quando o sujeito fica reduzido a um estado de *passivação* na vergonha, só enxergando seu ser como objeto de desprezo, ele fica privado do valor moral, ligado à condição que o protegia de ser reduzido ao estado de objeto. O sujeito é então ameaçado em sua aptidão a se pensar. Ele já não pode mais se definir com referência ao outro, com relação a suas ligações aos objetos de amor e ao seu grupo. A subjetivação é esse trabalho psíquico de ascensão à posição de sujeito, que implica a construção de um distanciamento com relação ao que é imposto de dentro (busca de conformidade a um Ideal) e de fora (conformidade a normas, respeito às regras, aos deveres, submissão às proibições). Na situação de casamento forçado, o processo vergonhoso pode dar lugar a um atentado mais ou menos grave da subjetivação, mas pode igualmente oferecer, como veremos adiante, uma modalidade peculiar de expressão do sujeito.

O casamento forçado e o atentado ao "caráter criador do agir humano"

Na perspectiva que queremos promover aqui, ser sujeito é ser capaz de construir a si mesmo, de fazer suas próprias escolhas, de orientar sua existência. É

Casamento forçado, uma violência intrafamiliar | 173

assim que o programa de pesquisa que resultou no relatório "Os casamentos forçados nos Estados-membros do Conselho Europeu, Legislação comparada e ações políticas" (Rude-Antoine, 1999) demonstra bem como as pessoas casadas à força deixam-se submeter às normas de um sistema de ordem opressor ou de uma comunidade que busca impor a lei do grupo a todos os seus membros e a dificuldade que essas vítimas enfrentam para desenvolver, como escreve Hans Joas (1999, p.15), "o caráter criador do agir humano". A questão do consentimento é colocada com relação aos limites culturais, sociais, econômicos e psicológicos. Com efeito, o casamento forçado gera interrogações a respeito das contingências que podem levar uma pessoa a "consentir" nesse casamento, apesar de suas convicções e crenças pessoais. As circunstâncias nas quais é dado um consentimento são complexas e não podem ser compreendidas ou explicadas sem que sejam previamente pesquisadas. No que se refere aos casamentos forçados, existem situações em que os dois noivos aceitaram que sua liberdade fosse restringida por causa de obrigações nascidas de um contrato dado a um terceiro, para que este escolhesse seu cônjuge. A vontade real e particular, no caso, não passa da declaração da vontade de se casar, através de acordos familiares.

Nesses casamentos, misturam-se uns aos outros os enunciados do ato, que exprimem uma suposta vontade. É a situação de uma pessoa de nacionalidade marroquina, ao saber que sua família quer casá-la sem seu consentimento, mas que fica em silêncio, muito preocupada com os obstáculos que teria de transpor, caso manifestasse seu desacordo. É também a situação de uma jovem maior de idade, de nacionalidade senegalesa, que mora na França desde seus cinco anos. Depois de terminar o ensino médio, aceita voltar ao país de origem de sua família, sabendo que a viagem tem por objetivo seu casamento, mas não lança mão dos recursos com os quais poderia contar, por temer a oposição de sua família. Com efeito, ela poderia declarar, diante da autoridade competente para o casamento, que não consentiu em se casar. Ou ainda, quando do ato de transcrição da certidão de casamento, no consulado, informar às autoridades a respeito da ausência de seu consentimento. Mas ela não o faz. É igualmente a situação de uma menina de doze anos, paquistanesa, prometida ou dada em casamento, sem ter o direito de recusá-lo, mediante uma contrapartida em dinheiro ou *in natura* entregue a seus pais, a seu tutor ou a sua família.

Na reunião da Comissão da igualdade entre homens e mulheres, na Assembleia Parlamentar do Conselho Europeu, em 18 de outubro de 2004, em Antuérpia, na Bélgica, testemunhas relataram a transcrição, nos consulados, especialmente no Marrocos, de casamentos concebidos através de simples acordos entre as famílias, sem a presença dos "esposos", a partir de simples documentos com assinaturas cuja autenticidade não havia sido verificada. Rude-Antoine (2005) evoca também o caso de Luisi Toumi, que, aos dezessete anos, viu-se casada com Abdelaziz Amri, de 31 anos, através de um casamento celebrado por procuração em

174 | Dimensões da violência

Bouhouria, num pequeno vilarejo próximo de Oujda, no Marrocos. O casamento havia sido arranjado pelos pais dos futuros esposos. A menina vivia já há um ano no Marrocos, e fora mandada da França por seu pai. As duas famílias haviam sido convidadas para a festa, em novembro de 1994, três meses depois do casamento, na casa da noiva. Mais tarde, ela acusaria seu pai de tê-la ameaçado com uma faca no pescoço e seu marido de ter puxado seus cabelos para, em seguida, estuprá-la. É também a situação de uma esposa franco-egípcia, de dezesseis anos e moradora da região parisiense, que não comparece a seu casamento no Egito, mas é representada por seu pai. Note-se que, neste caso, foi dada uma ordem de anulação do casamento. Não ficou descartada a hipótese de que esse casamento pudesse ter sido forçado, mas o caso foi baseado na falta de comparecimento. O fato de a moça ter dupla nacionalidade não muda em nada as modalidades do casamento no Egito, já que ela é considerada egípcia naquele país e, por isso, o direito egípcio lhe é aplicado. Na França, ela é considerada francesa e está submetida ao direito francês. Assim, apesar de seu casamento ser válido no Egito, ele não pode ter efeito na França, onde a lei exige o comparecimento dos noivos, no momento da celebração, e a declaração do livre consentimento, na presença do oficial do estado civil e das testemunhas. No entanto, qualquer ação para proteger essa moça do casamento forçado será difícil, enquanto ela não voltar ao território francês. O problema de casamentos de estrangeiros no exterior permanece o mesmo, pois, diferentemente do que acontece com os casais mistos, os países não precisam transcrever o casamento em seus registros do estado civil.

Assim, essas primeiras situações apresentadas aqui ilustram bem os problemas teóricos colocados pela questão do consentimento e sua ligação com a questão da autonomia. O consentimento é considerado uma condição legal para o casamento. O consentimento formal, no caso de um casamento "arranjado", pode servir para legitimar a dominação dos pais. Nessa situação, consentir quer dizer resignar-se, aceitar o que não se pode recusar. Mas o consentimento não é um conceito ético, portanto justifica apelarmos à ajuda da noção de autonomia, que também não é um conceito óbvio, nem se nos referirmos à noção kantiana, segundo a qual a autonomia seria a faculdade de dar-se a si mesmo a lei de sua própria ação. Nem, igualmente, se nos referirmos ao pensamento dos filósofos liberais anglo-saxões como John Stuart Mill, para quem a autonomia seria uma expressão de liberdade e de independência. Essas situações ilustram igualmente a dificuldade, para essas pessoas, de terem um lugar de sujeito, ou seja, a capacidade de viverem relações exercidas em três esferas: as relações interpessoais, notadamente no seio da família, a comunicação intercultural, e, finalmente, as relações sociais. É nesse espaço em que o sujeito não é plenamente ator que a violência começa. Nem por isso, o "ser sujeito", para essas pessoas, quer dizer que sua trajetória singular deveria escapar a qualquer coação, a qualquer norma, a qualquer relação com pessoas que não fossem as de sua escolha. Como escreve Michela Marzano, a liberdade humana nunca é total e incondicional. Para qualquer indivíduo, agir "livremente" não significa poder fazer tudo e realizar tudo. Como o homem está submetido à finitude da condição humana, sua estrutura é limitada: cada um tem um corpo que torna impossível o exercício de uma vontade infinita (Marzano, 2002); cada um tem uma história, uma vivência familiar e pessoal que o condiciona mais ou menos (Frankfurt, 1969, 1971/1991). Pois, na verdade, só existe sujeito no reconhecimento de si pelo Outro, na aceitação da alteridade.

O casamento forçado e o conflito impossível

Não é um paradoxo afirmar que o sujeito tem mais chances de se construir e de se expressar, quando ele faz parte de um jogo de relações, inclusive, e principalmente, quando se trata de relações de conflito. Talvez seja necessário precisar o que entendemos por conflito: trata-se do momento em que duas pessoas se opõem, em uma relação mais ou menos estruturada, reconhecendo-se como adversárias e com a possibilidade de haver uma solução negociada. Vamos retomar aqui à teoria desenvolvida por Georg Simmel (1992), segundo a qual o conflito tem a função de manter a coesão do grupo, como regulador dos sistemas de relações, podendo as partes antagonistas se influenciarem mutuamente, de maneira indireta, mas decisiva. Destacamos também a teoria de John Dewey, para quem "o conflito é o estimulante do pensamento. Ele exalta a observação e a memória. Incita à invenção. Ele nos tira da passividade e nos induz ao esforço ... o conflito é a condição sine qua non da reflexão e da engenhosidade". (1930, p. 300). No caso dos casamentos forçados, nem sempre é possível falar de conflito, dados os vários aspectos de violência que fecham definitivamente o espaço da discussão e do debate, dando lugar à ruptura ou ao uso exclusivo da força.

Vamos retomar o caso de Fatoumata Konta, que criou em 2001, com amigos, estudantes e professores, a Associação Fatoumata para a Emancipação das Mulheres. Num testemunho recolhido por Alain Seksig (2004, p. 47), inspetor da Educação Nacional, ela conta sua história e a impossibilidade de uma discussão com seu pai: "Meu pai me anuncia que nunca mais voltarei para a França. Você acabou com a tradição, você traiu sua família. Que vergonha! Eu me pergunto se, na verdade, você não é uma puta!". A relação entre Fatoumata e seu pai não se parece com uma luta, com um engajamento que poderia chegar a uma negociação baseada na subjetividade dos atores. Assim, Fatoumata, cujo pai proíbe qualquer possibilidade de escolher seu cônjuge, espera que este a respeite e não a coloque

176 | Dimensões da violência

em uma situação que acabaria com sua autoestima. Em um primeiro momento, ela tenta modificar, em seu benefício, a relação entre ela e seu pai, mas não atinge seu objetivo, pois escolher seu cônjuge representaria um passo pessoal, oposto à tradição.

O casamento forçado e as instituições: A negação da subjetividade

A negação da subjetividade alimenta-se, mais frequentemente do que queremos admitir, de ações realizadas pelas instituições. Para permitir que as pessoas exprimam seus sofrimentos ligados à negação imposta de seu direito à liberdade de escolher um cônjuge, associações francesas criaram lugares de escuta. Entre estes, citamos *Voix d'elles-Rebellez*[12], *Groupe pour l'abolition des mutilations sexuelles féminines et mariages forces* (GAMS)[13], *Ni putes, ni soumises*[14] e *Voix de femmes*[15], para citar somente alguns. Essas associações nos permitem compreender a expressão das vítimas sobre a inadequação das ações políticas de prevenção e luta contra os casamentos forçados (Jama, 2004).

Assim, para escapar do casamento forçado, da relação de dominação e de opressão das famílias, a primeira estratégia é, sem dúvida alguma, atingir autonomia em termos de moradia. Mas essa autonomia não é fácil. Por um lado, porque existe, frequentemente, nessas pessoas uma ambivalência entre a recusa de um casamento forçado e o respeito à escolha dos pais; por outro lado, porque a pessoa, vítima de um casamento forçado, sofre com o distanciamento do lar parental, de sua rede de amigos e das outras pessoas com quem convive.

Na França, os abrigos ou os hotéis sociais acolhem temporariamente essas pessoas, em um ambiente seguro, quando há urgência. Mas essas estruturas que acolhem pessoas em grandes dificuldades e com problemas muito diversos nem sempre estão bem adaptadas às necessidades reais das vítimas de casamentos forçados. Para uma verdadeira proteção, elas precisam não somente de um refúgio, de um endereço que permaneça secreto, mas também de atendimento e ajuda para formular e defender um projeto de vida, seja ele de curto ou de longo prazo, relativo ao afastamento definitivo da família ou ao retorno a ela. Assia, de

---

[12] "A voz delas-Rebeldes". Sede: Cité Gabriel Péri, 1, Place Lautréamont à Saint Denis (93200).

[13] "Grupo pela abolição das mutilações sexuais femininas e dos casamentos forçados". Sede: 66, rue des Grands Champs 75020, Paris.

[14] "Nem putas, nem submissas". Endereço: info@niputesnisoumises.com. Essa associação se ampliou para 51 comitês locais, a fim de poder atender mais de perto.

[15] "Voz de mulheres". Sede: Maison des Quartier des Linandes, Place des Linandes Belges, F-95000 Cergy, <e-mail: voix de femmes@wanadoo.fr>.

Casamento forçado, uma violência intrafamiliar | **177**

22 anos, obtém um lugar em um apartamento provisório, em regime de urgência. Christine Jama (2004), jurista na Associação *Voix de femmes*, escreve: "no fim das contas, ela não vai para o abrigo, dá queixa por estupro contra seu marido e depois volta para sua família" (p. 30), o que suscita uma reação por parte do trabalhador social: "quebramos a cabeça para encontrar um abrigo para ela, e ela acaba voltando para a família" (p. 30), atitude que demonstra bem as incompreensões exacerbadas, por parte dos trabalhadores sociais, devido à própria crise que as instituições do setor da ação social estão vivendo, atropeladas por crescentes coerções, no plano econômico, da produtividade e da introdução de novas formas de organização e de avaliação do trabalho social.

A escola também tem um papel importante na prevenção dos casamentos forçados. Nas escolas, alguns professores fazem ações informativas junto a seus alunos a respeito de problemas de sexualidade e da questão dos casamentos forçados[16]. Ações de formação, ações de informação e ações audiovisuais são desenvolvidas junto aos trabalhadores do serviço social escolar, objetivando a prevenção dos casamentos forçados.

A luta contra os casamentos forçados está integrada à missão geral da escola e aos princípios que a fundam, como demonstra Marie Lazaridis, encarregada de missão no ministério da Juventude, da Educação Nacional e da Pesquisa. Mas a dificuldade reside no fato de que "os casamentos forçados ainda são objeto de tabu, porque apontam o dedo para as famílias" (Lazaridis, 2004, p. 44). Muitas vezes, a enfermeira é a primeira pessoa que toma conhecimento do risco de casamento forçado, seguida da assistente social ou do médico da escola. Mas face à demanda urgente das meninas que querem escapar dessas uniões, a atitude dos profissionais da educação nacional nem sempre é fácil. Eles têm de decidir rapidamente por uma medida de proteção. Além disso, no contexto atual da educação nacional, a prioridade dada ao diálogo com as famílias coloca esses profissionais em uma situação de transgressão da norma estabelecida, à qual se acrescenta, para alguns deles, o temor de estigmatizar as famílias e as ambiguidades que o respeito à diversidade das culturas pode suscitar.

O trabalho de prevenção e de luta contra os casamentos forçados é feito também junto aos serviços de polícia e às casas de justiça adidas ao tribunal de primeira instância. Os primeiros informam as vítimas sobre seus direitos[17] na reparação do prejuízo sofrido, na ação de reparação civil, na ação do ministério público. Eles as informam a respeito da possibilidade da assistência de um advogado e da garantia de proteção jurídica, da ajuda de um serviço da coletividade pública ou de uma associação conveniada de ajuda às vítimas, e ainda sobre a

---

[16] Cf: A educação sexual nas escolas de ensino fundamental e médio, circular de 17 de fevereiro de 2003, BOEN de 27 de fevereiro de 2003.

[17] Cf: Arts. 63 e 64 da lei de 9 de setembro de 2002, de orientação e de programação para a justiça, Título VIII: "Disposições relativas à ajuda às vítimas".

possibilidade de recorrer à comissão de indenização às vítimas de infração (CIVI). As casas de justiça podem igualmente prestar informações jurídicas às vítimas de casamentos forçados, além de ajudá-las a requerer a anulação judicial do casamento. Há medidas jurídicas que permitem anular um casamento celebrado sem o consentimento das partes, com a distinção entre anulação por ausência de consentimento e anulação por vício do consentimento. Assim, o ministério público pode anular o casamento, quando há ausência de consentimento, mas, em caso de vício do consentimento, somente os esposos ou um deles pode requerer a nulidade. Neste caso, o ministério público não pode agir de ofício. Assim, as ações de anulação são, na maior parte dos casos, baseadas na ausência de consentimento e, raramente, no vício de consentimento. Muitas vezes, o casamento é anulado com base em causas objetivas de nulidade absoluta, tais como: a falta de capacidade matrimonial; os impedimentos para o casamento, em razão dos laços familiares; a bigamia ou a ausência de comparecimento dos esposos no momento do casamento. Mas não há anulação com base em algum vício de consentimento, que é mais típico do casamento forçado.

As instituições jurídicas e seus trabalhadores muitas vezes têm dificuldade em efetuar o trabalho de ajuda a essas mulheres, o que demanda competências que eles não têm. Às vezes, as dificuldades são pessoais, caso em que esses trabalhadores demonstram comportamentos irascíveis, o que pode favorecer o aparecimento de violência. Isso ocorre até porque essas instituições estão mais ou menos em crise relativamente a suas finalidades, ou porque nem sempre há orientações suficientemente precisas de suas autoridades. Isso induz a condutas diversas e contraditórias entre os trabalhadores, gerando, direta ou indiretamente, as violências que se sobrepõem à do casamento forçado. Por seu lado, as vítimas dos casamentos forçados se sentem muitas vezes incompreendidas e vivem essa situação como uma negação de seu lugar de sujeito.

O casamento forçado, uma violência fundadora...

Mas o casamento forçado pode ser uma violência fundadora. Quando as associações e as mobilizações diversas ocupam o espaço de reivindicações, em termos de direitos e de ações sociais, a esperança encontrada por essas pessoas casadas contra sua vontade fecha o espaço da violência. Mas, em sua recaída, e mediante a constatação da dificuldade de mudar as representações ou de por em prática as medidas jurídicas e as ações políticas, a violência pode voltar a se manifestar, inclusive por parte das pessoas de quem partiram essas ações de reivindicação.

Quando as vítimas de casamentos forçados, como Fatoumata Konta, criam uma associação que dá forma às expectativas sociais das quais são porta-vozes, elas mostram que a relação conflituosa é, de certa forma, o contrário da violência. O casamento forçado e as violências que o cercam podem, com efeito, constituir um momento decisivo na formação do sujeito. Isso parece ser particularmente esclarecedor, quando analisamos a situação de Fatoumata Konta, sempre que o sujeito, para se constituir, teve de se livrar de uma situação alienante ou de dominação extrema que impede que ele tenha qualquer acesso às escolhas de sua vida, à capacidade de orientar sua existência. Fanon (1961) aborda muito bem esse efeito fundador da violência, em seu livro *Les Damnés de la terre* [Os condenados da Terra], no qual ele explica que, no universo maniqueísta da colonização, o colonizado deve se constituir pela via do não humano ao humano, o que passa pela violência.

O sujeito é uma categoria abstrata que pode encontrar sua realização concreta na ação. "Foi porque eu saí de casa várias vezes que meus pais abandonaram o projeto de casamento, eles tinham medo de me perder", precisa Shazia, vinte anos, de origem paquistanesa (Jama, 2004, p. 30). Sazia teve de viver uma forma de violência – fazer violência a si mesma – afastando-se de sua família para, afinal, ter força para orientar sua vida: "Quando eu vi o apartamento, que era legal, fiquei mais tranquila, então decidi dar queixa para que ele entendesse que eu não aguentava mais, eu me senti forte, eu decidi falar com meus pais, para que eles me recebessem de novo em casa" (p. 30).

As pessoas casadas à força ou que lutaram contra um casamento forçado às vezes dizem que essa experiência teve um efeito decisivo sobre elas. O risco de ser casada à força despertou em determinadas mulheres a tomada de consciência de sua alienação, dessa relação entre dominante e dominado. Elas fizeram novas amizades, constituíram redes, participaram da vida de uma associação. Todavia, as que se fecharem nesse abismo do casamento forçado, oscilando, por exemplo, entre a recusa e a aceitação, talvez tenham a oportunidade de encontrar, em determinado momento, um instante fundador, antes de sofrerem todos os efeitos destruidores do casamento forçado, em termos de sujeito. Por isso, não se pode opor com muita pressa casamento forçado e sujeito. O casamento forçado pode permitir que a vítima saia da alienação familiar, de modo a emergir como sujeito. Pode igualmente constituir, durante certo tempo, a possibilidade de uma ruptura, da reviravolta do estigma, a possibilidade de liberação, ele pode definir um momento que se mostra necessário à subjetivação. Se o casamento forçado, além de sua dimensão fundadora, passa a ser sua própria negação, é porque ele não permite que a vítima estabeleça uma correspondência entre sentido e ação.

180 | Dimensões da violência

Casamento forçado, uma destruição do outro e de si mesmo

Lembremo-nos, na Alemanha, da história de Asuman, jovem alemã de origem curda, mandada às pressas por seu pai ao leito de morte de sua mãe, no país de origem, e retida na Turquia para ser casada à força. Nessas situações, o casamento forçado pode resolver, de maneira mítica, as contradições com as quais a família não consegue mais lidar. Desse modo, a atitude de um pai que sequestra sua filha exprime bem suas expectativas. Este pai mantém práticas familiares muito conservadoras, pensando que assim pode reafirmar melhor, no país para o qual imigrou, sua identidade de origem e evitar uma união mista, muitas vezes considerada uma traição, com relação à parte da família que ficou no país de origem.

O excesso ou a falta de sentido aparece, assim, a cada vez que o casamento forçado vem acompanhado de atos de crueldade desnecessários, do estrito ponto de vista da racionalidade instrumental. Isso acontece, especialmente, quando um irmão ou um pai é levado a matar sua irmã ou sua filha que não se submete ao *diktat* familiar. Não podemos nos esquecer da história da jovem berlinense Hatun Sürücü, que desencadeou um debate nacional na Alemanha a respeito dessa questão dos casamentos forçados. Essa jovem de dezesseis anos havia sido obrigada a se casar com seu primo. Como ela queria deixá-lo, um de seus irmãos a abateu em plena rua, em 2005. Ela tinha acabado de passar na prova final para se tornar eletricista. Lembremo-nos também do caso Rahmi Sahindral, um pai que havia matado sua filha Fadime, com um tiro, porque ela tivera uma relação amorosa com um sueco (Rude-Antoine, 2005). Assim, assassinando a irmã ou a filha, o irmão ou o pai acreditam ter se tornado um sujeito quando, na verdade, tornou-se um antissujeito. O pai de Rahmi Sahindral, aliás, não sentiu nenhum remorso, pois considerava seu ato justificado, pelo fato de sua filha ter sujado a honra de sua família. A morte de sua filha era para ele sinônimo de salvação. No entanto, ele vive na Suécia desde 1981. O casamento forçado que ele havia imposto à sua filha e seu assassinato eram atos de destruição do Outro, mas também de destruição dele próprio.

Casamento forçado, uma infração específica discutível

Na França, não existe infração específica para o casamento forçado. Os casamentos forçados são punidos com outras infrações que regulam a proibição de comportamentos repreensíveis, relacionados a essa prática.

Segundo os artigos 22 e 23 do Código Penal francês: "Qualquer ato de penetração sexual de qualquer natureza cometido contra alguém, mediante violência, coação, ameaça ou surpresa, constitui estupro. O estupro é punido com quinze anos de reclusão". Entram, portanto, nessa definição as penetrações digitais, anais ou vaginais, bem como as felações efetuadas sem o consentimento da pessoa.

O casamento forçado pode ser considerado estupro entre esposos. Os pais de uma menor de idade podem ser processados por cumplicidade. O estupro é um crime. A lei penal francesa exclui qualquer noção de consentimento, seja qual for a idade do autor, se a vítima tem menos de quinze anos de idade. Trata-se, na verdade, de uma circunstância agravante, que impõe ao autor uma pena de vinte anos. A presunção de consentimento dos esposos aos atos sexuais, realizados na intimidade da vida conjugal, só vale até prova em contrário (Corte de cassação. Câmara criminal, 11 de junho de 1992).

É importante destacar que a aplicação dessa legislação para punir os casamentos forçados não é absolutamente óbvia. Para que um estupro seja reconhecido, é preciso que seja constituído, ao mesmo tempo, o elemento material, ou seja, o fato sexual, e o elemento intencional, ou seja, que o esposo tenha tido a intenção de estuprar. Como resolver isso no caso de uma moça casada sob a pressão familiar, sem que o noivo soubesse disso? Como saber se a esposa expressou ou não seu desacordo na primeira relação sexual? Quais elementos permitem afirmar que o homem tinha condições de perceber que sua esposa não queria essa relação sexual? Qual é a efetividade da legislação para o estupro, quando ambos os noivos foram casados contra sua vontade? A pressão familiar pode ter sido suficientemente forte para que o casamento fosse consumado. Na prática, constata-se que a polícia recebe poucas queixas. Isso, sem dúvida, explica-se pelo medo que as vítimas têm de denunciar esses atos.

A questão então é saber se devemos ou não criar uma infração específica "casamento forçado". Em determinados países, os casamentos forçados foram tipificados pela lei. O art. 222, alínea 2, do Código Penal norueguês, reza que

> ... qualquer pessoa que force alguém a concluir um casamento mediante violência, privação de liberdade, pressões indevidas ou algum outro comportamento ilícito ou mediante ameaça de qualquer comportamento ilícito, é condenado por casamento forçado. O casamento forçado é punido com pena de prisão de até 6 anos. Ao cúmplice é imposta a mesma pena.

Essa disposição penal está inserida em um programa de ação contra os casamentos forçados, iniciado pelo governo norueguês. Trata-se de lutar contra os casamentos forçados impostos a menores de idade, e de ajudar as pessoas expostas a essas uniões. O casamento forçado seria, de acordo com esse artigo, qualquer comportamento ilícito destinado a obrigar uma pessoa a levar a termo um casamento. O objetivo particular a ser atingido é, pois, esse dolo especial que caracteriza o casamento forçado e o afasta, desse modo, das infrações de direito comum.

O texto é amplo, no sentido de englobar, na definição dos casamentos forçados, as violências, as privações de liberdade, as ameaças e as pressões, ou seja, atos já repreendidos pelo direito penal norueguês. Igualmente na Alemanha, a emenda do §240, sub-seção 4,2, n. 1, do Código Penal (*Strafgesetzbuch*), através da lei nº 37 que modificou o Código Penal, em vigor desde 19 de fevereiro de 2005, classifica expressamente o casamento forçado como um caso de coação particularmente sério, nos seguintes termos: "forçado a entrar no casamento". A pena mínima de prisão é de seis meses, podendo chegar a cinco anos. Em caso de tráfico de seres humanos para exploração sexual, existe a possibilidade de aplicação de uma pena maior (*Strafgesetzbuch*, §232).

Na maioria dos países, como na França, os casamentos forçados são punidos através de outras infrações que proíbem comportamentos repreensíveis próximos dessa prática. É o que acontece na Áustria, na Bélgica, na Bósnia e Herzegovina, na Croácia, além de Chipre, República Tcheca, Finlândia, Hungria, Itália, Luxemburgo, Malta, Holanda, Polônia, Eslováquia, Romênia, Espanha, Suíça, Turquia e Reino Unido. As qualificações penais são muito diversas entre os países: estupro, tentativa de estupro, violência física ou psíquica, violência sexual, lesão corporal, ameaça com armas ou objetos perigosos, maus tratos, infração contra a integridade corporal, atentado ao pudor, sequestro, atentado à liberdade pessoal e à integridade, atentado à liberdade moral, atentado à liberdade sexual, rapto, crime contra o indivíduo, crime contra a integridade sexual, crime de honra etc.

A penalização específica do casamento forçado não é óbvia. Alguns consideram necessário criar uma infração específica, orientando-se no sentido de uma concepção ampla do casamento forçado, que possa incluir os diferentes graus do ato. Aí estariam incluídas as violências, as privações de liberdade, as ameaças, as pressões, o uso de objetos, além do status da pessoa em questão (vítima menor de idade ou não, membro da família, a ligação mais ou menos próxima, a independência entre o autor do ato e a vítima) e a previsão de penas mais ou menos agravadas, conforme as circunstâncias. Já outros evocam argumentos relativos à noção de liberdade, para não criar uma infração específica. Eles insistem sobre o fato de que as coações físicas, psicológicas e sociais nunca são fortes a ponto de impedir a ação da pessoa, que, mesmo em uma situação considerada de vulnerabilidade, ainda seria responsável por seu casamento forçado, e não o cônjuge. O que é preciso saber é que o casamento forçado é prejudicial a outrem, o que justifica, como propõe Stuart-Mill (2004), que o Estado intervenha para prevenir esses atos e punir aqueles que os cometeram ou os que foram seus cúmplices.

Conclusão

As noções de sujeito e de subjetividade podem trazer um esclarecimento pertinente ao exame das diversas situações de casamentos forçados e de violência. Com efeito, só podemos resolver essa questão dos casamentos forçados levando em consideração o ponto de vista daqueles que são negados como sujeitos e que veem sua integridade de pessoa humana alterada. A questão é saber como acompanhar essas vítimas de casamento forçado, para permitir que ultrapassem a situação de violência e que sejam o sujeito de sua história e de seu futuro.

184 | Dimensões da violência

Referências bibliográficas

Assemblée parlementaire du conseil de l'Europe. (2005). Résolution 1468 (2005): *Mariages forcés et mariages d'enfants*. Acesso em: 29 de novembro de 2009. Disponível em: http://assembly.coe.int/mainf.asp?Link=/documents/adoptedtext/ta05/fres1468.htm.

Boswell, J. (1996). *Les unions du même sexe dans l'Europe antique et médiévale*. Paris: Fayard.

Delmas-Marty, M. & Labrusse-Riou, C. (1978). *Le mariage et le divorce*. Paris: PUF.

Dewey, J. (1930). *Human Nature and Conduct*. New York: The Modern Library.

Drieskens, B. (2008). Les métamorphoses du mariage au Moyen-Orient. *Les cahiers de l'IFPO*, 2.(pp. 97 – 118). Líbano: Presses de l'IDPO.

Fanon, F. (1961). *Les Damnés de la terre*. Paris: Maspéro.

Flandrin, J. L. (1975). *Les amours paysannes*. Paris: Gallimard.

Frankfurt, H. (1969). Alternate Possibilities and Moral Responsibility. *Journal of Philosophy*, 65, 828-838.

Frankfurt, H. (1971/1991). La liberté de la volonté et la notion de personne. In N. Neuberg (Org.). *Théorie de l'action: textes majeurs de la philosophie analytique de l'action* (pp. 253-269). Bruxelas: Margada.

Gaudemet, J. (1987). *Le mariage en Occident*. Paris: Cerf.

Gaulejac, V. (1996). *Les sources de la honte*. Paris: Desclée de Brouwer.

Gauthier, M. (1998). *Amours d'autrefois: témoignages*. La Crèche: Geste.

Gillette-Faye, I. (2002). *Estimation du nombre d'adolescentes mineures et jeunes majeures menacées ou mariées de force*. Paris: GAMS.

Jama, C. (2004). L'accompagnement sociojuridique des femmes confrontées aux mariages forcés. *Hommes et Migrations: Femmes contre la violence*, 1248, 23-31.

Joas, H. (2004). *La créativité de l'agir*. Paris: Cerf.

Lazardis, M. (2004). Les filles à l'écolel de l'égalité des chances à la prévention des mariages forces. *Hommes et Migrations: Femmes contre la violence*, 1248, 39-46.

Marzano, M. (2004). *Penser le corps*. Paris: PUF.

Oberschall, A. (1973). *Social conflict and social movement*. Englewood Cliffs: Prentice Hall.

Rude-Antoine, E. (2005). *Les mariages forcés dans les États membres du Conseil de l'Europe, Législation comparée et actions politiques*. Strasbourg: CDEG, Direção geral dos direitos humanos, Conselho Europeu.

Segalen, M. (1980). *Mari et femme dans la société paysanne*. Paris: Flammarion.

Seksig, A. (2004). Le combat de Fatoumata Konta. *Hommes et Migrations: Femmes contre la violence*, 1248, 47-51.

Simmel, G. (1992). *Le conflit*. Saulxures: Circé.

Stuart-Mill, J. (2004). *De la liberte*. Zurich-Quebec: Du Grand Midi.

Tilly, C. (1978). *From mobilization to revolution*. Massachusetts: Addison Wesley.

Tisseron, S. (1992). *La honte, psychanalyse d'un lien social*. Paris: Dunod.

Tisseron, S. (1998). *Du bon usage de la honte*. Paris: Ramsay.

Valière, M. (1996). *Amours paysannes*. Mougon: Geste.

O assédio moral como expressão da violência no local de trabalho

Suzana Tolfo[1]

A violência é um fenômeno sobre o qual muito se tem falado, mas é difícil de ser conceituada. Desde estudos clássicos sobre as guerras e o papel do Estado (Clastres, 2004), que trataram da violência nas "sociedades primitivas" nas quais a expressão da hostilidade era explícita, pesquisadores têm identificado formas diversas de violência que incluem desde aquelas mais explícitas, como a guerra, até as mais sutis e, portanto, mais difíceis de caracterizar (Fleming & Harvey, 2002).

A violência que acontece no local de trabalho tornou-se objeto de pesquisa somente nas últimas décadas do século XX. Embora a sua ocorrência não seja recente, os estudos sobre a questão estão associados aos trabalhos de pesquisadores (Hirigoyen, 2002a, 2002b) que identificaram situações no ambiente de trabalho que caracterizam condutas abusivas nos relacionamentos interpessoais e de consequências para a saúde física e mental do trabalhador. No que tange aos relacionamentos interpessoais, a violência pode ser expressa em agressões físicas até as formas mais sutis e perversas a fim de aniquilar o outro por meio de práticas que caracterizam a ocorrência do assédio moral.

O assédio moral pode ser identificado na relação interpessoal, seja ela dual ou com um grupo, mas reduzi-lo a tanto é um equívoco. Cada vez mais são elaborados argumentos para que as suas ocorrências sejam analisadas sob a égide de um sistema que estabelece a via econômica como predominante e no qual o aumento da competitividade cause uma verdadeira "guerra", na qual os mais fracos estão fadados ao fracasso (Dejours, 1999). Por seu lado, as organizações de trabalho e os trabalhadores reproduzem relações instrumentais, em que alguém é aliado ou oponente, dada sua adesão ou não aos interesses do outro (Heloani, 2001; Freitas,

---

[1] Psicóloga, professora e pesquisadora no curso de Psicologia e no Programa de Pós-graduação em Psicologia da Universidade Federal de Santa Catarina (UFSC).

188 | Dimensões da violência

Heloani & Barreto, 2008). As condutas perversas de humilhação e desqualificação do outro normalmente começam de forma lenta e gradual, o que as tornam uma forma de violência invisível. O assediado não consegue entender o que está ocorrendo, e quem assedia aproveita-se perversamente para que o conflito não venha a se expressar. O fato de o assédio se tornar visível em relacionamentos interpessoais não significa que seja um fenômeno isolado, mas relacionado à expressão da violência socialmente construída que se expressa no trabalho.

Violência no trabalho

Tratar de violência é abordar um fenômeno complexo – atravessado por diversos outros fenômenos – e polissêmico. O termo *violência* tem origem na palavra latina violentia, relativo a constrangimento sobre uma pessoa com vistas a levá-la a realizar algo contrário à sua vontade. A violência pode incluir desde o uso da força e coação até situações de constrangimento físico ou moral (Gomes & Fonseca, 2005). Na Enciclopédia da Organização Internacional do Trabalho (OIT), violência é conceituada como: "qualquer tipo de comportamento agressivo ou abusivo que possa causar um dano ou desconforto físico ou psicológico em suas vítimas, sejam essas alvos intencionais ou envolvidas de forma impessoal ou incidental" (Warshaw, 1998, p. 51-2).

Por meio do significado dicionarizado, tem-se uma primeira tentativa de explicitar o que é a violência. Porém, a sua ocorrência pode ser um pouco mais dimensionada com base na afirmação de Hanna Arendt (1985), segundo a qual estudar a história e a política não pode estar dissociado de analisar o papel histórico da violência nas atividades humanas e que, apesar disso, a violência tem sido pouco estudada pelas ciências humanas e sociais. Para a autora, essa negligência é representativa da naturalização da violência, que, tornada como corriqueira e óbvia, não carece de mais questionamentos. E, quando se verifica o que vem sendo produzido academicamente, encontram-se afirmadas dificuldades em conceituar a violência. Uma dessas dificuldades refere-se à sua abrangência, que envolve questões relativas do nível macro até o microssocial, pois a violência pode ser tratada como "... uma forma própria de relação pessoal, política, social e cultural; por vezes uma resultante das interações sociais; por vezes ainda, um componente cultural naturalizado" (Minayo & Souza, 1999). Ao abandonar o tratamento da violência como algo dado, é que ocorre o movimento de entendê-la como decorrência das condições sociais e históricas, resultantes da sociedade que a produziu por meio das ações políticas, econômicas, culturais e individuais expressas na vida e nas relações cotidianas.

O assédio moral como expressão da violência no local de trabalho | 189

Se por um lado o Brasil pouco tem participado de conflitos armados, como a guerra, verifica-se que a sociedade brasileira se defronta com algumas tendências (Adorno, 2002) que expressam a violência banalizada na vida cotidiana. Houve um aumento considerável dos crimes urbanos contra o patrimônio, como roubos e extorsões, e de homicídios dolosos; da ação do crime organizado, com envolvimento no tráfico internacional de drogas; das violações de direitos humanos; e "de conflitos nas relações intersubjetivas, mais propriamente conflitos de vizinhança que tendem a convergir para desfechos fatais" (p. 5). A diversidade de ocorrências para a violência contribui para que haja pouca clareza e muita dificuldade de definir sinteticamente do que se trata, pois o termo tem sido relacionado a um conjunto amplo de comportamentos que incluem desde situações de abuso leve até casos extremos de homicídio, o que dificulta a mensuração dos níveis de violência com confiabilidade e validade (Fleming & Harvey, 2002). Isso indica que os atos violentos são parcialmente reconhecidos, de forma mais precisa nos casos mais extremos; enquanto que formas mais indiretas, passivas e simbólicas, e muitas vezes mais perversas, são menos reconhecidas.

As situações de violência social, intergrupais e interpessoais, formam uma ampla teia que perpassa as diversas relações. O vínculo social na sociedade contemporânea torna-se mais frágil, ao mesmo tempo que se intensifica a violência nas relações humanas, caracterizada pela supressão do indivíduo e pela crise dos sentidos (Enriquez, 2006). Velho (s.d) também se refere à sociabilidade como fundamento que constitui a vida social e identifica que a insegurança social no Brasil remete a uma sociologia ou antropologia do medo. Os episódios violentos, vividos ou conhecidos, que podem ser de natureza física e/ou simbólica (furtos, roubos, assaltos, ameaças, sequestros, agressões, assassinatos), representam uma considerável alteração no que se pode caracterizar como sociabilidade. O autor salienta que, nas grandes cidades, as interações ocorrem cada vez com maior cuidado e até mesmo retração – o que evidencia uma tendência endogâmica e de isolamento social – e são descontínuas e contraditórias.

Se a violência explícita assusta por caracterizar situações de ameaça reconhecidas e amplamente veiculadas, de modo especial pela mídia, há também as formas de violência mais sutis ou simbólicas, mas não menos perversas. A violência simbólica não é muito identificada, pois ela é pouco visível. Por isso, é permeada de elementos inconscientes, os quais fazem com que muitas vezes aquele que violenta e a vítima não tenham clareza do que ocorre. Para Bordieu (2003, p. 25), a violência simbólica implica uma "violência suave onde se apresentam encobertas as relações de poder que regem os agentes e a ordem da sociedade global.". Reitera-se, então, que a violência, seja ela explícita, sutil ou ardilosa, retrata a sociedade e os vínculos sociais ali estabelecidos.

Segundo Dejours (1999), vem ocorrendo um conjunto de mudanças macrossociais que impactam sobre a sociedade e as suas instituições, as organizações, os grupos e os sujeitos que trabalham. A mundialização do capital, a reestruturação produtiva e a competitividade implicam novos arranjos e rearranjos, que perpassam todo o tecido social e apresentam consequências contundentes para os seus participantes. Ao tratar do que é contemporâneo em relação à economia, ao trabalho e ao sujeito que trabalha, Dejours (1999) utiliza uma metáfora para representar a ocorrência de uma verdadeira guerra, cuja causa principal é a busca desenfreada pela competitividade. Associa a impossibilidade de empregar-se e reempregar-se com a geração de um processo de dessocialização continuado, à medida que põe em perigo a identidade de indivíduos ou grupos. Geram-se sentimentos de medo e sofrimento para os que não têm trabalho e para aqueles que trabalham.

A ocorrência de uma guerra econômica que se amplia diuturnamente também é utilizada como analogia por Enriquez (2006), o qual identifica como principais consequências no nível coletivo o esfacelamento dos grupos, a quebra dos vínculos sociais e a valorização exacerbada das organizações, que se tornam sacralizadas. No nível individual, a identidade demandada dos trabalhadores passa a ser aquela que é identificada com os valores organizacionais, para adesão e subserviência, sob um discurso de sujeitos autônomos. Barreto (2003) afirma que as transformações no contexto do trabalho que passaram a prevalecer no final do século XX alteraram os direitos trabalhistas, os contratos de trabalho, o contingente de trabalhadores informais, a carga de trabalho e o número de empregos. O crescimento no número de desempregados e o fortalecimento das grandes corporações permitiram a desvalorização da mão de obra e levaram os trabalhadores a uma situação de coadjuvantes na articulação das relações de trabalho (idem). Também levaram os trabalhadores a vivenciar o papel de vítimas de violência no próprio ambiente de trabalho, como é o caso da ocorrência do assédio moral, "um fenômeno destruidor do ambiente de trabalho, não só diminuindo a produtividade como também favorecendo o absenteísmo, devido aos desgastes psicológicos que provoca" (Hirigoyen, 2002b, p. 65).

A violência na sociedade é, então, reproduzida nos locais de trabalho e ampliada em seu escopo, pois, conforme Fleming e Harvey (2002), os estudos sobre violência nesses ambientes inicialmente eram restritos ao embate físico, aos assaltos ou homicídios lá ocorridos. Houve, historicamente, uma expansão nos trabalhos de pesquisadores, que passaram a considerar outras formas de violência, como as ameaças verbais, o abuso, o assédio e outras manifestações agressivas que impliquem dano psicológico, bem como as ocorrências que não estão circunscritas unicamente ao local de trabalho, mas decorrem das relações que lá se estabelecem. Os autores apresentam a seguinte definição de violência no local de trabalho, de modo a articular o amplo espectro de questões a ela relacionadas: "Uma ação ou intenção de um autor percebido que resulta na ameaça de, ou real prejuízo (físico e/ou psicológico) para a vítima, no decurso do seu trabalho" (p. 227).

A partir dessa definição, Fleming e Harvey (2002,) identificaram diversas ações relacionadas à violência no trabalho e que reportam à: (a) violência física: espancamentos, homicídios, agressões físicas (mordida, chute), cuspe, estupro, assalto, atos terroristas e ferimento; (b) violência verbal e psicológica: postura agressiva; silêncio deliberado; denegrir/assédio em razão de idade, classe, deficiência, etnia, gênero, raça, religião, orientação sexual; sentimento de exclusão da comunidade social; comportamento hostil; insinuação; interferência no trabalho de modo irracional e/ou injustificado; xingamento, mensagens ofensivas por telefone, e-mail, fax, texto; ostracismo; gestos rudes; gritos; blasfêmia e ameaças; (c) violência por procuração: humanos atacados por animais; sabotagem de máquinas, veículos ou física. Para Ferreira (2008), a violência no ambiente de trabalho manifesta-se das seguintes formas: agressão física, interferências nos trabalhos, ameaças, intimidação, assédio moral (incluindo sexual ou racial) e mensagens agressivas. Após identificarem ações violentas, Fleming e Harvey (2002) afirmam que conhecê-las pode contribuir objetivamente para a elaboração de legislações, políticas ou ações relativas à violência.

Oliveira e Nunes (2008) consideram que a violência relacionada ao trabalho implica o comportamento voluntário do indivíduo contra outra pessoa ou grupo, com consequências que prejudicam outrem física ou psicologicamente e que se sucedem no trabalho ou em decorrência das relações que nele se estabelecem. A violência relacionada ao trabalho também inclui o desrespeito aos direitos fundamentais, trabalhistas e previdenciários; a desconsideração das condições de trabalho; e a negligência acerca da saúde, segurança e vida no trabalho. Os autores identificam as seguintes subcategorias relativas à violência no trabalho:

- Nas relações de trabalho – decorrente das relações hierárquicas e que pode se expressar em agressões físicas, constrangimentos e humilhações de superiores para com seus subordinados, para o exercício de dominação. Pode ser tanto física quanto psicológica, e esta última se tornou objeto de interesse recente e inclui: ameaças, assédio, bulling e mobbing.

- Na organização do trabalho – situação de risco à saúde, decorrente da forma de organização do trabalho (divisão do trabalho, métodos e produtividade, jornada de trabalho, gestão de segurança).

- Nas condições de trabalho – situação insalubre e insegura, com riscos físicos, químicos, biológicos, ergonômicos ou de acidentes.

- De resistência – manifestação dos trabalhadores contra as violências relacionadas ao trabalho, tanto para melhorar as relações e condições de trabalho como para resistir ao controle organizacional.

- De delinquência – ação ilegal (criminalizada).

192 | Dimensões da violência

- Simbólica – trabalhadores sujeitos a discriminações ou preconceitos decorrentes de raça, cor, baixa escolaridade e qualificação profissional, tipo de contrato etc.

Assim, a definição de violência deve considerar tanto os elementos objetivos como os subjetivos do ato violento. O que parece não violento para uma pessoa pode ser entendido como violência para outra, o que torna relevante caracterizar a violência que é predominantemente simbólica e psicológica. Verifica-se que, entre as formas de violência decorrentes do trabalho, estão as psicológicas e também o assédio moral, que será tratado a seguir.

Assédio moral no trabalho

O assédio no trabalho é tão antigo quanto o próprio trabalho, porém somente no final do século passado foi identificado como fenômeno destruidor do ambiente e das relações no trabalho (Hirigoyen, 2000). Em 1996, foi elaborado o primeiro estudo sobre o tema pelo psicólogo alemão, radicado na Suécia, Heinz Leymann. O pesquisador em psicologia do trabalho identificou um conjunto de ações que caracterizavam o comportamento violento em situações de trabalho de diferentes categorias profissionais, o qual denominou de "psicoterror". Dois anos depois, a psiquiatra, psicanalista e psicoterapeuta familiar Marie-France Hirigoyen lançou o livro *Assédio moral: a violência perversa no cotidiano* (2002a), com base nas suas experiências clínicas e em vitimologia, o qual se tornou referência nos estudos sobre o assédio no trabalho.

O uso do termo *assédio moral* no Brasil tem por objetivo explicitar o fenômeno que representa, uma vez que a palavra *assédio* refere-se à área psicológica e a palavra moral remete a uma perspectiva de bem ou mal, correto ou incorreto (Hirigoyen, 2002b). É em relação ao termo moral que existem mais questionamentos sobre a adequação, embora ainda seja utilizado. Em nível mundial, há diferentes denominações para designá-lo, e as principais, quando se trata desse tipo de violência no trabalho, são: *mobbing* (Suécia e Inglaterra); *bullying* (EUA); *harassment* (EUA), *psicoterror ou acoso moral* (Espanha); *harcèlement moral* (França); *Ijime* (Japão) e assédio moral (Brasil) (Hirigoyen, 2002b).

Usualmente o fenômeno inicia-se de forma inofensiva e se propaga insidiosamente. Embora fatos isolados possam não parecer violências ao trabalhador, o conjunto de práticas vexatórias, de pequenos traumas, é que gera a agressão (Hirigoyen, 2002a, 2008). De maneira geral, o assédio moral começa pela dificuldade em lidar com uma diferença, que pode ser relacionada a gênero, cor, raça, religião, entre outras. A princípio, as pessoas envolvidas (assediados) podem não identificar claramente o que está ocorrendo e/ou não querem se mostrar ofendidas com as humilhações, e podem até levar na brincadeira as desavenças e os maus tratos. Com a continuidade e o aumento da frequência e/ou da intensidade dessas situações, as pessoas sentem-se acuadas, postas em situações constrangedoras, e, em alguns casos, podem ser submetidas a manobras hostis e degradantes durante um período maior.

Mas o que define assédio moral? Para Hirigoyen (2002a), no assédio o objetivo é atingir o outro, romper com a sua estabilidade, explorar o seu psiquismo, de forma perversa. O fenômeno implica qualquer conduta abusiva (gesto, palavra, ação, atitude) que remeta, por características e/ou frequência, contra a dignidade ou a integridade psíquica ou física de uma pessoa, e que ponha em risco o emprego ou altere negativamente o clima de trabalho. A definição de Leymann (1990, citado por Gonzàlez de Rivera & Rodriguèz-Abuìn, 2003) enfatiza a hostilidade na comunicação e a conduta sem ética, que ocorrem sistematicamente, são repetidas por uma ou mais pessoas em relação a outra e objetivam torná-la indefesa.

Segundo Barreto (2000), assédio moral é a exposição de trabalhadores a situações vexatórias, constrangedoras e humilhantes durante o exercício de sua função, de forma repetitiva, caracterizando uma atitude desumana, violenta e antiética nas relações de trabalho. Para Einarsen (2005, citado por Einarsen & Skogstad, 1996), o assédio pressupõe uma situação na qual uma ou mais pessoas são sujeitas a ações negativas por parte de uma ou diversas outras pessoas, ao longo do tempo e sob condições que dificultam ações em defesa própria. Para o mesmo autor, a diferença conceitual entre assédio e conflito interpessoal não está "no que é feito e como é feito", mas "... na frequência e na duração do que é feito e da capacidade das partes de se defenderem" (p. 3). Heloani (2004) acrescenta a questão da intencionalidade à definição de assédio moral. Segundo o autor, esta violência consiste na constante desqualificação da vítima, seguida de sua consequente fragilização, com o objetivo de torná-la neutra em relação ao poder; daí decorre a caracterização da violência como um fenômeno derivado do processo disciplinar (Heloani, 2005). A violência do assédio moral deve-se principalmente à repetição sistemática das situações de violência, que isoladamente podem não causar danos à saúde do trabalhador. A frequência com que são manifestos os comportamentos do assediador é o principal critério aceito para configurar a ocorrência do assédio, ou seja, as situações de vexame, ofensas, ameaças que se tornam repetitivas longitudinalmente. Por convenção, o critério estatístico adotado é de que a frequência seja de ao menos uma vez por semana, com duração de pelo menos seis meses (Gonzàles de Rivera & Rodriguèz-Abuìn, 2003).

Verifica-se na literatura que o assédio moral é caracterizado pela degradação deliberada das condições de trabalho, levando o trabalhador a situações constrangedoras, repetitivas e prolongadas. Como abusiva e antiética, pode se

194 | Dimensões da violência

manifestar de diversos modos, com o objetivo de constranger, amedrontar, inferiorizar e humilhar a vítima. Inclui tratamento excessivamente severo; atribuição de tarefas inferiores ou superiores à capacidade intelectual ou física do empregado; invasão da privacidade, ao expor questões de foro íntimo ou ao sujeitar o trabalhador a revistas e controle exagerados; e, ainda, calúnias, críticas, ironias e discriminações públicas (Alkimin, 2005). Além dessas, Barreto apresenta no site www.assediomoral.org[2] outras ações que caracterizam o assédio, como isolar a vítima do convívio dos demais; impedir a sua expressão sem explicações; fragilizar, ridicularizar, inferiorizar, menosprezar em frente aos pares com risos, piadas, indiferença; sugerir que se demita; dar tarefas desnecessárias; solicitar tarefas através de terceiros; controlar o tempo de idas ao banheiro; tornar públicas informações íntimas. A gravidade e a banalização desse tipo de violência moral no trabalho aumentaram, de modo que caracterizar o assédio moral é uma condição importante para coibi-lo.

Hirigoyen (2005) identificou quatro categorias de atitudes hostis representativas dos métodos de assédio manifestos pelos assediadores, as quais ampliam as elaboradas por outros autores e estão entre as principais referências na literatura sobre o assunto. São elas:

- Deterioração proposital das condições de trabalho – retirar da vítima a autonomia; não transmitir informações úteis para a realização de tarefas; contestar sistematicamente as decisões da vítima; criticar seu trabalho de forma injusta ou demasiada; privar o trabalhador de acessar seus instrumentos de trabalho: telefone, fax, computador etc.; retirar o trabalho que normalmente lhe compete e dar permanentemente novas tarefas; atribuir proposital e sistematicamente tarefas inferiores ou superiores às suas competências; pressionar a vítima para não exigir seus direitos; agir de modo a impedir ou dificultar que obtenha promoção; causar danos em seu local de trabalho; desconsiderar recomendações médicas; induzir a vítima ao erro.

- Isolamento e recusa de comunicação – interromper a vítima com frequência; não conversar com a vítima, tanto os superiores hierárquicos quanto os colegas; comunicar-se unicamente por escrito; recusar contato, inclusive visual; isolar a vítima do restante do grupo; ignorar sua presença, e dirigir-se apenas aos outros; proibir que colegas falem com a vítima e vice-versa; recusa da direção em falar sobre o que está ocorrendo.

- Atentado contra a dignidade – utilizar insinuações desdenhosas; fazer gestos de desprezo para a vítima (suspiros, olhares, levantar

---

[2] Acesso em 20 de maio de 2008.

de ombros, risos, conversinhas etc.); desacreditar a vítima diante dos colegas, superiores ou subordinados; espalhar rumores a respeito da honra e boa fama da vítima; atribuir problemas de ordem psicológica; criticar ou brincar sobre deficiências físicas ou de seu aspecto físico; criticar acerca de sua vida particular; zombar de suas origens, nacionalidade, crenças religiosas ou convicções políticas; atribuir tarefas humilhantes.

- Violência verbal, física ou sexual – ameaçar a vítima de violência física; agredir fisicamente; comunicar aos gritos; invadir sua intimidade, através da escuta de ligações telefônicas, leitura de suas correspondências, *e-mails*, comunicações internas etc.; seguir e espionar a vítima; danificar o automóvel da vítima; assediar ou agredir sexualmente a vítima através de gestos ou propostas; desconsiderar os problemas de saúde da vítima.

Freitas, Heloani e Barreto (2008) concordam com Hirigoyen (2005) que a deterioração proposital das condições de trabalho, o isolamento e a recusa de comunicação, o atentado contra a dignidade e a violência verbal, física e sexual são as principais categorias que permitem identificar a ocorrência do assédio moral no trabalho. Tal deterioração desestabiliza o assediado e resulta em desgaste emocional, que evolui para causar prejuízos à saúde mental e física do trabalhador, marginalizando-o, progressivamente, do processo produtivo e da organização do trabalho (Alkimin, 2005). Caixeta (2003) também considera que o assédio moral deteriora o meio ambiente de trabalho, com repercussão na produtividade e na ocorrência de acidentes.

O assédio apresenta direções no ambiente de trabalho que podem ser horizontal, vertical ascendente ou descendente e mista. A direção horizontal caracteriza uma situação na qual um colega agride o outro colega e decorre da tendência dos grupos em nivelar os indivíduos e rejeitar as diferenças, sejam elas de gênero, étnicas, raciais (Freitas, 2001). Desse modo, formam-se verdadeiros "clubes *prives*", nos quais somente os iguais são bem-vindos. A inveja do que o outro tem também pode ser motivo para esse tipo de assédio, pois o assediador pode ser menos competente, bonito, jovem, popular do que a vítima; ou pode ter conflitos anteriores na história dos relacionamentos interpessoais entre ambos. A direção é vertical ascendente quando um superior é agredido pelo(s) subordinado(s), embora seja mais raro de ocorrer. A mesma autora traz como exemplos: os profissionais expatriados, que vão trabalhar no exterior, mas não se interessam em se adaptar ao novo lócus e não têm seus métodos aceitos pelos demais; e o colega antigo que ascendeu sem consulta aos demais.

196 | Dimensões da violência

Acrescento aos citados pelos autores os casos nos quais o chefe vem de outro setor ou organização e limita a ascensão de profissionais internos. Há também as chefias mais consultivas, que podem ser desqualificadas por não usarem o comando e o controle como parte da "liturgia do poder" tradicional. A direção vertical descendente é a forma mais comum de assédio, em que um subordinado é agredido por um superior. O contexto de insegurança em relação ao emprego propicia esse tipo de situação, que configura o abuso de poder e que muitas vezes indica a conivência dos gestores da empresa, até mesmo como estratégia para gerar resultados por meio do medo e da violência psicológica. Existem também os casos mistos, nos quais as ocorrências são procedentes tanto de chefias quanto de colegas.

A predominância da direção descendente como a forma mais encontrada de assédio tem as suas justificativas. Conforme afirma Arendt (1985), há concordância entre políticos tanto da esquerda quanto da direita de que a violência é o modo mais explícito de manifestação de poder. A autora salienta que, embora poder e violência sejam diferentes, normalmente estão associados, e o poder é que predomina. À violência ela atribui uma função instrumental, pois, por meio dos seus instrumentos, busca transpor o vigor e, finalmente, substituí-lo. O exercício da violência como tentativa de aniquilar o vigor do outro contribui para entender quem são os sujeitos mais passíveis de se tornarem vítimas de assediadores perversos. Conforme Hirigoyen (2008, p. 68), "... as vítimas não são franco-atiradores". Trata-se, em muitos casos, de profissionais perfeccionistas, meticulosos, com dedicação elevada ao trabalho. Podem inclusive ser *workaholics* que apresentam uma forma de dependência não característica do assediado. Aguiar (2003) identifica as vítimas como pessoas que se diferenciam pela destacada competência ou ocupação de espaço, pela aliança a grupos divergentes da administração, pouco produtivas ou temporariamente fragilizadas por licenças de saúde.

Há os casos nos quais o assediado já é vítima de outras formas de preconceito e/ou discriminação por fazer parte de grupos minoritários ou entrar em um grupo que não suporta diferenças. É nesses casos que estão as situações de constrangimentos e humilhações em relação a mulheres em grupos de homens, a homens em grupos de mulheres, a homossexuais, a diferenças étnicas e raciais, a trabalhadores com deficiências ou problemas de saúde etc. (Freitas, 2001). De acordo com Darcanchy (2005), o assédio moral manifesta-se de maneira diferenciada em relação ao sexo, devido aos componentes culturais. "São os traços culturais que tipificam um povo, mas podem tornar-se um elemento de sarcasmo contra o indivíduo quando ele está isolado do grupo" (p. 7).

Segundo Hirigoyen (2005), as mulheres são mais frequentemente assediadas, bem como são assediadas de forma diferente dos homens, devido às características machistas e sexistas marcantes na nossa sociedade. Para ela, a idade e as discriminações usuais são típicas do fenômeno, pois o assédio se dá com predominância em indivíduos acima de cinquenta anos, pois são julgados menos produtivos e não suficientemente adaptáveis. Em relação às discriminações, a autora remete que "todo assédio é discriminatório, pois ele vem ratificar a recusa de uma diferença ou uma particularidade da pessoa" (p. 103). Nessa direção, Invitti e Tolfo (2008) verificaram, em pesquisa em documentos da Superintendência Regional do Trabalho e do Emprego/MTE, na cidade de Florianópolis, que se destacam casos de assédio por questões raciais ou religiosas, em função de deficiência física ou doença, por causa de orientações sexuais e porque os assediados eram representantes de funcionários e representantes sindicais.

Enriquez (2006, p. 6) afirma que "o mundo atual tende a tornar-se o do crescimento do desprezo, da generalização da desconsideração, do desrespeito, da recusa da diferença a que tem direito todo ser humano". Isso faz com que possa ocorrer uma inversão de papéis, de tal modo que o assediado é estigmatizado pelo agressor e este cria uma imagem do assediado de forma que ele seja visto como culpado por todos seus erros, incapacidades, incompetência, falta de sociabilidade, depressão, alterações de ânimo, até que fique desacreditado e isolado do grupo. Ao chegar a esse ponto, geralmente o agressor procura outra vítima (Martins & Pinheiro, 2006).

Segundo a jurista Ramires, secretária da Diretoria Nacional da Sociedade Cubana de Direito do Trabalho e Seguridade Social (Glöckner, 2004), algumas características dos trabalhadores predispõem à ocorrência da violência, por exemplo: ganância de poder, dinheiro ou outro atributo que se torne inconveniente ao assediador (habilidades, destreza, conhecimento, desempenho). Enaiser (2005), por seu lado, identifica que o papel da personalidade da vítima é um tema controverso nas pesquisas e procura demonstrar que a personalidade pode desempenhar um papel na vitimização, como um "processo resultante da exposição a comportamentos de assédio moral no local de trabalho. . ." (p. 5). Entretanto, não existe muita evidência empírica nessa direção e na literatura brasileira, predomina uma perspectiva de análise que se distancia das características individuais e de personalidade do assediado como determinantes para a ocorrência de assédio moral (Heloani, 2005).

De modo geral, Hirigoyen (2008) caracteriza o assédio moral como uma guerra psicológica no local de trabalho que agrega dois fenômenos: o abuso de poder, que geralmente é explícito e passível de confronto; e a manipulação perversa, que se instala de forma mais insidiosa e pode causar prejuízos muito maiores. No assédio, os objetivos são atingir o outro, romper com a sua estabilidade e explorar o seu psiquismo de forma perversa. Tal perversidade faz o assediador sentir-se mais seguro e poderoso, levando-o até mesmo a ser admirado por sua eficiência, apesar da arrogância com que trata os demais, especialmente seus subordinados. Elevar-se a partir do rebaixamento do outro, buscando, dessa maneira, autoestima, aprovação e reconhecimento, é uma das formas de assédio

198 | Dimensões da violência

moral (Freitas, 2001). Os agressores estão frequentemente inseguros quanto à sua competência profissional e podem exibir, às vezes, fortes características de personalidade paranoica. Eles geralmente também são narcisistas, têm dificuldade de admitir críticas, são ambiciosos e invejosos.

Há ainda características do agressor, que, segundo Pedroso e colaboradores (2006), estão relacionadas à personalidade, às ameaças de perda de poder e do controle, à liderança negativa e às ações típicas de intimidar, amedrontar, consumir emocional e intelectualmente a vítima, entre outras. Heloani (2004) afirma que a perversidade do assediador, destacadamente a frieza e racionalidade, alia-se às práticas organizacionais e corrói os valores éticos essenciais. Assim, muitas vezes os agressores alcançam um elevado grau de eficiência no trabalho com ações de insolência, desprezo e desdém aos subalternos (Corrêa & Carrieri, 2007).

Além da perversão, o assédio moral caracteriza-se fundamentalmente pelo abuso de poder de forma repetida e sistematizada (Aguiar & Castro, 2003; Barreto, 2003; Hirigoyen, 2002; Freitas, 2001). Segundo Hirigoyen (2002), o nível na hierarquia ou o contexto sociocultural no qual o agressor e o agredido se encontram tornam os meios de assédio moral mais elaborados. Heloani (2005, p. 6) identifica que, até alguns anos atrás, no Brasil, os assediados eram trabalhadores pouco qualificados e que, com o aumento do número de ocorrências, foram incluídas categorias com prestígio social e escolaridade elevada, como juízes e professores, o que demonstra uma democratização no "mau sentido".

Identificar características de assediadores e assediados contribui para compreender o fenômeno do assédio moral no trabalho. Mas será que essas características explicam a ocorrência do assédio com base em relações interpessoais, nas quais um é assediado e o outro é o assediador?

Para responder a essa questão há que se pensar no grau de abrangência do assédio, que pode ser direcionado tanto para o indivíduo, a vítima – forma que foi mais abordada até então no presente artigo por ser mais verificável concretamente –, quanto para o coletivo. O homem constitui-se na sua relação com a sociedade na qual está inserido, e as suas ações dependem da sua interação nesse ambiente de acordo com as suas características biológicas e psicológicas singulares. Os papéis de assediador, perverso e violento, e de assediado nos locais de trabalho não existem em um vácuo, pois são resultantes da construção social e histórica atual que, em grande parte, apresenta características perversas. Conforme Heloani e Capitão (2003), o trabalho é constituinte da subjetividade humana, e quando o processo de produção exclui o sujeito, banalizando sua relação com o trabalho, podem ocorrer situações, como: reatualização e disseminação de práticas agressivas nas relações entre os pares, que geram indiferença ao sofrimento do outro e naturalização dos desmandos administrativos; pouca disposição psíquica para enfrentar as humilhações; fragmentação dos laços afetivos; aumento do individualismo e instauração do pacto do silêncio coletivo;

sensação de inutilidade, acompanhada de progressiva deterioração identitária; falta de prazer; demissão forçada; e sensação de esvaziamento. Aquilo que pode ser identificado no agressor como depositário de uma dose de perversão moral pode ser encorajado por práticas organizacionais danosas.

O modo ou método de gestão, de acordo com Chanlat (1997), significa "o conjunto de práticas administrativas colocadas em execução pela direção de uma empresa para atingir os objetivos que ela se tenha fixado" (p. 119). Ele inclui as políticas em relação à gestão de pessoas, que são baseadas em certos valores e filosofias definidos pelos gestores e membros de determinada organização. Existem dois componentes em todos os modos de gestão: um componente abstrato, prescrito, formal e estático, denominado modo de gestão prescrito, e um componente concreto, real, informal e dinâmico, chamado de modo de gestão real. Muitas vezes, há contradições entre o modo de gestão prescrito e o modo de gestão real (Chanlat, 1997), o que não fornece uma base sólida para formar um sentimento de confiança recíproco, tampouco oferece terreno propício para o florescimento de identidades coletivas. Pode haver um discurso voltado ao compartilhamento e à sociabilidade, mas as práticas e os valores fortemente arraigados podem estar baseados nas premissas de que as pessoas são "as coisas mais importantes" para o alcance dos objetivos organizacionais, o que mostra que esses componentes em nível das premissas mais básicas podem ser manifestações de uma cultura organizacional que coisifica os "colaboradores".

Ao tratar da cultura organizacional, Enriquez (1997, p. 34) refere-se às organizações como espaços de relações de poder e controle, e a cultura é constituída como um sistema simbólico e imaginário, que tem por objetivo "modelar os pensamentos, induzir os comportamentos indispensáveis à sua dinâmica". A organização é composta de níveis hierárquicos e da articulação entre estes, de tal modo que a estrutura tem uma função importante nas funções gerenciais, especialmente o comando e o controle, e a obediência é central para o exercício do poder organizacional. A obediência deriva de mecanismos representativos da cultura, como normas e regras, que estabelecem os deveres de cada membro do grupo ou do grupo dentro da organização (Clegg, 1996, citado por Scanfone & Teodósio, 2004). Algumas organizações utilizam-se até mesmo de "técnicas de entrevista" em processos seletivos, que incluem situações de ofensa e humilhação aos candidatos, que são representativas da cultura, conforme afirma Freitas (2001, p. 11):

> Perguntas imorais, insinuações sexuais e ofensas à dignidade individual são utilizadas sem maiores pudores em nome de um empirismo perverso, que pretende verificar a capacidade de o candidato manter o sangue-frio e a passividade diante do estupro moral provocado por seus avaliadores. Quando uma empresa opta por esses métodos no processo de seleção, não é necessário um grande esforço de imaginação para se pensar quais são os limites que a sua permissividade coloca e qual é o comportamento habitual de seus

200 | Dimensões da violência

membros, pois pressupõe-se que as pessoas encarregadas de um processo de seleção representem a cultura da organização. O discurso ético propagado aos quatro ventos mostra, realmente, ao que veio.

Nas situações coletivas ou organizacionais o assédio moral tende a ser caracterizado, por exemplo, por ameaças de demissões; comparação entre grupos, depreciando o grupo presente; cobranças além das possibilidades do grupo; exigências de que o grupo trabalhe além do horário normal, comprometendo compromissos particulares; entre outros (Darcanchy, 2005). Com isso, o assédio moral pode ser entendido como um processo disciplinar e não está dissociado das formas de gestão atual que se apropriam de formas de violência, mais ou menos sutis e "invisíveis", como estratégias para maximizar resultados à custa da "saúde moral" (Heloani, 2005). Existem algumas condições que, segundo Freitas (2007), propiciam a ocorrência do assédio moral, por meio de ações violentas, desrespeitosas, abusivas e humilhantes. Essas condições incluem os ambientes com culturas permissivas, a competição exagerada (uma "guerra pela sobrevivência"); o poder absoluto dos chefes (e possibilidades de abuso); as reestruturações organizacionais mal conduzidas em relação às realocações ou demissões dos profissionais; as terceirizações e os prováveis conflitos entre os efetivos e os prestadores de serviços decorrentes das diferenças nas relações de trabalho; os serviços empobrecidos e rotineiros, nos quais os trabalhadores são quase autômatos; as expatriações e repatriações de profissionais sem preparação para adaptação do profissional; e a entrada de profissionais altamente qualificados que podem ameaçar os mais antigos. Todas essas situações e diversas outras favorecem um ambiente propício ao abuso consentido de poder, às ocorrências de humilhações, às ofensas, às desqualificações.

Trata-se de uma intensificação em forma de coação social, que pode surgir em qualquer relação caracterizada pela hierarquia ou desigualdade social e pelo autoritarismo. Conforme Darchanchy (2005), esse fenômeno ocorre com tal frequência que está banalizando a violência no trabalho ou mesmo nas relações sociais. Para Barreto (2000), essa intensificação é consequência das mudanças organizacionais ocorridas nas últimas décadas do século XX, caracterizadas pela reestruturação produtiva, que fortaleceu as grandes empresas, mas ao mesmo tempo desvalorizou o trabalho, posicionando o trabalhador em segundo plano.

No atual processo de reestruturação produtiva, trava-se uma verdadeira guerra pela competitividade (Dejours, 1999), na qual está ocorrendo um processo de exclusão dos "recrutas" menos competentes para lutar. Os velhos não têm a capacidade de dinamismo necessária, os jovens não têm a experiência necessária, os vacilantes não têm capacidade de apresentar respostas com a rapidez que o mercado exige, as mulheres são menos comprometidas com o trabalho e mais comprometidas com o papel de mãe e esposa. Por seu lado, os homens jovens, os oficiais entre os guerreiros, percebem-se cada vez mais cobrados em termos de resultados de qualidade, de produtividade, de comprometimento com os objetivos organizacionais e de sujeição a um sistema em que sair da empresa pode significar a longa permanência nas filas de busca de emprego, assim como ficar pode despender grandes doses de energia para suportar as demandas organizacionais e de mecanismos para suportar o sofrimento. Nesse contexto, as pessoas podem ser testadas até os limites da exaustão.

A crescente desregulamentação dos contratos de trabalho ocasionou o aumento do trabalho em tempo parcial, informal, temporário e sob outras formas que usualmente caracterizam o trabalho precário, do ponto de vista legal e dos direitos dos trabalhadores. Em um ambiente de índices elevados de desemprego, muitas vezes os trabalhadores aceitam se submeter a situações de violência no ambiente de trabalho (Barreto, 2003). No caso do assediado, o maior problema vivenciado tende a ser que, por medo do desemprego, da cobrança social, das responsabilidades, ele passa a suportar essas situações, até chegar a um momento extremo em que há a perda do controle físico, mental e psíquico, podendo entrar em depressão e até chegar à morte (Darcanchy, 2005). Como ainda é possível compactuar com tal banalização da violência e da injustiça?

Articulando considerações finais

Ousar tratar da violência e de suas manifestações é um grande desafio. Embora seja um fenômeno da "ordem do dia", é de difícil análise e intervenção, devido à amplitude, às múltiplas facetas e à polissemia. A violência pode apresentar diferentes graus de concretude, tem um caráter instrumental (Arendt, 1985) e só precisa ser abordada como comportamento aprendido, tanto de caráter individual como de social e histórico. A interpretação da violência pressupõe identificar diferentes ângulos, conexões e ocorrências (Minayo & Souza, 1999) que contribuam para compreender as suas direções e finalidades.

A violência no trabalho está incluída entre as facetas da violência em que há a expressão, por meio de indivíduos, grupos ou da "organização", de ações diversas, que podem ir da agressão física e coação direta às violências simbólicas, exercidas contra outros indivíduos ou grupos, classes e instituições, com a finalidade de deter poder e seus privilégios. As várias ações podem incluir homicídios, estupro, roubos, ferimentos, ataques físicos, chutes, mordidas, socos, cuspidas, perseguição, assédio sexual e racial, *bullying*, intimidação, ameaças, ofensas, postura agressiva, gestos obscenos, sabotagem em equipamentos de trabalho, hostilidade, gritos, xingamento, insinuações, silêncio deliberado e assédio moral (Martino, 2000; Fleming & Harvey, 2002).

202 | Dimensões da violência

O foco de estudo no assédio decorre do fato de que, embora seja um fenômeno muito antigo e a grande maioria dos trabalhadores tenha vivenciado ou visto situações de assédio, ele ainda é pouco estudado nos meios acadêmicos e divulgado na sociedade. Além disso, a expansão do assédio requer uma mobilização rápida em prol dos direitos dos trabalhadores que são vítimas. Ele implica ações abusivas por meio de gestos, palavras, comportamentos, atitudes que atentam contra a dignidade ou integridade psíquica ou física de uma pessoa e que, por frequência e intensidade, fragilizam a posição do trabalhador ou deterioram o clima no trabalho (Hirigoyen, 2002b). Normalmente, as situações começam gradualmente e o assediado tem dificuldades de identificar o que está ocorrendo; é o acúmulo dos pequenos traumas que gera agressão. É o conjunto de agressões que configura o assédio moral, e, embora na maioria das vezes não chegue a situações extremas, como a morte, há perda da identidade, da autoestima, da saúde do trabalhador. O retorno para casa após um dia de trabalho torna-se carregado de exaustão, humilhação, depressão, sofrimento (Hirigoyen, 2008; Dejours, 1999). A condição de recuperação torna-se difícil.

A caracterização do assédio moral tem como ponto de partida as relações interpessoais entre assediado(s) e assediador(es). Mas a sua ocorrência deixou de ser pautada nos indivíduos e suas perversidades e seus sadismos para se analisar a cultura organizacional na qual ocorre. O assédio está relacionado a dois componentes em interação, que são o exercício e abuso de poder e as atitudes perversas. Quando perverso, o objetivo do assediador é eliminar o outro, o assediado, ou valorizar o próprio poder; quando estratégico ou institucional, é aceito ou utilizado pela organização com vistas a forçar o trabalhador a se demitir (estratégico) ou como instrumento de gestão de pessoas (institucional) (Hirigoyen, 2008).

As manifestações de violência decorrentes do trabalho, que acontecem sob conivência ou estimuladas pelas organizações, são associadas à violência explícita ou, especialmente, à violência simbólica naturalizada nas práticas e nos discursos de formas organizacionais voltadas à excelência, à aprendizagem e à lógica da competência. O grupo dos menos competentes para "vencer a luta" pela competitividade inclui aqueles já sujeitos a discriminações, como jovens, idosos, negros e mulheres. Mas atualmente inclui também profissionais competentes e qualificados, que, por não se sujeitarem a pressões ou perversidades, são excluídos.

A valorização da economia, do lucro e o "culto" à racionalidade instrumental, direcionada eminentemente para o alcance dos fins nas organizações, deram origem ao que se pode denominar de sociedade gerencial, no entender de Chanlat (1999), na qual noções e princípios, como excelência, flexibilidade, desempenho, competências, qualidade total, reengenharia, *downsizing*, são imperativos. Ambientes de hipercompetitividade (Heloani, 2004) são propícios ao assédio, especialmente porque ações ou excessos eventuais, toleráveis em períodos de crise, passam a ser adotados como estratégias para o alcance dos melhores resultados. Assim, as perversidades e os sadismos que estavam latentes podem se tornar manifestos, seja por meio de cumplicidade silenciosa, seja na forma de aplausos.

Os desafios para ir de encontro às ocorrências de assédio moral no trabalho são muitos. Eles vão desde alguns básicos e fundamentais, como as informações sobre do que se trata, a melhoria nos processos de comunicação e as alterações nas formas de poder nas organizações e fora delas, até a construção de espaços de escuta e de fala e a análise do papel que a preponderância da racionalidade instrumental, na qual os fins justificam os meios, tem na nossa configuração societária. A hegemonia da racionalidade instrumental propicia a coisificação do sujeito e a perda de valores tradicionais para a conviviabilidade social, como mérito, honestidade, respeito, integridade, honra (Enriquez, 1997), e remetem a analisar em outros estudos a própria centralidade da categoria trabalho.

Referências bibliográficas

Alkimin, M. A. (2005). *Assédio moral na relação de trabalho*. Curitiba: Juruá Editora.

Adorno, S. (2002). Exclusão socioeconômica e violência urbana. *Sociologias*, 8, 84-135.

Barreto, M. M. S. (2000). *Uma jornada de humilhações*. Dissertação. (Mestrado em Psicologia Social). São Paulo: Pontifícia Universidade Católica de São Paulo.

Barreto, M. M. S. (2003). *Reflexões sobre a violência moral no mundo do trabalho*. Recuperado em 15 de maio de 2007 de <http://www.prefeitura.sp.gov.br/secretarias/administração/servidores/dasat/doc/vilo%Eancia%20no%20trabalho%20-%20Margarida%20Barreto.pdf>.

Arendt, H. (1985). *Da violência*. Brasília: Editora Universidade de Brasília.

Bordieu, P. (2003). *A dominação masculina*. Rio de Janeiro: Bertrand do Brasil.

Caixeta, S. (2003). O assédio moral nas relações de trabalho. Boletim *Científico da Escola Superior do Ministério Público da União*, *II*(6), 91-98. Recuperado em 15 de maio de 2007 de <http://www3.esmpu.gov.br/linha-editorial/boletim-cientifico/boletim6.pdf#page=91>.

Corrêa, A. M. H. & Carrieri, A. P. (2007). Percurso Semântico do Assédio Moral na Trajetória Profissional de Mulheres Gerentes. *Revista de Administração de Empresas*, 7(1), 22-32.

Darcanchy, M. V. (2005). Assédio Moral no Meio Ambiente do Trabalho. *Revista Justiça do Trabalho*. Anais do CONPEDI/ Recife (Conselho nacional de pesquisa e pós-graduação em direito). Recuperado em 8 de maio de 2007 de <http://conpedi.org/manaus/arquivos/anais/recife/trabalho_justica_mara_darcanchy.pdf>.

Chanlat, J. F. (1997). Modos de gestão, saúde e segurança no trabalho. In E. P. B. Davel & J. G. M. Vasconcellos (Orgs.). *"Recursos" Humanos e subjetividade* (pp. 118-128). Petrópolis: Vozes.

Chanlat, J. F. (1999). *Ciências sociais e management*. São Paulo: Atlas.

Clastres, P. (2004). *Arqueologia da violência: pesquisas de antropologia política*. São Paulo: Cosac & Naify.

Darcanchy, M. V. Assédio Moral no Meio Ambiente do Trabalho, 2005. *Revista Justiça do Trabalho*. Recuperado em 8 de maio de 2007 de <http://conpedi.org/manaus/arquivos/anais/recife/trabalho_justica_mara_darcanchy.pdf>.

Dejours, C. (1999). *A banalização da injustiça social.* Rio de Janeiro: Editora Fundação Getúlio Vargas.

Einarsen, S. (1997). The nature, causes ande consequences of bulling at work: Norwegian experience. *Pistes,* [Suplemento l.], 7(3). Recuperado em 1 de maio de 2009 de <http://www.pistes.uqam.ca/v7n3/articles/v7n3a1en.htm>.

Enriquez, E. (1997). O indivíduo preso na armadilha da estrutura estratégica. *Revista de Administração de Empresas,* 37(1), 6-17.

Enriquez, E. (2006). O homem do século XXI; sujeito autônomo ou indivíduo descartável. *Revista de Administração de Empresas Eletrônica,* 5(1) Acesado em 03 de fevereiro de 2011, disponível em: http://www.fgv.br/raeeletronica/.

Ferreira, J. B. (2008). Violência e assédio moral no trabalho: patologias da solidão e do silêncio. In L. A. P. Soboll (Org.). *Violência psicológica e assédio moral no trabalho.* São Paulo: Casa do Psicólogo.

Fleming, P. & Harvey, H. D. (2002). Strategy development in dealing with violence against employees in the workplace. *The Journal of The Royal Society for the Promotion of Health,* 122(4), 226-232.

Freitas, M. E. (2001). Assédio moral e assédio sexual: faces do poder perverso nas organizações. *Revista de Administração de Empresas,* 41(2), 8-19.

Freitas, M. E. (2007). Quem paga a conta do assédio moral no trabalho? *RAE eletrônica,* 6(1). Recuperado em 22 de maio de 2009 de <http://www.unicamp.br/fef/espec/hotsite/gqve/RAE%20Pensata%20%20ASS%C9DIO%20MORAL.pdf>.

Freitas, M. E.; Heloani, R. & Barreto, M. (2008). *Assédio moral no trabalho.* São Paulo: Cengage Learning.

Glöckner, C. L. P. (2004). *Assédio moral no trabalho.* São Paulo: IOB Thompson.

Gomes, V. L. O. & Fonseca, A. D. (2005). Dimensões da violência contra crianças e adolescentes, apreendidas do discurso de professoras e cuidadoras. *Texto contexto: enfermagem, 14,* pp. 32-37.

Gonzàlez de Rivera, J. L. & Rodriguèz-Abuìn, M. (2003). Cuestionario de estrategias de acoso psicológico: el LIPT-60 (Leymann Inventory of Psychological Terrorization) em versión española. *Psiquis,* 24,(2), 59-69.

Heloani, J. R. M. (2004). Assédio moral: um ensaio sobre a expropriação da dignidade no trabalho. *RAE eletronica* 3(1). Recuperado em 8 de maio de 2007 de <http://www.scielo.br/scielo.php?script=sci_arttext&pid=S1676-56482004000100013&lng=pt&nrm=iso>.

Heloani, J. R. M. (2005). Assédio moral: a dignidade violada. *Revista Aletheia* (ULBRA), 22, 102-108.

206 | Dimensões da violência

Heloani, J. R. M. & Capitão, C. G. (2003). Saúde mental e psicologia do Trabalho. *São Paulo em perspectiva*, 7(2), 12-8.

Hirigoyen, M-F. (2002a). *Assédio moral: a violência perversa no cotidiano* (5a ed.). Rio de Janeiro: Bertrand do Brasil.

Hirigoyen, M-F. (2002b). *Mal-estar no trabalho: redefinindo o assédio moral.* Rio de Janeiro: Bertrand do Brasil.

Hirigoyen, M-F. (2005). *Mal-estar no Trabalho: redefinindo o assédio moral.* Rio de Janeiro: Bertrand do Brasil.

Hirigoyen, M-F. (2008). *Assédio moral: a violência perversa no cotidiano* (10a ed.) Rio de Janeiro: Bertrand do Brasil.

Invitti, C. & Tolfo, S.R. (2008). Assédio moral no trabalho: implicações psicossociais. In *Relatório de Pesquisa PIBIC.*(pp. 1-48). UFSC: Florianópolis.

Martino, V. Di. (2000). Violence at the Workplace: the Global Challenge. *International Conference on Work Trauma*, 8(9). Recuperado em 25 de maio de 2009 de <http://www.ilo.org/public/english/protection/safework/violence/violwk/violwk.htm>.

Martins, J. C. O. & Pinheiro, A. A. G. P. (2006). Sofrimento psíquico nas relações de trabalho. *Revista de Psicologia da Vetor EditoraI*, 7(1), 79-85.

Minayo, M. C. S. & Souza, E. R. (1999). É possível prevenir a violência? Reflexões a partir do campo da saúde pública. *Ciência e saúde coletiva*, 4(1). Recuperado em 25 de maio 25 de 2009 de <http://www.scielo.br/scielo.php?script=sci_issuetoc&pid=1413-812320060005&lng=en&nrm=isso>.

Oliveira, R. P. de & Nunes, M. O. (2008). Violência relacionada ao trabalho: uma proposta conceitual. *Saúde e Sociedade.* (pp. 22-34). 17(4).

Pedroso, V. G.; Limongi, A. C.; Martins, F. A. S.; Hrdlicka, H.; Jorge, S. M. & Cornetta, V. K. (2006). Aspectos conceituais de assédio moral: um estudo exploratório. *Revista de Administração em Saúde*, 8(33), 139-147.

Scanfone, L. & Teodósio, A. S. S. (2004). Assédio moral nas organizações: novas roupagens para uma antiga temática? *E&G Economia e Gestão*, 4(7),71-80. Recuperado em 20 de maio de 2009 de <http://periodicos.pucminas.br/index.php/economiaegestao/article/view/87/80>.

Velho, G. (s.d.). *Violência: uma perspectiva antropológica*. Recuperado em 10 de maio de 2009 de <http://www.sbpcnet.org.br/livro/57ra/programas/CONF_SIMP/textos/gilbertovelho.htm>.

Warshaw, L. J. (1998). Violence in the workplace. In J. M. Stellman (ed.). *Enciclopedia de salud y seguridad en el trabajo.* Geneva: International Labour Office. Recuperado em 27 de maio 27 de 2009 de <http://www.mtas.es>.

Trabalho docente, modo degradado de funcionamento institucional e patologias do trabalho

Roberto Moraes Cruz[1]

Introdução

Profissionais do campo da saúde, das ciências sociais e do trabalho têm investigado cada vez mais as relações entre saúde e trabalho e o modo como essa relação repercute sobre o *modus vivendi* dos trabalhadores. Para Cruz (2005) e Lemos e Cruz (2005), estudos epidemiológicos recentes apontam verdadeiras epidemias das chamadas doenças profissionais ou doenças relacionadas ao trabalho. Do ponto de vista das patologias atribuídas à organização e ao processo de trabalho, é possível verificar, nos estudos especializados, o modo como progridem os efeitos somáticos e psicológicos relacionados às cargas de trabalho, à competitividade, à densidade e à intensidade de trabalho, denominados genericamente de distúrbios musculoesqueléticos e psicopatologias do trabalho, que refletem, respectivamente, em descompensações físicas e psicológicas mais evidentes do modo de funcionamento degradado de uma organização.

Trabalhadores da educação também têm passado, em seus cotidianos profissionais, por problemas de saúde decorrentes de seu trabalho. Em cenários como os das instituições privadas e públicas, apesar dos esforços dos trabalhadores da educação, aponta-se para um estado crônico de dificuldades em gerenciar os processos de trabalho, seja por intensificação da precarização das condições de trabalho, seja pela incapacidade em transformar as ações reivindicatórias efetivamente em processos de conscientização da sociedade sobre os

---

[1] Professor e pesquisador no curso de Psicologia e no Programa de Pós-graduação em Psicologia da Universidade Federal de Santa Catarina (UFSC). Psicólogo e perito judicial.

riscos implicados na precarização do trabalho dos professores e demais trabalhadores da educação.

Nesse contexto, verifica-se a crescente depreciação da atividade docente, em razão dos baixos investimentos nas ações de melhoria da educação superior, da crescente transformação da natureza do processo educativo em meio de negócio e lucro, na redução da margem de remuneração dos professores, seja do ponto de vista dos ambientes de trabalho, da remuneração ou, ainda, do reconhecimento social desse trabalho. Tal quadro acarreta, invariavelmente, a acentuação dos efeitos perversos de desgaste físico e psicológico, absenteísmo e, até mesmo, abandono da profissão.

É válido, portanto, inquirir sobre a evolução quantitativa e qualitativa dos fatores de risco e agravos à saúde nas categorias profissionais. As condições de saúde dos trabalhadores em geral, assim como dos professores, dependem das relações decorrentes das exigências e condições de realização do trabalho, derivadas do contexto e das características da organização do trabalho, nesse caso, da instituição de ensino superior. A avaliação das condições de trabalho, por meio das suas dimensões físicas e psicológicas, permite ampliar a compreensão em torno da percepção das condições de trabalho, dos riscos e evidências de processos de adoecimento.

O presente estudo tem como objetivo caracterizar aspectos do trabalho docente e sua influência nos processos de saúde, no contexto dos processos de degradação do trabalho nas instituições de ensino privadas e públicas.

Docência e saúde dos professores

A docência é uma das mais antigas ocupações, e a figura do professor é anterior à criação das instituições de ensino. A docência e os processos de ensino-aprendizagem vêm se modificando ao longo da institucionalização dos processos de formação profissional, especialmente em função das transformações no mundo do trabalho e da produção, das mudanças culturais e da evolução tecnológica, que repercutiram e repercutem sobre as condições de vida e trabalho dos professores.

O trabalho docente é o resultado de um processo que envolve múltiplos saberes oriundos da formação, da área disciplinar, do currículo, da experiência, da prática social, e da cultura, entre outros. Trata-se de uma atividade regida por uma racionalidade prática que se apoia em valores, em teorias, em experiências e em elementos contextuais (Therrien & Damasceno, 2000, Therrien & Loiola, 2001).

Visto na perspectiva dos estudos sobre as relações entre processo de trabalho e a saúde, o trabalho do professor não apresenta, de uma forma geral, segundo Lemos e Cruz (2005), o mesmo destaque de investigação científica que outras categorias do setor industrial e de serviços, como, por exemplo, os profissionais da construção civil, dos transportes, da saúde e do setor bancário.

Para Esteve (1999), professores de todas as partes do mundo tiveram que se adaptar às características evolutivas dos processos de trabalho na docência, ainda que, na maioria das vezes, não se tenha evoluído necessariamente na melhoria das condições objetivas nesse tipo de exercício profissional.

A profissão docente, existente há séculos, atravessa, contemporaneamente, um de seus piores momentos. O mestre, visto antes como uma figura profissional essencial para a sociedade, é hoje um profissional que luta pela valorização e pelo reconhecimento social de seu trabalho. O quadro social se agrava quando se verifica, especialmente por parte das instituições de ensino privadas, a contratação dos "novos docentes", não necessariamente comprometidos com o processo de ensino-aprendizagem, mas que apresentam uma melhor relação custo-benefício para o negócio. De qualquer maneira, pouco ou muito comprometidos, os sinais de desgaste em docentes têm se intensificado nos últimos anos, na esteira dos modelos gerencialistas da educação e da valorização do chamado aluno-cliente-consumidor, onda liberal que soprou seus ventos também em direção à gestão da educação pública.

Para aqueles que persistem na profissão, na perspectiva de construir uma carreira profissional e obter dela seu sustento e meio de realização pessoal, há uma crescente insatisfação com as políticas de gestão do trabalho docente, baseadas na limitação de recursos, apoio e transparência nas decisões, justificadas pelos gestores das instituições de ensino em função das restrições de recursos financeiros e de pessoal e das dificuldades em alcançar metas econômicas, associadas ao declínio crescente da demanda por ingressos nas universidades. É o efeito paradoxal gerado pelas instituições de ensino: precarizar o trabalho para tentar cumprir metas e lucratividade que não lhe são mais possíveis. A solução encontrada é intensificar o trabalho e reduzir os ganhos econômicos dos professores, precarizando o trabalho ainda mais. No setor privado, o ciclo de demissões e restrições à autonomia dos professores é evidente. No setor público, o Estado apresenta, a cada nova gestão, um incremento de estratégias gerenciais de avaliações de desempenho baseadas em metas de produção, aproximando-se das práticas liberais da iniciativa privada.

É fato, contudo, que professores e educadores, em geral, ocupam um lugar especial no processo social e produtivo. Realizam atividades de assistência interpessoal e de dedicação ao ensino-aprendizagem, invariavelmente colocando-os numa condição de maior predisposição aos chamados transtornos psicossociais no trabalho, que, associados aos agravos na condição física (no caso das Lesões por Esforços Repetitivos - LER, por exemplo), acentuam os desgastes profissionais. Dentre os principais transtornos psicossociais relacionados ao trabalho, destacam-se as neuroses profissionais, a fadiga psicológica, o estresse

210 | Dimensões da violência

e a síndrome da desistência (*burnout*). Aubert (1996) faz uma distinção entre estresse profissional e neurose profissional. O primeiro é caracterizado como perturbação no indivíduo decorrente da excessiva mobilização de sua "força adaptativa" para o enfrentamento de demandas de seu ambiente de trabalho que extrapolam suas capacidades físicas ou psíquicas atuais. É de caráter passageiro se os fatores desencadeantes podem ser controlados. A neurose profissional é descrita como "um estado de desorganização persistente da personalidade, com consequente instalação de uma patologia, vinculada a uma situação profissional ou organizacional determinada" (p. 165).

O ensino, visto como uma prática profissional, possui características particulares, geradoras de fatores causadores de problemas físicos e psíquicos. Para Reis e colaboradores (2006), de forma geral, ensinar é uma atividade altamente estressante que repercute no desempenho profissional do docente e em sua saúde física e mental. Gasparini, Barreto e Assunção (2006) chamam a atenção para o fato de as escolas não serem mais um lugar seguro e protegido devido à violência que há dentro e fora dos estabelecimentos de ensino, p que representa uma fonte importante de estresse na escola.

No Brasil, as plataformas de gestão das instituições de ensino trouxeram consigo sobrecarga de trabalho para os professores, especialmente quanto ao volume de trabalho, à precariedade das condições de ensino e atendimento aos alunos e à redução da autonomia do professor em gerir suas próprias condições de trabalho (Gasparini, Barreto & Assunção, 2006). Para Carlotto e Palazzo (2006), impuseram-se muitas atribuições ao professor que ultrapassam seus interesses e sua carga horária, entretanto ele é excluído das decisões institucionais e é percebido somente como um executor de propostas elaboradas por outros. Esse modelo de gestão atual, de acordo com Carlotto e Câmara (2007), diminuiu o tempo do professor para organizar e efetuar seu trabalho, para se atualizar profissionalmente e, também, para promover atividades de lazer e convívio social.

De certa forma, o trabalho do professor representa, historicamente, um dos principais meios de realização de processos educativos e transmissão de conhecimentos culturais compartilhados pela comunidade social e científica. Contudo, apesar de sua importância social, os estudos sobre as implicações das condições de trabalho na saúde dos professores remontam à década de 1980. Os registros na literatura especializada, anteriores a esse período, tratam de doenças físicas (laringites, varizes, problemas na coluna), sem necessariamente relacioná-los às variáveis da organização e do processo de trabalho.

A produção do conhecimento sobre saúde e trabalho docente no cenário nacional é incrementada ao longo da década de 1990. Embora o que já se produziu até o momento seja incipiente, essa produção revela um crescimento significativo em estudos exploratórios e descritivos sobre fadiga vocal, estresse e síndrome da desistência (*burnout*) entre os docentes, associados ou não a outras patologias. As

Trabalho docente, modo degradado de funcionamento institucional e patologias do trabalho | 211

pesquisas de Esteve (1999) e de Codo (1999) enfatizam que as condições de trabalho dos docentes brasileiros, a exemplo das condições de trabalho dos docentes norte-americanos e europeus são consideradas precárias e têm sido apontadas, nas pesquisas atuais, como geradoras de adoecimento físico e psicológico. A reversão da situação de saúde depende da ampliação do conhecimento sobre as condições de trabalho dos docentes brasileiros, da implantação de medidas de controle e prevenção dos riscos ocupacionais e, principalmente, de mudanças importantes na gestão dos trabalhadores da educação e da qualidade do ensino.

Estudos realizados com professores (tanto os que abordam fadiga e estresse quanto os que abordam condições de trabalho mais amplas) caracterizam a prática de ensino como um trabalho dotado de intensificação das relações inter-pessoais que mobiliza os chamados fatores psicossociais do trabalho docente, isto é aqueles que estão relacionados à qualidade das interações no trabalho. (Codo, 1999; Esteve, 1999). Invariavelmente, os resultados desses mesmos estudos demonstram que a desvalorização e o não reconhecimento do trabalho docente, expressos genericamente pela percepção de desrespeito por parte dos alunos (e até mesmo da sociedade), as condições salariais (que não condizem com a impor-tância e a responsabilidade social desse trabalho), a necessidade de ampliação da jornada de trabalho para recompor o salário, os aumentos expressivos de alunos em salas de aula, além da luta permanente por manter-se no emprego têm contribuído para a perda de qualidade da saúde dos professores. Vedonato e Monteiro (2008), em pesquisa realizada com 258 professores de escolas esta-duais de São Paulo, verificaram que a maioria dos professores apresentava um estilo de vida precário, com a presença de problemas de saúde, como transtornos musculoesqueléticos, respiratórios e mentais.

O saber construído ao longo do processo de formação profissional do professor é confrontado com a realidade do trabalho de ser responsável pela educação de duas, três ou até quatro turmas de quarenta alunos (número médio de alunos por turma), com duas ou mais disciplinas diferentes para ministrar durante o ano letivo. De uma forma geral, o professor recorre a esforços extras para atualizar seus conhecimentos e instrumentalizar-se em novas tecnologias didático-pedagógicas, cumprindo uma jornada de trabalho que extrapola em horas semanais a jornada prevista em seu contrato de trabalho.

De fato, o trabalho docente requer habilidades intelectuais, mas não está isento de habilidades físicas. A realização das atividades, intra ou extraclasse, exige do professor condições físicas e psicológicas, pois as atividades envolvem esforço físico (necessidade de força e resistência muscular para a busca de infor-mações atualizadas, transporte de livros e materiais e ficar sentado ou em pé por tempo prolongado escrevendo ou desenhando – o que envolve gasto energético/calórico e alterações fisiológicas) e esforço mental (para as exigências cognitivas e psíquicas). Para Gasparini, Barreto e Assunção (2005) as circunstâncias em

212 | Dimensões da violência

que os professores mobilizam suas capacidades físicas, cognitivas e afetivas para atingir os objetivos impostos podem gerar sobre-esforço ou hipersolicitação de suas funções psicofisiológicas, que, se não forem recuperadas a tempo, podem desencadear sintomas clínicos, o que poderia explicar os índices de afastamento do trabalho por transtornos mentais.

Os transtornos mentais ou psicopatologias do trabalho (síndromes neuróticas específicas, reações agudas ao estresse, depressão, dentre outros), assim como os distúrbios osteomusculares relacionados ao trabalho (fibromialgia, tendinites, cervicalgias, dentre outros), devido à gravidade apresentada, têm chamado a atenção de especialistas em saúde no trabalho. As revisões de literatura realizada por Bongers e colaboradores (1993) e Cruz (2005) apontam vários estudos transversais que indicam uma associação direta entre fatores psicológicos, como a ansiedade, a depressão, a tensão afetiva e os incrementos de responsabilidade no trabalho, à manifestação de síndromes dolorosas e suas manifestações musculoesqueléticas. Destacam-se, entre os principais fatores estudados, a pressão por rendimento, a insatisfação com o conteúdo do trabalho e a elevada demanda de trabalho.

O trabalho, como uma atividade de risco, induz a uma atitude regulatória e compensatória por parte dos indivíduos diante da carga de trabalho, suscetibilizando-os somática e psicologicamente. Segundo Frutuoso e Cruz (2005), o conceito de carga do trabalho resulta da contraposição entre as exigências do processo e a capacidade fisiológica do sujeito de responder a elas. De forma semelhante ao ambiente, em que a sobrecarga dá-se pelo excesso de estímulos, a sobrecarga do trabalho ocorre na medida em que as exigências excedem a capacidade biológica do trabalhador. Geralmente, sobrecargas físicas e psicológicas sinalizam dano que compromete a capacidade de controlar a intensidade do sofrimento, seja esse dano percebido como uma inabilidade para lidar com a frustração no trabalho, seja percebido como uma fadiga ou uma lesão.

No quadro de adversidades e riscos no meio ambiente institucional, os docentes têm desenvolvido, ao longo dos anos e das mudanças gerenciais implementadas, estratégias para lidar com o desgaste físico e psicológico proveniente de condições desequilibradas de trabalho. Entretanto, a organização do trabalho, que é uma das principais fontes desse desgaste, também representa o lócus do seu enfrentamento. Desse modo, os trabalhadores tendem a lançar mão de estratégias de enfrentamento da realidade adversa, a fim de minimizar possíveis desequilíbrios na relação homem-ambiente e prejuízos psicológicos. As pessoas, então, "elaboram ou constroem defesas para evitar ou tornar suportável o sofrimento" (Cruz, 2005, p. 211). Essas defesas dizem respeito a ajustamentos e flexibilizações de comportamento diante das exigências do meio, com o objetivo de regular o efeito de elementos estressores. É de se supor que, quanto maior a disparidade entre o meio físico e a identidade pessoal, maior o esforço do

Trabalho docente, modo degradado de funcionamento institucional e patalogias do trabalho | 213

sujeito em se adequar e mais complexas são as estratégias de defesa elaboradas. (Mendes & Cruz, 2004).

Há que se considerar que todo trabalho é investido de afetividade por parte do indivíduo que o realiza. A afetividade é a base do psiquismo, elemento fundamental na conduta e nas reações individuais. Leontiev (1978) considera as emoções e os sentimentos de extrema importância, pois estão presentes no sistema motivacional e, no âmbito da atividade, identificam as características dos indivíduos. Além disso, ao considerar os demais aspectos da vida psíquica, verifica-se que a afetividade influenciará e será influenciada pelo modo de perceber e refletir a realidade, caracterizando-se como componente essencial no equilíbrio da personalidade.

Importante compreender, como argumentam Azevedo e Cruz (2006), que essas regulações – relativas a padrões emocionais, cognitivos, socioeconômicos ou culturais – também interferem na forma como cada pessoa trava seu enfrentamento diário com o ambiente que o cerca. Assim, onde é baixa a possibilidade de controle pessoal do ambiente, as estratégias de enfrentamento são de natureza adaptativa ou passiva, ou seja, o indivíduo regula as consequências emocionais da situação por não poder alterar a própria situação. Entretanto, nem todos têm boa habilidade de defesa e, nesse caso, mantêm altos os níveis de sofrimento, que levam ao isolamento institucional, à depressão e, até mesmo, ao suicídio. No que se refere ao ambiente institucional, restrições à autonomia e à capacidade de realização pessoal na atividade representam perda do poder de controle sobre a capacidade de personalização do trabalho, geram estratégias de enfrentamento passivas e evasivas, centradas na emoção. Os docentes, nesse sentido, reduzem a tentativa de modificar situações estressoras, incorporando um modo reativo-conservador de construir relações de trabalho mais saudáveis.

Estratégias de enfrentamento bem-sucedidas podem, até certo ponto, dissimular possíveis prejuízos à saúde. Ao contrário, um enfrentamento mal-sucedido, por esgotamento ou inabilidade de se lidar com o meio, em que os indivíduos percebem como insuficiente sua potencialidade de confrontação, produz reações de estresse e conduta alienantes (Cruz, Scherer & Peixoto, 2004). O estresse é "um componente que predispõe ao surgimento de condições patológicas e de diferentes formas de adoecimento" (Mendes & Cruz, 2004, p. 46). Sua expressão tão imprecisa quanto amplamente difundida significa de fato um mal-estar percebido como individual e coletivo. Definir estresse foi, desde o início, uma necessidade de traduzir, de forma relativamente precisa, um fenômeno clínico constituído por reações do organismo às circunstâncias de ameaça ao seu equilíbrio biológico e psicológico.

Constatações sobre as relações entre trabalho-saúde e a emergência do modo de funcionamento degradado no âmbito das instituições de ensino superior

Ao se constituir como elemento transformador da realidade, o ser humano se investe de uma relação com a realidade cujo motor modificante é a necessidade que surge exatamente por sua capacidade de criar e produzir. Contudo, no panorama contemporâneo do mundo do trabalho e considerando as condições de trabalho existentes em nossa sociedade, verificamos o quanto é difícil realizar e realizar-se no e pelo trabalho.

O mundo do trabalho, porém, ainda é o mundo possível da organização da vida em sociedade, do planejamento do presente e do futuro, da aquisição de experiência e habilidades e, principalmente, da afirmação da consciência de quem "é" porque "faz". O sentido de ser está intimamente associado ao sentido de ter, e a incompatibilidade entre esses sentidos gera o estresse, a desmotivação, a insatisfação consigo mesmo, a desumanização das relações.

As consequências do trabalho para o indivíduo podem também ser sentidas depois de longo período, as chamadas "marcas do trabalho" (Teiger, 1980; Wisner, 1984; Cruz, 2005), impressões que em certos casos permanecem por longo tempo no corpo e no pensamento. Manifestações designadas como "incompetências", "perda da capacidade inventiva", "restrições das habilidades", "dificuldades para aquisição de novos conhecimentos", "dificuldade para comprometer-se" e "tendência a adoecer" têm consequências diretas sobre a atividade no trabalho e nas demais dimensões da vida fora do trabalho, criando condutas contingentes às exigências da organização do trabalho (Leplat, 1986; Teiger, 1980).

A atividade de trabalho guarda relações íntimas com os processos de inserção e inclusão social, com implicações significativas sobre a qualidade das relações de convivência e da saúde das pessoas. Nesse sentido, o trabalho é um organizador da identidade social daqueles que trabalham, reflete a manifestação de valores, visão de realidade, modos de pensar a vida e as relações entre as pessoas. Trabalhar significa estar conectado subjetivamente ao mundo criador não somente de mercadorias, mas de sonhos e fantasias. Esta é a ambiguidade do trabalho. Ser uma referência à integridade pessoal e, ao mesmo tempo, à sua desintegração. Possibilitar a construção de relações sociais mediadas por atividades profissionais, mas, ao mesmo tempo, ser um campo fértil à insalubridade nas relações de convivência.

O trabalho e suas vicissitudes expressam, por tudo isso, relações de poder identificadas nas organizações de trabalho por meio dos processos de gestão e controle de seu funcionamento. As instituições de ensino são formas de organização do trabalho e, portanto, são instâncias de consolidação/desintegração da integridade daqueles que assumem seus objetivos e seu modo de funcionamento.

Trabalho docente, modo degradado de funcionamento institucional e patalogias do trabalho | 215

Se o trabalho é um determinante da saúde das pessoas, é evidente que a saúde é uma condição de trabalho. A atenção à saúde dos trabalhadores deve ser, portanto, uma política ativa de controle, gestão e avaliação dos processos de trabalho. Isso implica uma articulação teórica e técnica cada vez mais apurada, entre as condições clínicas dos trabalhadores e os dados epidemiológicos dos processos de adoecimento relacionados ao trabalho. Uma clínica das pessoas que trabalham é uma clínica do trabalho das pessoas.

Por isso, os princípios humanizadores da saúde ocupacional[2], construídos desde há algum tempo pela Organização Internacional do Trabalho (OIT) e Organização Mundial de Saúde (OMS), refletem constatações objetivas da relação trabalho e saúde dos trabalhadores, impondo a necessidade permanente do controle de riscos no trabalho e do aperfeiçoamento contínuo dos processos de gestão de doenças ocupacionais preexistentes ou não.

O modo de funcionamento degradado, no sentido amplo, evidencia problemas e contradições na gestão do trabalho (perdas econômicas, de eficácia e produtividade, intensificação do ritmo, das rotinas e das cargas de trabalho, absenteísmo, redução no efetivo de pessoal, ampliação de metas não necessariamente possíveis de serem cumpridas) e na gestão das relações de trabalho (pressão sobre gestores, intimidação como recurso de gestão, incrementos de responsabilidades, assédio moral naturalizado). No sentido específico, o modo de funcionamento degradado evidencia descontrole de riscos ocupacionais e da ocorrência e prevalência de processos de adoecimento relacionados ao trabalho.

A intensificação do modo de funcionamento degradado das instituições de ensino superior, especialmente nos últimos vinte anos, com a proliferação descontrolada de instituições de ensino privadas e depauperação substantiva das condições de trabalho nas instituições de ensino públicas, tem produzido sérias implicações ao trabalho dos docentes.

Os sinais são evidentes nas instituições privadas: restrições à busca por qualificação profissional, contratação de docentes por menores indicadores de qualificação técnica em função da redução da massa salarial, demissão de docentes com maior titulação, necessidade de ampliação da carga horária para manter níveis salariais anteriormente percebidos, pressões diretas sobre setores específicos da instituição a fim de compensar as fontes de perdas econômicas e de pessoal, intimidação dos gestores para que os docentes evitem "contrariar" os

---

[2] Os princípios humanizadores da saúde ocupacional têm como objetivos: a) a promoção e manutenção, no mais alto grau, do bem-estar físico, mental e social dos trabalhadores em todas as ocupações; b) a prevenção, entre os trabalhadores, de doenças ocupacionais causadas por suas condições de trabalho; c) a proteção dos trabalhadores em seus empregos, dos riscos resultantes de fatores adversos à saúde; d) a colocação e conservação (manutenção) dos trabalhadores nos ambientes ocupacionais adaptados às suas aptidões fisiológicas e psicológicas; em resumo: a adaptação do trabalho ao homem e de cada homem ao seu próprio trabalho. (OIT/OMS, em 1950)

216 | Dimensões da violência

alunos, independente da qualidade demonstrada em suas atividades acadêmicas, intensificação das políticas de insegurança empregatícia, dentre as principais.

Nas instituições públicas, os sinais manifestos são: restrições ao uso de materiais necessários à atividade de ensino, ausência quase que generalizada de apoio técnico às atividades docentes, perda de centralidade dos objetivos da instituição pública, em função da disputa de grupos políticos internos, má gestão do efetivo de pessoal, centralismo dos recursos financeiros e política de dependência dos centros, departamentos e programas de pós-graduação, intensificação do produtivismo e da competitividade nas produções científicas como meio de afirmação profissional, dificuldade em discriminar o que é de natureza pública ou pessoal na gestão dos processos de trabalho, movimentos grevistas intensificados, muitas vezes sem saber quais são as consequências de sua realização, descontentamentos dos alunos, acirramento de conflitos e aumento do abandono dos alunos da universidade.

Tanto nas instituições públicas quanto nas privadas, o que se verifica é, em geral, a perda na qualidade e na eficácia da atividade de ensino, o descontentamento com produtivismo (ora na quantidade de horas/alunos, ora na quantidade da produção científica), a intensificação das relações de competitividade e diminuição de solidariedade, a determinação de metas arrojadas, sem necessariamente dispor dos meios para cumpri-las, o acirramento de conflitos entre alunos e professores associado aos processos de intimidação institucional ao trabalho docente.

Organizações de trabalho – nesse caso, as instituições de ensino superior, privadas e públicas, que operam sob modo degradado de funcionamento – podem ser consideradas organizações patológicas, porque, via de regra, produzem agravos à saúde e aumentam os riscos decorrentes do exercício da atividade docente. Tendo em vista o quadro epidemiológico das doenças ocupacionais entre docentes no Brasil, especialmente em relação aos indicadores de riscos ocupacionais, afastamento do trabalho e invalidez, realizamos uma pesquisa sobre o panorama epidemiológico dos agravos à saúde entre docentes em Santa Catarina[3] (Figura 1).

---

[3] Relatório técnico epidemiológico sobre fatores de riscos e prevalência de indicadores de afastamento do trabalho por doenças ocupacionais e invalidez, em uma amostra de instituições de ensino privadas e públicas de Santa Catarina, elaborado pelos autores, do Laboratório Fator Humano (UFSC), correspondente ao período de 2001 e 2007.

Figura 1 – Comparativo epidemiológico sobre fatores de riscos e prevalência de indicadores de afastamento do trabalho por doenças ocupacionais e invalidez, em uma amostra de instituições de ensino privadas e públicas de Santa Catarina. Fonte: Relatório Técnico (2008)

Os indicadores sobre doenças ocupacionais, apresentados na Figura 1, sintetizam o que, provavelmente, é o retrato nacional de riscos e prevalência de indicadores de afastamento do trabalho e invalidez por doenças ocupacionais. Esse panorama demonstra algumas características importantes sobre os tipos mais frequentes de indicadores de afastamento no trabalho entre docentes, tanto das instituições de ensino públicas quanto privadas – como, transtornos mentais e comportamentais, distúrbios musculoesqueléticos e doenças cardiovasculares, que demonstram uma base incidental permanente a ser considerada na avaliação dos processos de invalidez decorrentes de danos.

Os fatores de riscos às doenças ocupacionais, em geral, são diversos e multideterminados. No panorama epidemiológico apresentado (Figura 1), os principais fatores de riscos relacionados ao trabalho docente, seja na instituição de ensino privada ou pública, são da mesma natureza, ainda que com diferenças em sua base percentual de ocorrência. Constata-se que a intensificação do trabalho, a insalubridade nas relações de trabalho, fadiga e estresse são fatores de riscos importantes na investigação dos efeitos diretos e indiretos, com efeitos aparentes ou não aparentes, imediatos ou não imediatos na produção de processos de adoecimento de professores.

Um aspecto importante a ser avaliado é que, a par do conhecimento dos principais indicadores de afastamento no trabalho e de invalidez, em geral, no âmbito da saúde ocupacional, não são desenvolvidos métodos e ações voltados à investigação de doenças sem sintomas aparentes (Figura1). Há uma tendência em pensar o diagnóstico no trabalho apenas quando os impedimentos ou restrições à atividade de trabalho se manifestam evidentes. O problema é que a maioria dos processos de adoecimento no trabalho não resulta de pressões ou traumas diretos, mas de um conjunto de microprocessos de constrangimentos físicos e psicológicos, nem sempre visíveis aos olhos e escutas menos treinadas, mas que desencadeiam, ao longo do tempo, doenças ocupacionais. Provém desse aspecto uma distância significativa entre identificação de fatores de riscos e o diagnóstico de condições clínicas que resultam na necessidade de afastamento dos trabalhadores por problemas de saúde no trabalho – este é o campo de construção do diagnóstico precoce, que não é uma estratégia adotada comumente nas estratégias de prevenção e promoção da saúde.

A evidência de patologia organizacional, avalizada pelo modo degradado de funcionamento, é constatada não somente pelo incremento de doenças relacionadas ao trabalho, mas pela emergência de um sentimento geral de impotência (dificuldade em mudar ou perceber a necessidade de mudar), da redução da capacidade de ação dos docentes e, mesmo, dos gestores (síndrome da dependência institucional), da acentuação dos comportamentos de riscos à segurança no trabalho, aumento na ocorrência e prevalência de doenças ocupacionais, especialmente os transtornos mentais, distúrbios musculoesqueléticos e doenças cardiovasculares, expressões significativas do processo de intensificação das cargas de trabalho, dos estressores relacionados às relações de trabalho e do fadigamento.

Conclusão

A educação é um dos pilares do desenvolvimento de uma sociedade. Nela, como cenário, encontram-se diversos atores (alunos, professores, supervisores/orientadores e diretores, e os funcionários técnico-administrativos) que desempenham diferentes papéis. Cada um deles tem sua função definida. E, para que cada um desempenhe com êxito a sua função, é necessário que as condições (ambientais, técnicas e psicossociais) sejam favoráveis.

O trabalho do professor, visto na perspectiva dos estudos sobre as relações entre processo de trabalho e a saúde, não apresenta, de uma forma geral, o mesmo destaque de investigação científica que outras categorias profissionais. Recentemente, e considerando o quadro epidemiológico das doenças ocupacionais entre trabalhadores da educação, tem havido uma ampliação nos estudos sobre as condições de saúde e trabalho dos docentes por parte de pesquisadores de diferentes áreas de conhecimento, como sociólogos, psicólogos, epidemiologistas e ergonomistas. Por outro lado, há que se incentivar que as instituições de ensino, por meio de seus respectivos atores, empreendam esforços de mobilização e construção de processos de promoção à saúde ocupacional.

A atividade docente, um trabalho diferente em alguns aspectos como, por exemplo, por ser um trabalho que é iniciado e deve ser concluído pelo mesmo trabalhador, e semelhante em outros aspectos como jornada de trabalho, hierarquia e remuneração, parece, ainda, não ter despertado o interesse dos cientistas, tendo em vista o reduzido número de estudos publicados sobre as condições de trabalho dos professores. Atualmente, os professores, sem distinção do nível de ensino em que atuam e independentemente de ser escola pública ou privada, têm apresentado agravos de saúde que vão desde problemas de voz, passando por distúrbios musculoesqueléticos, síndromes dolorosas crônicas e chegando a quadros de depressão, estresse e *burnout*.

Por fim, o trabalho do professor, por representar uma importante força de trabalho social, necessita ser pensado em termos de suas reais contribuições ao processo civilizatório, sua capacidade de promoção de atitudes comprometidas com a aprendizagem e valorização da vida, assim como à luta por uma condição humanizadora de trabalho nas instituições de ensino.

Referências bibliográficas

Aubert, N. A. (1996). A neurose profissional. In J. F. Chanlat (Org). *O indivíduo na organização: dimensões esquecidas*. São Paulo: Atlas.

Azevedo, B. M. & Cruz, R. M. (2006). O processo de diagnóstico e de intervenção do psicólogo do trabalho. *Cadernos de Psicologia Social do Trabalho*, 9(2), 89-98.

Bongers, P. M.; Winter, C. R.; Kompier, M. & Hildebrandt, V. H. (1993). Psychosocial factors at work and musculoskeletal disease. *Scandandinavian Journal of Work Emvironment Health*, 19, 297-312.

Carlotto, M. S. & Câmara, S. G. (2007). Preditores da Síndrome de Burnout em professores. *Revista Psicologia Escolar e Educional* [on-line], 11(1) [citado abril 2, 2009],101-110. Recuperado em 22 de setembro de 2009 de <http://pepsic.bvs-psi.org.br/scielo.php?script=sci_arttext&pid=S1413-85572007000100010&lng=pt&nrm=iso>.

Carlotto, M. S . & Palazzo, L. S. (2006). Síndrome de burnout e fatores associados: um estudo epidemiológico com professores. *Cadernos de Saúde Pública* [on-line], 22(5), 1017-1026. Disponível em http://www.scielo.br/pdf/csp/v22n5/14.pdf.

Codo, W. (Coord.) (1999). *Educação: carinho e trabalho*. Rio de Janeiro: Vozes.

Cruz, R. M. (2004). Medidas da carga mental de trabalho. In R. M. Cruz; J. C. Alcheiri & J. J. Sardá Jr. *Avaliação e medidas psicológicas: produção do conhecimento e da intervenção profissional* (2a ed., pp. 183-199). São Paulo: Casa do Psicólogo.

Cruz, R. M. (2005). Saúde, trabalho e psicopatologias. In B. Aued (Org.). *Traços do trabalho coletivo* (pp. 201-233). São Paulo: Casa do Psicólogo.

Cruz, R. M.; Scherer, C. G. & Peixoto, C. N. (2004). Estresse ocupacional e cargas de trabalho. In J. J. Sarda Jr.; E. J. Legal & S. J. Jablonski. *Estresse: Conceitos, métodos, medidas e possibilidades de intervenção* (pp. 37-48). São Paulo: Casa do Psicólogo.

Esteve, J. M. (1999). *Mal-estar docente: a sala de aula e a saúde dos professores*. São Paulo: Edusc.

Frutuoso, J. & Cruz, R. M. (2005). Mensuração da carga de trabalho e sua relação com a saúde do trabalhador. *Revista Brasileira de Medicina do Trabalho I*, 3(1), 29-36.

Gasparini, S. M.; Barreto, S. M. & Assunção, A. A. (2005). O professor, as condições de trabalho e os efeitos sobre sua saúde. *Educação e Pesquisa* [on-line], 31(2), 189-199. ISSN 1517-9702. doi: 10.1590/S1517-97022005000200003.

Gasparini, S. M.; Barreto, S. M. & Assunção, A. A. (2006). Prevalência de transtornos mentais comuns em professores da rede municipal de Belo Horizonte, Minas Gerais, Brasil. *Cadernos de Saúde Pública [on-line]*, 22(12), 2679-2691. ISSN 0102-311X. doi: 10.1590/S0102-311X2006001200017.

Lemos, J. C. & Cruz, R. M. (2005). Condições e cargas de trabalho da atividade docente. *Revista Plural*, 14(11), p. 25-29.

Leontiev, A. (1978). *O desenvolvimento do psiquismo*. Horizonte Universitário: Lisboa.

Leplat, J. (1986). L'analyse psychologique du travail. *Revue de Psychologie appliquée*, 3(1), 9-27.

Mazon, V.; Carloto, M. S. & Câmara, S. (2008). Síndrome de Burnout e estratégias de enfrentamento em professores. *Arquivos Brasileiros de Psicologia*, 60(1), p. 55-66.

Mendes, A. M. & Cruz, R. M. (2004). Trabalho e saúde no contexto organizacional: vicissitudes teóricas. In Tamayo et al. (Org.). *Cultura e saúde nas organizações* (pp. 39-55). Porto Alegre: Artmed.

Reis, J. F. et al. (2006). Docência e exaustão emocional. *Educação e Socieade [on-line]*, 27(94), 229-253. ISSN 0101-7330. doi: 10.1590/S0101-73302006000100011.

Relatório Técnico. (2008). Comparativo epidemiológico sobre fatores de riscos e prevalência de indicadores de afastamento do trabalho por doenças ocupacionais e invalidez, em uma amostra de instituições de ensino privadas e públicas de Santa Catarina. Laboratório Fator Humano. Florianópolis.

Teiger, C. (1980). Les empreintes du travail. In *Société Française de Psychologie. Equilibre et fatgue par le travail* (pp. 25-44). Paris: Entreprise Moderne.

Therrien, J. & Damasceno, M. N. (2000). *Artesões de um outro ofício: múltiplos saberes e práticas no cotidiano escolar*. São Paulo: Annablume.

Therrien, J. & Loiola, F. A. (2001). Experiência e competência no ensino: pistas de reflexões sobre a natureza do saber-ensinar na perspectiva da ergonomia do trabalho docente. *Educação & Sociedade, XXII*(74), p. 143-160.

Vedovato, T. G. & Monteiro, M. I. (2008). Perfil sociodemográfico e condições de saúde e trabalho dos professores de nove escolas estaduais paulistas. *Revista da Escola de Enfermagem - USP [on-line]*, 42(2), 291-297. ISSN 0080-6234. doi: 10.1590/S0080-62342008000200012.

Wisner, A. (1984). *A inteligência no trabalho - textos selecionados*. São Paulo: Fundacentro.

Reinterpretar o nazismo para pensar o contemporâneo: algumas pistas[1]

Gérard Rabinovitch[2]

Dá para acreditar que se pode combater a barbárie bancando o anjo? Seria como querer defender-se de um golpe de espada com o punho nu.
Bertold Brecht − Écrits sur la politique et la societé

A questão fatídica para a espécie humana parece-me ser saber se, e até que ponto, seu desenvolvimento cultural conseguirá dominar a perturbação de sua vida comunal causada pelas pulsões humanas de agressão e autodestruição.
Sigmund Freud (1929, p. 70)

A lição política de Freud

Durante muito tempo, na literatura psicanalítica, o texto de Freud Psicologia de grupo e análise do ego parecia o mais indicado para nos servir de guia para compreender este não pensado que foi o acontecimento nazista. Partimos aqui de outra abordagem, baseada em *O mal-estar na civilização* (1929/1980) e no alerta freudiano sobre a questão da agressividade. Nossa tentativa é identificar o "código criminal" e o "traço bárbaro" do nazismo, buscando as homologias estruturais entre o mundo do crime (*gângsters*, máfias, "sociedade dos amigos do crime" [Sade , 1976]) e o nazismo, analisando seus *modus operandi* e suas maneiras de "ser no mundo". Comecemos esta discussão com algumas citações de Freud:

---

[1] Texto publicado no vol. 8, n. 12, dez. 2002, do periódico *Psicologia em Revista*, da PUC Minas. Agradecemos a editora da revista, profa. dra. Ilka Franco Ferrari, em nos permitir a reprodução do mesmo, com pequenas modificações. Texto traduzido por Nina de Melo Franco.
[2] Pesquisador do Centre National de la Recherche Scientifique (CNRS) e do Centre de Recherche Sens, Ethique, Société (CERSES), associado à Université René-Descartes.

224 | Dimensões da violência

> A questão fatídica para a espécie humana parece-me ser saber se, e até que ponto, seu desenvolvimento cultural conseguirá dominar a perturbação de sua vida comunal causada pelas pulsões humanas de agressão e autodestruição. (1929, p. 170)

> Como já sabemos, o problema que temos pela frente é saber como livrar-nos do maior estorvo à civilização, isto é, a inclinação constitutiva dos seres humanos para a agressividade mútua. (1929, p. 167)

> ... surpreende-me menos, pois "as criancinhas [aquelas que preferem os contos de fadas] não gostam" quando se fala na inata inclinação humana para a "ruindade", a agressividade, a destruitividade, e também a crueldade. (1929, p. 142)

> Que a educação dos jovens, nos dias de hoje, lhes oculta o papel que a sexualidade desempenhará em suas vidas, não constitui a única censura que somos obrigados a fazer contra ela. Seu outro pecado é não prepará-los para a agressividade da qual se acham destinados a se tornar objetos. Ao encaminhar os jovens para a vida com essa falsa orientação psicológica, a educação se comporta como se se devesse equipar pessoas que partem para uma expedição polar com trajes de verão e mapas dos lagos italianos. (1929, p. 158)

Parece, desde muito tempo, que jamais esgotaremos os conteúdos dos ensinamentos da prosa, às vezes quase aforística, de *O mal-estar na civilização*, um texto-farol, texto-baliza, momento *salomônico* da construção da psicanálise. Ele subverte a concepção idealista-idealizante que sustentou a marcha do Ocidente em direção à democracia e que coloca em cheque todo o edifício de suas ferramentas normativas ético-comportamentais.

Mas se, como escreveu Goethe, os acontecimentos futuros projetam suas sombras antes deles, podemos então sustentar que *O mal-estar na civilização*, escrito em 1929, se constitui igualmente como um texto de alerta político, um desses "avisos de incêndio", segundo a expressão cara a Walter Benjamin.

Aceita-se frequentemente, por uma denegação tímida ou por falta de atenção, que Freud nada dizia sobre política. Mas, ao mesmo tempo, fica patente que ele se expressou a respeito de todas as questões do político, que trazem questionamentos implícitos ou explícitos ao exercício da democracia: a sugestionabilidade das massas, o laço social, o interdito, a decisão política, a agressividade etc. As intervenções políticas de Freud – e talvez aí esteja um dos motivos de sua não lisibilidade imediata –, todas matizadas pela *prudência* aristotélica e pela *precaução* spinozista, deram-se *além* do estritamente clínico e *aquém* das querelas de partido. Elas exploraram o que se trama nesse "entre dois", que é a trama subentendida nas questões da ação política, nas sociedades democráticas. Somente esse motivo

Reinterpretar o nazismo para pensar o contemporâneo | 225

já interessaria a qualquer estudioso da sociologia ou da filosofia política, ciente dos entraves, dos descaminhos e dos impasses mostrados nos textos sociais, sem a ingenuidade de encobri-los com um véu de aparências enganosas.

Mas o que é admirável em *O mal-estar na civilização* e que, literalmente, funciona como lição é que Freud está menos preocupado, naquele instante, em denunciar e inventariar as manifestações contemporâneas tangíveis ou sutis da *agressividade natural* por ele invocada. De maneira surpreendente, ele escolhe apontar com insistência, quase martelando, a cegueira da moral normativa que acompanha a democracia, no que se refere à realidade incurável dessa agressividade.

Aristóteles já constatava, em sua *Metafísica*, que nos encontramos diante da evidência dos fatos, como os morcegos diante da luz do dia. Há uma ética do argumento retórico em *O mal-estar na civilização*. Ela consiste em enfatizar que o perigo principal da civilização, o defeito maior na política, reside na incapacidade de estarmos vigilantes às potências virtuais de destruição, presentes no homem. Ou em nossa inaptidão para constatar as irreprimíveis investidas dessas potências para burlar os obstáculos que o trabalho de civilização lhes opõe. E ainda: na incapacidade de encarar suas irresistíveis propensões a cavar passagens nas próprias perversões que esses obstáculos escondem, e que elas não demoraram a escancarar. Mais ineficácia ainda, nos explica Freud, é recusar a virtualidade dessas potências de destruição, em nome de um ideal que, na prática, não resiste ao Mal, esse que Kant qualificava de "mal radical". Com isso, ele inicia um ataque em regra contra os pilares da normatividade, na qual a democracia se sustenta: o amor, a consolação, a remissão dos pecados, a educação "beata" edificante.

Não podemos deixar de estremecer, ao ler o comentário feito por Freud, em 1929, sobre o "Ama ao próximo como a ti mesmo" (Freud, 1929, p.130, 132 e 168), ou pior, diz ele, "ainda mais revoltante", sobre o "Ama teus inimigos". Ou quando confrontamos seu comentário ao estado de espírito dos dirigentes ingleses, esses grandes sacerdotes da política de *apaziguamento*, na época da ascensão do nazismo. Stanley Baldwin, por exemplo, parabenizava os que se opunham a uma política de hostilidade aos nazistas no poder: "Sempre soube que vocês eram cristãos!" (Manchester, 1990, p. 110). A viúva do primeiro-ministro Alquith explica as bases da política de apaziguamento: "Tínhamos que responder ao ódio com o amor cristão. Só há uma maneira de preservar a paz no mundo e de vos verem livres de vosso inimigo: é vos entendendo com ele, e quanto mais vil ele for, mais se torna indispensável combatê-lo com outras armas" (Manchester, 1990, p. 110). Há ainda aquela conclusão em que Neville Chamberlain, cossignatário dos "Acordos de Munich", acreditava, no fim da vida, ainda poder sustentar que tudo teria se passado muito bem, "se Hitler não nos tivesse mentido".

Assim, se a hipótese do "instinto de morte" ocorreu a Freud no a posteriori da Primeira Guerra (1914-1918), a sua insistência sobre a agressividade, em *O mal-estar na civilização*, tem o efeito de um pressentimento. Se esse texto pudesse ser uma referência incontornável para o futuro das ciências políticas e se, tal como o *Kohelet* salomônico, ele permanece intocável em sua preditividade, é porque, além da teoria clínica nele retomada e desenvolvida, está a teoria das duas pulsões de vida e de morte (heterogêneas entre si, mas geralmente inseparáveis). Freud aí apontava a condição primordial para se evitar o que era tramado e iria tornar-se inelutável, em breve espaço de tempo: a necessidade imperativa de se levar em conta o indestrutível poder mortífero que reside na espécie humana. Eminente pensador do mundo político, Freud aproxima-se então do grande clínico da política, no Ocidente: "É preciso que o legislador suponha de antemão que todos os homens são maus, e que estão prontos a usar de sua maldade em todas as oportunidades que tiverem" (Maquiavel, 1980, p. 161).

Como último eco a *O mal-estar na civilização*, Freud nos deixará, em *Moisés e o monoteísmo*, esta última indicação: "Vivemos um tempo particularmente curioso. Descobrimos com surpresa que o progresso concluiu um pacto com a barbárie" (1986, p. 131).

*****

Ao nos interrogar sobre o *traço bárbaro* que assombra a modernidade, segundo a indicação de Freud, somos levados a fixar a atenção nas figuras da agressividade nazista. Discernimos nesta um *código criminal*, que não é exclusivo do nazismo, mas que ele levou ao paroxismo, instalando-o no mundo político, servindo-se da máquina do Estado e do conjunto dos dispositivos de regulação técnico-moderna e administrativa, para transformá-los em instrumentos de assassinato em massa.

Pelo menos uma pessoa tinha identificado, logo de saída, esse *código criminal*, de maneira não metafórica, mas literária. Trata-se de Bertold Brecht, em A *resistível ascenção de Arturo Ui* (1995), obra muitas vezes louvada por sua performance de *agit-prop* (agitação e propaganda), o que não é tão correto por seu efeito de verdade.

Do mesmo modo, alguém mais o havia confirmado, além do possível e antes da guerra, por ter frequentado por um momento os nazistas, alguém que não foi ouvido a tempo. Trata-se de Hermann Rauchning cujo testemunho *Hitler m'a dit* [Hitler me disse] (1939) e o ensaio *La révolution du nihilisme* (1980) permanecem ainda como fontes de primeira importância, de resto constantemente ocultadas, na proporção dessa importância.

Na verdade, vários outros autores e testemunhas de referência nos dão as mesmas indicações: Robert Antelme, Primo Levi, Hermann Langbein, Eugen Kogon, Golo Mann, Franz Neumann, Joseph Kessel, Douglas Sirk, Klauss Mann, Ernst Bloch, Leo Strauss etc. Nenhum deles deixou de comparar, formal ou indiretamente, os nazistas aos *gângsters*.

É bem razoável lhes dar crédito e não desprezar suas intuições jamais entendidas, embora repetidas, e resultantes da experiência vivida, colocando-as na

Reinterpretar o nazismo para pensar o contemporâneo | 227

lista das analogias formais ou polêmicas. Ao contrário, temos de passar dessas intuições ao trabalho científico de identificação das eventuais homologias estruturais entre *modus operandi* ou "condutas de vida", no sentido clássico weberiano, e o *know-how* específico dos meios marginais e dos nazistas.

Para tanto, encontramos recursos na sociologia de tradição weberiana e na "filosofia crítica", cujos fundamentos foram colocados pela Escola de Frankfurt, e ainda nas vias abertas por Panofsky (1967), baseada numa concepção da cultura como um conjunto de esquemas mentais fundamentais previamente assimilados.

Também encontramos tais recursos na escuta clínica do social e do cultural, através da via aberta pela psicanálise. Não pelo fato de ela nos oferecer uma grade interpretativa que poderia resultar nesse risco reducionista que, às vezes, a "psicanálise aplicada" comporta, mas por sua qualidade de disciplina paradoxal, tal como identificada por Pierre Legendre (2001). Disciplina paradoxal, na medida em que "a psicanálise é construída em torno de um objeto de estatuto negativo, ou seja, que só pode ser compreendido através de seus efeitos" (2001, p. 111). O seu benefício imediato para um trabalho de inteligibilidade consiste em nos proteger, se possível, do reducionismo positivista.

Esses recursos estão, enfim, na necessidade imperativa de uma ruptura com a tendência pregnante do *standard* sociológico, que é a política de confundir a figura do *Leviatã* com a do *Beemoth*, segundo a distinção estabelecida por Hobbes. Tal confusão sustenta toda a ideologia antiautoritária, desde a Segunda Guerra Mundial. Ora, nesse *prêt-à-penser* se perde a distinção indispensável entre a opressão injusta e a coação justa. No melhor da indistinção entre o *Leviatã* e o *Beemoth*, encontramos hoje o ensaio do historiador Ian Kershaw (1999), em seu livro *Hitler*. O autor aí baseia sua interpretação na análise weberiana da personalidade carismática.

Caricaturando essa obra, encontramos o pequeno ensaio de Eyal Sivan e Rony Brauman (2006), *Éloge de la désobéissance* (Elogio à desobediência). Esse ensaio é um complemento à sua montagem de trechos da gravação do processo de Eichmann, exibido nas salas de cinema sob o título: *Un spécialiste*. Convocando Stanley Milgram e seus experimentos comportamentalistas, e tomando o comentário de Hannah Arendt sobre o processo de Eichmann em Jerusalém, esses dois autores erigem Eichmann como uma figura emblemática do espírito nazista.

Pela coerência de sua argumentação, eles creditam a Eichmann ter, sem dúvida, "interiormente desaprovado" (é assim que eles o dizem) a exterminação da qual ele foi o mestre de obras técnico. Dessa maneira, eles apresentam seu documentário como uma forma de ensaio político sobre a "Obediência". Obediência cujas devastações, segundo seus próprios termos, é preciso denunciar até mesmo em nosso círculo familiar.

É assim que os autores chegam a desenhar o que lhes parece ser o traço essencial do nazismo. Eles se deixam "imaginar" (passo a citá-los) "a engenharia

228 | Dimensões da violência

social dos nazistas como uma gigantesca experiência de Milgram, tomando a sociedade europeia por laboratório" (Sivan & Brauman, 2006, p.15).

Nenhuma dúvida de que o nazismo foi uma *constelação criminosa*, que não é com Eichmann que chegamos ao seu cerne, nem mesmo ao essencial, apesar de nele encontrarmos uma de suas modalidades. Mas o que Hannah Arendt poderia ter-nos feito pensar, tão magistralmente quanto o fez em relação a Eichmann, se a história tivesse feito com que, no lugar do criminoso de *escritório*, os serviços secretos israelenses tivessem tido a oportunidade de prender Himmler Goebbels ou Mengele? Eis algo que, aparentemente, não tocou esses autores.

Considero de direito supor que a lição de Hannah Arendt teria sido completamente diferente, diante de questões esclarecidas num processo que julgasse outros criminosos emblemáticos do nazismo.

Goebbels, por exemplo: orquestrador da propaganda nazista, mas igualmente domesticador das massas, através da indústria mediática dos prazeres narcotizantes. Em um discurso de 1936, na inauguração da exposição do rádio, ele dava as premissas de um bom programa: uma mistura de incitações, de descontração e de divertimentos. Sob suas ordens, a música de divertimento passou a ocupar 70% do tempo de emissão. Enquanto isso, o *Berliner Illustreirte Zeitung* (o BIZ), principal órgão popular nazista, mantinha uma linha editorial explícita: "nada de política, astros internacionais do esporte, do cinema, da moda e da música, pequenas alegrias particulares e grandes catástrofes naturais" (Reichel, 1993, p. 167).

Himmler também. Ex-engenheiro agrícola, de início gerente comercial de uma empresa de criação de frangos, líder de um movimento de juventude camponesa, protagonista, com Rosemberg e Darré, do culto "Sangue e Solo", e ordenador dessa espécie de *inversão* do processo de civilização preconizada pela *Akeda* (o sacrifício proibido de Isaac). Inversão através da qual, nos moldes do tratamento submetido ao animal, ou seja, da seleção da criação e do abate em série, teria início o modelo de tratamento industrial do homem. A esse respeito, não poderíamos dissociar o programa T4 de eliminação dos deficientes físicos e os "haras humanos" do "Lebensborn", da política de exterminação da qual eles são a outra face.

Mengele, igualmente, encarnação emblemática dos médicos nazistas, e de suas fúrias sádicas.

Permanecemos, assim, intelectualmente órfãos daquilo que poderia nos ter sido ensinado, a respeito de um ou de outro desses criminosos. Observaremos, então, de passagem, como um indício eloquente por sua ausência, que em nenhuma vez, no desenvolvimento de seus comentários, tenha aparecido, em contraponto ao criminoso administrativo, a evocação da figura do Justo.

Teriam eles pressentido que o Justo encarna um desmentido de seu lirismo? Pois o Justo é a encarnação, com seus riscos e perigos, da obediência ao apelo desesperado do perseguido, bem como a uma ética holística, distante do triunfo das morais individualistas.

Contrariamente ao que eles acreditam ter entendido, a partir de sua vulgata libertária, a questão da obediência não é, no que diz respeito à identificação do nazismo, a questão crucial, ainda que esteja, inegavelmente, a ela associada.

*****

Não é pela história das ideias que se chega ao *código criminal* do nazismo, mas por uma antropologia clínica dos costumes. Esse código nos leva até o lado da subcultura mafiosa. Os sociólogos e os antropólogos que estudaram a subcultura da máfia tradicional (Pino Arlacchi, Herman Hess, Anton Blok, Francis Ianni, entre outros) identificaram alguns de seus traços. Lembremos, entre eles, o que nos ensinam os trabalhos de Pino Arlacchi (1986, 1992), a respeito da subcultura mafiosa: as regras de coragem, de astúcia, de ferocidades, de práticas de roubo e de fraude, a concepção real da "honra", fundada na aptidão à violência homicida, a prática sistemática do duplo discurso, do engodo, o imperativo de subordinação, o estatuto das mulheres, a guerra de "todos contra todos", a livre disposição sádica sobre os fracos e sem defesa, a ousadia, a hierarquia fundada na predominância do mais forte, do mais agressivo, do mais esperto... de tudo isso encontramos homólogos na *Schwarze Korps* (a "ordem negra", outro nome para as tropas SS) e na *Schutzstaffel* (ou o "esquadrão de proteção" de Hitler, as SS): "Nos castelos de minha ordem, crescerá uma juventude que aterrorizará o mundo. Eu quero uma juventude violenta, despótica, destemida, cruel", confiou Hitler a Hermann Rauschning (Rauschning, 1939, p. 278).

Também ao setor *Werewolf* (lobisomem) da S.S., especializada no terrorismo e no assassinato individual, conforme citado por Brian Frost (1973), ele exigia: "Vocês devem permanecer indiferentes à dor. Vocês não podem experimentar nem ternura nem piedade. Quero ver nos olhos de um jovem impiedoso o clarão de orgulho e de independência que leio no olhar de um animal em caça" (introdução).

Ser membro da *"Honorável sociedade"* significa ser um homem valoroso e orgulhoso, que despreza o risco, decidido a tudo, sem nenhum escrúpulo. O uso da violência homicida é indispensável ao "homem de honra". Ela chega até a ser seu critério de iniciação. Uma acusação por lesões corporais significa que um jovem de honra distinguiu-se pela sua arrogância e ousadia. E quanto mais grave for o delito, maior será a consideração do grupo, no qual a agressividade e a violência são sempre sancionadas positivamente. A vitória obtida por quaisquer meios, na luta pela supremacia, é a única a decidir sobre o poder do *mafioso*. Os critérios de seleção da elite mafiosa são baseados no princípio da rivalidade sem perdão. Um nível elevado de agressividade, de solidez dos nervos, de inteligência, de ferocidade, de capacidade de tomar decisões rapidamente, tais são as

230 | Dimensões da violência

condições necessárias para dirigir uma gangue. Consequentemente, o princípio absoluto de *subordinação* é seu avalista único e temporário.

Disso decorre evidentemente que todas as vidas não têm o mesmo valor. A vida de uns vale menos que a de outros. Determinados homens podem, portanto, ser mortos sem que isso seja um ato condenável. O corolário é: ... a bondade fingida, a condescendência e a gentileza como armadilhas insuspeitadas e mortais para os "recalcitrantes", os "infames" e os "indignos". É isso que define a "relação" com os homens comuns e os inimigos. Constatação similar feita por Varlam Chalamov (1993), escritor do Gulag, a respeito dos meios marginais, em seus *Essais sur le monde du crime*: "A mentira, a falsidade, a provocação ao estranho - mesmo se a ele se deve a vida - tudo isso não só está na ordem das coisas, mas chega até a ser um título de glória, uma lei da marginalidade" (p. 18).

Essa liberação *heroicizada* da agressividade, da crueldade, da mentira, da perfídia, como "ser no mundo" é idêntica, quase que termo a termo, à heroicização do super-homem, tal como apresentado pelo nazismo. Ela se encontra no centro do discurso de Hitler, de Goebbels, de Himmler etc. É a heroicização da S.S., na qualidade de guarda pretoriana, de corpo de elite e à disposição do "núcleo" da "Nova Ordem". A S.S. não é um apêndice periférico do poder nazista, encarregado de tarefas menores, que o poder político clássico costuma delegar a marginais, nas zonas cinzentas de seu exercício; ela está no centro do sistema nazista de dominação. Isso é coerente com os princípios de seleção e promoção das elites e dos dirigentes do nazismo, com seu próprio modo de "ser no mundo". Esse modo, esse estado de *conjuração* permanente, como entende Rauchning, não é antinômico aos princípios de repressão de comportamentos não conformes. Assim, a máfia tradicional combaterá os ladrões, os bandidos, os vagabundos, os homossexuais, da mesma maneira que os nazistas os deportarão. Mas, se for preciso, eles serão tomados como auxiliares: a máfia os utiliza na cidade, os nazistas nos campos de concentração. Evidentemente, o que as gangues mafiosas ou os "senhorios nazistas" condenam não é o roubo, o assassinato ou os comportamentos antissociais, mas sua insubordinação ao poder.

Outra manifestação dessa *heroicização* da violência como "ser no mundo" é a violência muito peculiar à linguagem nazista: avíltamento, calúnias, insultos, infâmias, ataques verbais, ameaças. Tal como sua ironia cruel, como postura de júbilo: os campos de concentração, apelidados pelos nazistas de *Konzertlager*[3], como nos mostra Eugen Kogon (1970); a inscrição *Arbeit macht Frei*" (o trabalho liberta) no portão de Auschwitz; a orquestra que acompanhava a chegada dos deportados; os deportados designados por vocábulos coisificantes tais como *stuck* (peças), *figuren* (bonecos), *Schmattes* (panos de chão); o cão Barry, em Sobibor,

---

[3] Cínico jogo de palavras entre os nazistas, referindo-se aos campos de concentração como campos de concertos.

treinado para mutilar os detentos e chamado de "homem": "homem, rasgue esse cachorro". Ou até mesmo os eufemismos de sua linguagem codificada: "solução final", "evacuação", "desinsetização", "tratamento especial", considerados até hoje como parte de uma operação de dissimulação. E certamente também soa como sarcasmo o trajeto batizado de "caminho do céu", que levava às câmaras de gás, por sua vez chamadas de "sala de ducha".

O riso de Hitler, nos conta Rauschning, "nada mais é do que uma forma de insulto e de desprezo" (1939, p. 76). Essa afirmação combina com a seguinte declaração de princípio hitleriana: "a consciência é uma invenção judaica, ela é, como a circuncisão, uma mutilação do homem" (Rauschning, 1939, p. 252).

No caminho da identificação do código criminal, presente nas práticas mafiosas e nazistas, convém perguntar se a vontade de fazer desaparecer, de apagar os traços dos cadáveres dos mortos nos campos de concentração é simplesmente decorrência da "industrialização da morte" ou é uma ressonância do significado atribuído a essa vontade pelos mafiosos e marginais, quando assim agem, ou seja, um sinal último de injúrias e de desprezo? E ainda: se os dispositivos de neutralização, de sideração, empregados pelos nazistas para deportar os judeus e levá-los às câmaras de gás, não são equivalentes, em grande escala, ao alívio e à tranquilização da vítima já condenada e que deverá ser executada com mais segurança, sem gerar suspeitas, por parte dela ou da opinião pública, como os mafiosos o fazem corriqueiramente? Num relatório de um *Einsatzgruppen*[4], datado de 3 de novembro de 1941, pode-se ler: "30.000 judeus se juntaram (assim que foram convocados) e, graças a uma organização extremamente bem concebida, não deixaram de acreditar em seu breve retorno, até o momento de sua execução" (Laqueur, 1981, p. 180).

Deixamos aqui latente uma pista complementar – e não alternativa – no trabalho de identificação do código criminal, através do qual seria possível encontrar o *traço bárbaro*. Trata-se da pista dos *serial killers*, nos quais Joseph Strick, autor do documentário *Criminals*, constatava a mesma frieza, a mesma indiferença para com suas vítimas, tal como os nazistas que foram levados aos tribunais. Os criminologistas acreditam ter identificado e construído um perfil, além das gêneses singulares de cada um desses criminosos, com os traços constantes em seu comportamento, através de suas vítimas. Estas apresentam frequentemente critérios físicos semelhantes: e são pessoas vulneráveis que simbolizam um ressentimento ou um fracasso. Elas não são vistas como um ser humano, mas como um "objeto". A sedução é um momento crucial do processo de assassinato: o matador exulta com a ideia de burlar a vigilância de sua futura caça.

---

[4] Grupos de exterminação, tropas paramilitares encarregadas da exterminação in loco das populações judias e de militantes comunistas, à medida que os soldados alemães avançavam sobre o território soviético.

Dimensões da violência

As vítimas são, muitas vezes, o emblema de um ódio sexual do qual são objeto: mulheres, prostitutas, homossexuais. Nesse caso, também, a analogia, em seus limites, com o que animou e fez agir coletivamente a criminalidade nazista, com relação às populações judaicas, por mais trivial que possa parecer, não pode deixar de ser questionada, até que consigamos ultrapassá-la ou construir a lógica de sua estrutura.

O traço bárbaro

A ideologia nazista é, em seu conjunto, pouco significante. Um amontoado ideológico que faz uso da sugestão e do irracional; sua "visão do mundo" é uma mistura de ocultismo, de mitos pagãos, de milenarismo político, o que não faz dela uma doutrina com consequências criminosas. Mas sua roupagem semântica e narrativa mostra uma intenção *criminosa* primeira. A doutrina nazista colhe e reúne um aglomerado de enunciados de produções do século XIX que deixam suas marcas ideológicas na conjuração e no oportunismo niilista que a acompanha.

A técnica nazista do poder e seus comportamentos políticos são esclarecedores. A intimidação, a corrupção, a chantagem, a mentira, o engodo, a extorsão, o roubo, o comprometimento, a falsificação e o assassinato são seus padrões, combinados uns aos outros. Eles constituíram o *modus operandi* através do qual os nazistas, a um só tempo, garantiram sua dominação, levaram as massas ao estupor, derrotaram seus adversários, horrorizaram suas vítimas. O *gangsterismo* dos nazistas, diversas vezes evocado por testemunhas, não é uma metáfora grandiloquente e excessiva, mas sua marca sociológica e polemológica. Ele está no centro da realização *efetiva* da *Shoah*, o holocausto, que ele, sozinho, tornou possível.

O antissemitismo, núcleo teológico-político do nazismo, foi também uma ferramenta estratégica de *dominação*, de *corrupção*, de *desestruturação* dos valores normativos do Ocidente cristianizado que caiu na armadilha de seu antijudaísmo secular. "Se o judeu não existisse, teria que ser inventado. Precisa-se de um inimigo visível e não somente de um inimigo invisível", confiou Hitler a Rauschning (Rauschning, 1939, p. 265). O chefe da S.S., dr. Bost, declarou, em 20 de julho de 1942: "Os povos que denunciam seus judeus abandonam com eles sua maneira de viver determinada pelo falso ideal 'judeízado' de liberdade, do qual gozavam anteriormente" (Rayski, 2002, p. 23).

Como observara Hannah Arendt, o antissemitismo nazista nunca foi uma questão de nacionalismo extremo. Ele funcionou, desde o início, como uma Internacional, garantido pela complacência e cumplicidade vindas de fora das fronteiras do Reich. Julgamos vazio o debate de escolas que os historiadores "funcionalistas" opõem aos "intencionalistas": saber se os nazistas tinham a intenção "por princípio" de exterminar os judeus ou se o objetivo do extermínio apareceu "no meio do percurso", como uma direção única nascida das condições da guerra. A questão emergiu daquilo que pareceu uma racionalização técnica progressiva dos métodos e dos meios utilizados para a realização do *Endlösung* (a "solução final"). A lógica criminosa do gangsterismo psicocultural nazista continha em si uma estrutura de exterminação. As tentativas e os erros observáveis de construção dessa estrutura não são o seu desmentido, mas constituem sua cinética própria. Eles não são mais que a manifestação do traço de gozo que anima o nazismo: a heroicização da violência. Com isso, sempre a decisão mais violenta e as "invenções" mais cruéis suplantam as anteriores. O caos mortífero e patológico dos campos de concentração é testemunha disso.

*****

A busca do *traço bárbaro* nos leva ainda à "Sociedade dos Amigos do Crime". Raphaël Draï (1990), ao final do segundo volume de *La communication prophétique*, pode apontar, nas logorreias sarcásticas dos líderes nazistas contra o Decálogo, a loucura hitleriana contra a lei bíblica. Busquemos esse traço em outros autores:

- vejamos, por exemplo, em Sade, como Saint-Fonds se vangloriava: "Eu 'parricidava', eu 'incestuava', eu assassinava, eu prostituía, eu sodomizava" (Sade, 1976, p. 6). Aqui aparece a vontade de subverter, de deslocar os ensinamentos bíblicos; uma maneira de utilizar a *matriz bíblica* como um muro contra o qual se dá *forma* de linguagem ao *desejo criminoso*, forjando suas blasfêmias mortíferas contra a humanidade do homem.

- leiamos também as recomendações de Juliette a Madame de Donis, na quarta parte de *Histoire de Juliette* (Sade, 1976). Aí encontramos o esboço de um possível breviário da S.S., em seu projeto de promover a *Shoah*. Estão ali recomendados: a apatia e a impassibilidade dos caracteres a endurecer, à custa da multiplicação de obrigações; o saque e a espoliação sistemática das vítimas; o redobramento das precauções e da dissimulação, proporcionais à atrocidade dos crimes; e o bom uso dos locais retirados, fora da cidade, para cometê-los.

- examinemos ainda o preâmbulo do estatuto da Sociedade dos Amigos do Crime, em sua terceira parte:

... a sociedade usa a palavra crime para conformá-la aos usos atribuídos, mas ela declara que não designa como tal nenhuma espécie de ação, qualquer

234 | Dimensões da violência

> que ela seja ... Ela aprova tudo, legitima tudo, e vê como zelosos seguidores aqueles que, sem nenhum remorso, cometeram a maioria dessas ações vigorosas que os idiotas têm a fraqueza de chamar crimes. (Sade, 1976, p. 409)

Escutemos agora a ressonância disso no que Hitler confiou a Rauschning: "a própria palavra 'crime' é uma remanescência de um mundo passado. Eu só faço distinção entre atividade positiva e atividade negativa. Qualquer crime, no antigo sentido do termo, ainda é um ato de maior valor do que a imobilidade burguesa" (Rauschning, 1939, p. 253). Evidentemente, se a noção de crime é apagada, então qualquer escritoriozinho da administração burocrática do Estado poderá ser transformado em oficina criminosa.

Podemos continuar, comparando o manual informal libertino de traição de todos por todos, na *Histoire de Juliette*, de Sade (1976), com o projeto do partido nazista, visto como confraria de predadores, no capítulo 16, intitulado "Enriquecei-vos", do livro *Hitler m'a dit* de Rauschning (1939). Os dois são muito parecidos. E notemos este ponto de extrema semelhança, naquilo que Hitler dizia a Rauschning: "Temos razão em especular mais a respeito do vícios que das virtudes do homem. A Revolução Francesa apelou para a virtude. Vale mais a pena fazermos o contrário" (Rauschning, 1939, p. 299).

Continuemos ainda, com a *Philosophie dans le boudoir* (A filosofia na alcova), pela boca de Dolmancé falando a Eugénie:

> De qualquer maneira, os atos que podemos cometer contra nossos irmãos se reduzem a quatro principais: a calúnia, o roubo, os delitos que, causados pela impureza, podem atingir desagradavelmente os outros, e o assassinato. Todas essas ações, consideradas crimes capitais em um governo monárquico, seriam consideradas tão graves em um Estado republicano? (Sade, 1972, p. 218).

E ainda:

> Nas repúblicas da Grécia, examinavam-se atentamente todas as crianças que vinham ao mundo e, caso não fossem consideradas aptas a poder um dia defender a república, eram imediatamente imoladas: ali não se julgava essencial construir casas ricamente aparelhadas para conservar essa vil escória da natureza humana. ... É preciso esperar que a nação acabe com essa despesa que é a mais inútil de todas; todo indivíduo que nasce sem as qualidades necessárias para um dia tornar-se útil à república não tem nenhum direito de conservar sua vida, e o que se pode fazer de melhor é tirá-la dele, no momento em que a recebe. (Sade, 1972, p. 261)

Isso porque, ainda segundo Dolmancé (Sade, 1972), "o que há de perigoso, no mundo, é a piedade e as boas ações; a bondade não passa de uma fraqueza, da qual a ingratidão e a impertinência dos fracos força as pessoas honestas a se arrependerem" (p. 269).

Seria absurdo deduzir o nazismo das impetuosidades literárias do Marquês de Sade. Mas seria insensato deixar passar os indícios dessa contiguidade, mesmo que os dois sejam incomensuráveis. Neles encontramos traços de uma mesma paixão mortífera, que designa esquemas mentais análogos. Eles nos indicam também que os algoritmos e os dispositivos, as maneiras de proceder e as exaltações de violência heroicizada do *código criminal* não são tão variadas. Os "vícios privados", em Sade, como comentaram, desde 1944, Max Horkheimer e Theodor Adorno, são a historiografia antecipada das virtudes públicas da era totalitária.

*****

Através da justaposição da subcultura mafiosa, do nazismo e da impetuosidade sadiana, descobre-se lentamente o *código criminal*: uma paixão pela pilhagem, um deleitar-se com a duplicidade, o júbilo pela destruição das pessoas vulneráveis. O fluxo de um gozo sem limites que vem se estabelecer, ordenar e prosperar, como uma forma mortífera do laço social, da onipotência que parece advir, de fato, do *traço bárbaro*. Essa forma mortífera irrigou a *Quimera* que teceu a tela da exterminação: o hibridismo do dever burocrata, da avidez mercantil e da violência do marginal.

Um ano depois da ascensão dos nazistas ao poder, em 1934, Freud acrescentou a frase conclusiva de *O mal-estar na civilização*: "Agora, só nos resta esperar que o outro dos dois "Poderes Celestes", o eterno Eros, desdobre suas forças para se afirmar na luta com seu não menos imortal adversário" (Freud, 1929, p. 170-171).

Na perpetuação da lição freudiana, precisamos hoje entrever como as formas imortais do *traço bárbaro* se acumulam, sem serem substituídas por outras. Acima das formas ancestrais da *"heroicização da violência"*, ainda ativas ou mesmo reativadas, a agressividade do poder absoluto é eufemizada e dissimulada sob o escudo e a máscara da compaixão.

"Precisamos de uma ciência política nova para um mundo completamente novo", recomendava Alexis de Tocqueville (1986), "mas com isso nós quase não sonhamos; situados bem no meio de um rio veloz, fixamos obstinadamente os olhos em alguns galhos ainda visíveis na margem, enquanto a corrente nos leva e nos empurra pouco a pouco para os abismos" (p. 44).

Polimorfia da *Quimera*: apresentados doravante nas versões contratuais da oferta do mercado democrático, o *Lebensbom*, o Castelo de *Hartheim*, rascunhos totalitários, não estariam retornando, sem saber, nas corporações da procriação

236 | Dimensões da violência

seletiva, da medicina preditiva, da clonagem anunciada e suas potencialidades coisificantes?

É o caso de perguntarmos: será que o exercício da democracia consiste, de fato, pela eufemização e sob o "escudo da compaixão", em se autoaplicar coletivamente, nas versões contratuais, aquilo que se tinha inicialmente eliminado na ferocidade e no terror?

Convém meditar sobre uma imagem emblemática incurável: era sob a camuflagem de uma ambulância com as cores da Cruz Vermelha que o gás *Zyclon B* era entregue em Auschwitz. Pierre Legendre (1998) observou que "o nazismo constituiu para o Ocidente um marco histórico e um episódio de desestruturação do qual as sociedades contemporâneas ainda são devedoras" (p. 390). Seria sem dúvida tempo de levar plenamente em conta a proposta de reformulação do famoso "Ama teu próximo como a ti mesmo", citado por Freud. essa proposta nos é sugerida por Günther Anders (2001, p. 94), que a retoma com a seguinte fórmula: *"Inquieta teu próximo como a ti mesmo"*.

E dirijamos a atenção - desta vez, a tempo - ao alerta do poeta: *"I've seen the future, brother: it's murder"* (eu vi o futuro, irmão: é assassinato) (Cohen, 1992)[5].

---

[5] Frase extaída da canção "The Future", do disco que leva o mesmo título.

Referências bibliográficas

Adorno, T. & Horkheimer, M. (1944/1974). *La dialectique de la raison*. Paris: Gallimard..

Arlacchi, P. (1986). *Mafia et compagnies, l'éthique mafieuse et l'esprit du capitalisme*. Grenoble: PUG.

Arlacchi, P. (1992). *Les hommes du déshonneur*. Paris: Ed. Albin Michel.

Brecht, B. (1995). *A resistível ascenção de Arturo Ui*. Teatro Completo. Paz e Terra.

Cohen, L. (1992). The future. In *The future*. Record Album .

Chalamov, V. (1993). *Essais sur le monde du crime*. Paris: Gallimard.

Draï, R. (1990). *La Communication Prophétique*. Paris: Fayard.

Freud, S. (1929/1980). O mal-estar na civilização. In *Edição Standard Brasileira das Obras Psicológicas Completas de Sigmund Freud* (v. XXI). Tradução de José Octávio de Aguiar Abreu. Rio de Janeiro: Imago.

Freud, S. (1938/1969). Moisés e o monoteísmo. In *Edição Standard Brasileira das Obras Psicológicas Completas de Sigmund Freud* (v. XXIII). Tradução de José Octávio de Aguiar Abreu. Rio de Janeiro: Imago.

Frost, B. (1973). *Book of the werewolf*. London: London Sphre Books.

Günther, A. (2001). *Et si je suis désespéré, que voulez-vous que j'y fasse?* Paris:Allia.

Kershaw, I. (1999). *Hitler*. Paris: Flammarion.

Kogon, E. (1970). *L'état S.S.* Paris: Seuil.

Laqueurs, W. (1981). *Le terrifiant secret, la "solution finale" et l'information étouffée*. Paris: Gallimard.

Legendre, P. (1998). *La 901ème conclusion. Leçons 1, étude sur le théâtre de la Raison*. Paris: Fayard.

Legendre, P. (2001). *La société comme texte. Linéaments d'une Anthropologie Dogmatique*. Paris: Fayard.

Kershaw, I. (2009). *Hitler*. São Paulo. Companhia das Letras.

Kogon, E. (1970). *L'état S.S.* Paris: Seuil.

Maquiavel, N. (1512-17/1980). *Discours sur la première décade de Tite-Live*. Paris: Gallimard.

Manchester, W. (1990). *Winston Churchill: L'épreuve de la solitude 1932-1940* (v. 2). Paris: Robert Laffont.

Panofsky, E. (1967). *Architecture gothique et pensée scolastique*. Paris: Ed. Minuit.

Rayski, A. (2002). *Il y a soixante ans la rafle du vélodrome d'hiver*. Paris: Mairie de Paris.

Rauschning, H. (1939). *Hitler m'a dit*. Paris: Ed. de la Coopération.

Rauschning, H. (1980). *La révolution du nihilisme*. Paris: Gallimard.

Reichel, P. (1993). *La fascination du nazisme*. Paris: Editions Odile Jacob.

Sade, M. (1972). *Les instituteurs immoraux*. Paris: Ed. 10/18.

Sade, M. (1976). *Histoire de Juliette*. Paris: Ed. 10/18.

Sivan, E. & Brauman, R. (1999). *Éloge de la désobéissance: Le Proces Eichmann*. Paris: Editions Le Pommier.

Tocqueville, A. (1840/1986). *De la démocratie en Amérique*. Paris: Robert Laffont.

A violência sexual intrafamiliar:
A psicanálise e a lei

Alex Simon Lodetti[1]
Maria Juracy F. Toneli[2]

Introdução

A violência sexual, e especificamente sua versão intrafamiliar, são temas que, contemporaneamente, continuam relegados ao *status* de malditos, de tabus. Nas últimas décadas, entretanto, foi possível acompanhar um gradativo aumento nas discussões políticas e acadêmicas sobre esses temas, representados categoricamente pelos documentos da Organização das Nações Unidas (ONU) como a *Convention on the Elimination of All Forms of Discrimination Against Women* (CEDAW), assinada em 1979 e efetivada em 1981; e pela Declaração da Eliminação da Violência contra a Mulher, criada e ratificada em 1993. Documentos que refletem a importância que os movimentos feministas têm dado ao tema e à eficácia da *advocacy* que realizam diante dos governos de uma grande parte dos Estados que são signatários da CEDAW.

O cenário das últimas décadas e o contato estabelecido por instituições locais foram alguns dos motivos pelos quais o Núcleo Modos de Vida, Família e Relações de Gênero – Núcleo Margens da Universidade Federal de Santa Catarina iniciou um trabalho de mapeamento de serviços de atendimento a homens autores de violência doméstica e sexual na América Latina. Trabalho que também contemplava a criação de um serviço de atendimento em uma das supracitadas instituições, uma Delegacia da Mulher.

---

[1] Psicanalista, psicólogo, mestre em Psicologia pela Universidade Federal de Santa Catarina (UFSC).
[2] Psicóloga e professora e pesquisadora no curso de Psicologia e no Programa de Pós-graduação em Psicologia da UFSC.

240 | Dimensões da violência

Destarte foi constatada a inexistência de qualquer serviço de atendimento aos autores desse tipo de violência em toda a região atendida por essa delegacia e, portanto, iniciaram-se as discussões junto aos psicólogos e delegados para a efetiva implementação de um serviço desse tipo dentro da própria delegacia. Tanto a experiência com esse grupo de homens quanto a experiência de pesquisa e acompanhamento de diversos grupos de atendimento a homens autores de violência doméstica ou sexual durante a pesquisa serviram como disparadores das reflexões apresentadas neste trabalho.

Paralelamente a esta pesquisa e ao início de grupo de homens, entrou em vigor a lei n. 11.340, Lei Maria da Penha, em 22 de setembro de 2006. A lei alterou vários dos aspectos já levantados e criticados acadêmica e socialmente sobre a violência contra as mulheres, porém no que tange a este trabalho alterou o entendimento, as definições e as punições das agressões sexuais vividas em situações de união estável, relações de coabitação e intrafamiliares. Anterior-mente os casos que envolviam esse tipo de situação situavam-se em um limbo jurídico, visto que não se tratavam de violações dentro de conjugalidades reco-nhecidas por lei, sendo tratadas sem considerar a relação entre as partes.

Exatamente as relações que proporcionam uma complexidade e uma dinâ-mica diferenciadas para as situações de violência sexual intrafamiliar eram ignoradas pelo sistema jurídico brasileiro, que ainda se baseava em modelos normativos de sexualidade e relacionamentos, que claramante não condiziam com a realidade vivida pelos sujeitos. Os aspectos singulares presentes nos conflitos familiares, a produção *a priori* de lugares de vítima e autor de agressão e as relações caracteristicamente complexas encontradas no seio das famílias (ampliadas) brasileiras são todos pontos de entrecruzamento nos quais a sexua-lidade, as pulsões e a lei se encontram.

Uma das lutas históricas do feminismo tem sido levar à luz essas violên-cias que cotidianamente são produzidas na sociedade brasileira, e as experiências realizadas pelo Núcleo Margens colocaram em evidência para todos os envol-vidos a grande dificuldade que mesmo os profissionais treinados no atendimento de mulheres em situação de violência ainda apresentam. Esse défice não existe por uma simples falta de formação, pelo contrário, as próprias definições e os estudos sobre o tema têm como característica a discordância e a multiplicidade de teorias que não travam comunicação entre si. Este trabalho tenta criar uma rota de comunicação entre a psicanálise – utilizando as possibilidades de uma análise pulsional dos eventos de violência sexual intrafamiliar – e as teorias femi-nistas para produzir um amálgama capaz de analisar não apenas o psíquico, mas todo o entorno construído social e culturalmente ao redor desses crimes. E, para isso, é necessário que tenhamos uma visão clara de que objeto estamos tratando e que definições regem as leis e teorias.

A Organização Mundial de Saúde (OMS) definiu a violência sexual como todo ato sexual não desejado, ou ações de comercialização da sexualidade de uma pessoa mediante qualquer tipo de coerção (Krug et al., 2002).

Os termos "agressão", "abuso" e "violência sexual" são utilizados apenas para os casos de estupro e Atentado Violento ao Pudor (AVP). O estupro é definido pelo artigo 213 do Código Penal Brasileiro como forma de "constranger à conjunção carnal mediante violência ou grave ameaça". Entende-se por "conjunção carnal" o coito vaginal, completo ou não, com ou sem ejaculação. A "violência ou grave ameaça" consiste no emprego ou não de força física capaz de impedir a resistência da vítima. Assim, o estupro é um crime que só pode ser praticado por um homem contra uma mulher, incluídas, nesse caso, meninas e adolescentes. No artigo 214, o atentado violento ao pudor é caracterizado como forma de "constranger alguém, mediante violência ou grave ameaça, a praticar ou permitir que ele se pratique ato libidinoso diverso da conjunção carnal" (Souza & Adesse, 2005, p. 20).

Ao se referir a um caso de estupro que ocorreu em um bar, e que, subsequentemente, foi levado a julgamento, e para o qual o argumento de defesa do estuprador era de que ao estar em um bar a mulher se oferecia aos homens, Butler (1998) comenta:

> A categoria sexo funciona aqui como um princípio de produção e regulação ao mesmo tempo, a causa da violação instalada como princípio formador do corpo e sexualidade. Aqui sexo é uma categoria, mas não apenas uma representação; é um princípio de produção, inteligibilidade e regulação que impõe uma violência e a racionaliza após o fato. Os próprios termos pelos quais a violação é explicada *executam* a violação e reconhecem que a violação estava em andamento antes que assumisse a forma empírica de um ato criminoso. Assim, a execução retórica *mostra* que a "violência" é produzida mediante a exclusão efetuada por essa análise, mediante o apagamento e a negação que determinam o campo dos aparecimentos e da inteligibilidade de crimes de culpabilidade. Como uma categoria que produz efetivamente o sentido político do que descreve, "sexo" põe em funcionamento aqui sua "violência" silenciosa ao regular o que é e não é designável. (p. 20)

Outro diferencial que o campo da violência sexual oferece é a implementação da lei n. 11.340, de 7 de agosto de 2006 (Lei Maria da Penha), sancionada em setembro de 2006, que altera em muito o caráter da punição por ofensas de violência contra a mulher e violência sexual e admite uniões homoafetivas estáveis, reconhecidas como familiares em sua aplicação. Outro ponto a ser levantado é em relação à violência contra a mulher, uma vez que, segundo Lessa (2006), a lei pretende:

242 | Dimensões da violência

> ... que o réu acusado da prática de qualquer crime resultante de violência doméstica e familiar contra a mulher, independente da pena cominada, seja julgado por tal infração penal e, na hipótese de condenação, seja-lhe aplicada uma pena que, ainda que venha a ser substituída por pena restritiva de direitos, possa, em caso de descumprimento injustificado, ser convertida em prisão, de modo que o apenado se sinta afligido com a sanção penal imposta e, deste modo, seja demovido da ideia de persistir na prática de infrações penais deste jaez. (p. 6)

Porém, reivindicações significativas dos movimentos de mulheres ainda não foram atendidas, entre elas a *neutralização sexista de todos os crimes tipicamente de gênero, como o estupro*; a distribuição igualitária dos direitos sexuais, independentemente da conduta sexual de cada mulher; a desconstrução de estereótipos voltados à impunidade do autor de crimes de homicídio contra mulheres (teses defensivas de *legítima defesa da honra* ou de *homicídio privilegiado pela violenta emoção*); de condutas típicas praticadas em situações de violência doméstica contra a mulher e de crimes sexuais como estupro ou atentado violento ao pudor (admissão de prova relativa ao *comportamento* − provocativo-sexual e/ou de adesão às preliminares − *da vítima*) (Hermann, 2007, p. 34).

Situo também, pela própria temática do presente trabalho, o conceito de violência de gênero, que, como entendido por Saffioti e Almeida (1995), designa um tipo específico de violência que visa à preservação da organização social de gênero, fundada na hierarquia e desigualdade de lugares sociais sexuais. Segundo as autoras, esse tipo de violência apresenta duas faces: é produzida no interior das relações de poder, objetivando o controle de quem detém a menor parcela de poder, e revela a impotência de quem a perpetra para exercer a exploração-dominação, pelo não consentimento de quem sofre a violência.

Violência intrafamiliar é definida por

> ... toda ação ou omissão que prejudique o bem-estar, a integridade física, psicológica ou a liberdade e o direito ao pleno desenvolvimento de um membro da família. Pode ser cometida dentro e fora de casa, por qualquer integrante da família que esteja em relação de poder com a pessoa agredida. Inclui também as pessoas que estão exercendo a função de pai ou mãe, mesmo sem laços de sangue. (Day et al., 2003, p. 10)

A essa definição ainda acresço que o sentido de família é aqui tomado em seu sentido ampliado, "envolvendo parentes que vivem ou não sob o mesmo teto, embora a probabilidade de ocorrência seja maior entre parentes que convivem cotidianamente no mesmo domicílio" (Araújo, 2002, p. 4).

No Brasil, a violência intrafamiliar contra mulheres, crianças e adolescentes ainda é um fenômeno social grave, como apontam estudos que indicam como principal alvo da violência intrafamiliar as mulheres e crianças do sexo feminino (Alvim & Souza, 2004). Isso não quer dizer que os meninos não sofram violência: eles sofrem, mas em menor proporção, principalmente quando se trata de abuso sexual infantil dentro da família (Araújo, 2002). É importante considerar, ainda, a estrutura que subjaz a esse tipo específico de violência:

> A violência intrafamiliar continua acontecendo, apesar de algumas conquistas no campo institucional, político e jurídico. Mantém-se pela impunidade, pela ineficiência de políticas públicas e ineficácia das práticas de intervenção e prevenção. Mantém-se também com a cumplicidade silenciosa dos envolvidos: o silêncio da vítima, cuja palavra é confiscada pelo agressor através de ameaças; o silêncio dos demais parentes não agressores, que fecham os olhos e se omitem de qualquer atitude de proteção da vítima ou de denúncia do agressor; o silêncio dos profissionais que, em nome da ética e do sigilo profissional, se refugiam muitas vezes numa atitude defensiva, negando ou minimizando os efeitos da violência. (p. 5)

Em consonância com a afirmação de Araújo, Lia Zanotta Machado (1998) aponta os fatores culturais e jurídicos que influenciam a constituição do quadro:

> A continuidade da inversão da incidência entre ocorrências de denúncias e da incidência de penalização, quando se contrasta "os estupros contra conhecidas" aos "estupros contra desconhecidas", e "os estupros ocorridos no âmbito doméstico" aos "estupros ocorridos em lugares públicos", indica que as denúncias por estupro nas relações parentais ou entre conhecidos são mais difíceis de serem consideradas como crimes no decorrer dos processos investigativos e judiciários. (p. 234)

Independentemente das dificuldades legais e sociais atracadas à violência sexual, outra ainda se coloca, de ordem tão preocupante quanto a primeira,: a teorização que produz as práticas de judicialização. Normalmente encontramos nos anais do direito um discurso que pensa a subjetividade como de suma importância para qualquer processo. A diferença entre crime doloso ou culposo é assentada completamente na noção de intencionalidade, e altera de sobremaneira a pena a ser efetivada contra o sujeito acusado. No entanto a investigação dessa intencionalidade se dá através de uma produção de provas que ignora quase que completamente o campo da psicologia (ou seja, da subjetividade propriamente dita que é analisada) – uma incongruência que nos parece ter suas origens na própria difícil teorização da violência, em especial a intrafamiliar e sexual. Considerar os diferentes componentes psicológicos, sociais e judiciais envolvidos parece-nos de suma importância para uma efetiva compreensão de casos comumente entendidos como hediondos e ilógicos.

Para o efetivo entendimento desses fenômenos, utilizaremos as teorizações freudianas acerca da pulsão, que parecem nos garantir uma compreensão suficientemente complexificada das relações íntimas que se passam entre afetividade, agressividade, violência e o sexual. A pulsão compreendida como conceito limítrofe entre sujeito, ambiente e o outro possibilita entender de forma mais acurada esses imbróglios que se aprensentam altamente condensados para o pesquisador mergulhado no campo.

Pulsão de agressividade, pulsão de dominação e pulsão de destruição

No texto *O mal-estar na civilização* (1930/1980), Freud conceitua a pulsão de maneira ampla, discorrendo sobre sua relação intrínseca com a libido. Nesse mesmo texto, ainda diferencia pulsão objetal e pulsão do ego, que posteriormente seria modificada. Pensa assim, à maneira freudiana de pares binários e antitéticos.

> Foi para denotar a energia destes últimos ["instinto" objetal], e somente deles, que introduzi o termo "libido". Assim, a antítese se verificou entre os instintos do ego e os instintos "libidinais" do amor (em seu sentido mais amplo) que eram dirigidos a um objeto. (p. 140)

No entanto, o foco logo passa para o que ele chama de "instinto sádico", que provoca a atenção de Freud por ser compreendido como tendo um objetivo diferente do dos outros "instintos", nesse caso, muito além do amor. Ademais, encontra-se ligado aos "instintos do ego", os quais Freud relaciona com a pulsão de dominação, chamando atenção para o fato de que não a entende como possuindo um propósito libidinal.

Logo após esse trecho, no entanto, aponta sua mudança de olhar, colocando que "essas discrepâncias foram superadas; afinal de contas, o sadismo fazia claramente parte da vida sexual, em cujas atividades a afeição podia ser substituída pela crueldade." (p. 29) A mudança radical que essa posição introduz é a relação estreita com o narcisismo, "isto é, a descoberta de que o próprio ego se acha catexizado pela libido, de que o ego, na verdade, constitui o reduto original dela e continua a ser, até certo ponto, seu quartel-general" (1930, p. 140), indicando que necessariamente existe uma injeção de libido nesse objeto, que tem como alvo o próprio sujeito.

É uma teorização que vai ter longa e frutífera ação nos desenvolvimentos posteriores da psicanálise (leia-se, na maneira como Lacan irá pensar a pulsão parcial - que, com efeito, entende como sendo a única expressão possível da pulsão). Ela lvanta, também, o aspecto necessário e produtivo que a aplicação da pulsão de dominação teria, principalmente como uma instância de proteção da integridade do sujeito, compreendendo, assim, como a pulsão – animada libidinalmente e portadora de uma violência própria pelo fato de o sujeito não ter controle sobre esta – é componente primal da violência.

> Uma ideia mais fecunda era a de que uma parte do instinto é desviada no sentido do mundo externo e vem à luz como um instinto de agressividade e destrutividade. Dessa maneira, o próprio instinto podia ser compelido para o serviço de Eros, no caso de o organismo destruir alguma outra coisa, inanimada ou animada, em vez de destruir o seu próprio eu (*self*). (Freud, 1930, p. 141)

A relação intensa com o narcisismo, citada anteriormente, relaciona-se com a satisfação experimentada e descrita pelos sujeitos que dela fazem parte, e Freud (1930) claramente anuncia essa satisfação libidinal no seguinte trecho:

> Contudo, mesmo onde ele surge sem qualquer intuito sexual, na mais cega fúria de destrutividade, não podemos deixar de reconhecer que a satisfação do instinto se faz acompanhar por um grau extraordinariamente alto de fruição narcísica, devido ao fato de presentear o ego com a realização de antigos desejos de onipotência deste último. (p. 144)

A sociedade civilizada como a conhecemos não seria possível se todo sujeito apenas realizasse seus desejos de onipotência, sendo necessária uma instância de controle e redução desta natureza destrutiva que Freud entende como natural do homem. Por isso que, quando pensa a guerra, Freud naturalmente a coloca em contraposição à paz e à civilização, pois a libertação dessas tensões existentes em cada sujeito da sociedade só faz com que haja a nulificação de todo o trabalho civilizatório até então. Aqui interessa a passagem em que Freud fala que ao fim da guerra também desaparecem as neuroses de guerra, pois assim é possível entender como esse estado de libertação completa das rédeas civilizatórias também é danoso para o sujeito, mesmo que seja completamente reversível. Portanto, Eros também está presente; não existe pura pulsão de morte nem pura pulsão de vida em nossa vida psíquica:

> Mas o natural instinto agressivo do homem, a hostilidade de cada um contra todos e a de todos contra cada um, se opõe a esse programa da civilização. Esse instinto agressivo é o derivado e o principal representante do instinto de morte, que descobrimos lado a lado de Eros e que com este divide o domínio do mundo. (Freud, 1930, p. 145)

246 | Dimensões da violência

Afirmação reiterada em seu texto *Por que a guerra?* (Freud, 1930/1980), em que destaca:

> Muito raramente uma ação é obra de um impulso instintual *único* (que deve estar composto de Eros e destrutividade). A fim de tornar possível uma ação, há que haver, via de regra, uma combinação desses motivos compostos. (p. 253)

A pulsão de morte, na última teoria das pulsões de Freud, designa uma categoria fundamental de pulsão que se contrapõe às pulsões de vida. Ela tende à redução completa das tensões no sujeito. Com efeito, devolve o ser vivo ao estado inorgânico e homeostático.

O conceito de pulsão de morte ainda é um dos que causa várias dissidências dentro da própria psicanálise, o que indica certa resistência dos próprios psicanalistas em absorver um conceito tão radical, mesmo em uma classe que costuma ter suas teorias tidas como radicais. Freud utiliza-se de uma metáfora organicista, onde toda célula de um organismo pluricelular tenderia a voltar a um estado de homeostase completa, portanto a pulsão de morte levaria sempre um organismo à morte por fatores internos (Laplanche & Pontalis, 2006, p. 336). O que parece condizente com o envelhecimento e eventual morte de todo o organismo, mesmo que não explique as mortes por outros meios ou mesmo a violência contra outros organismos.

A pulsão de morte está inextricavelmente ligada a outras pulsões, como a de dominação e de destruição. Essa teorização é explicada por sua ligação libidinal em diferentes vetores: quando ligada ao sexual é entendida como sadismo, voltada para o exterior; quando voltada para o interior compõe o masoquismo primário, erógeno (Laplanche & Pontalis, 2006, p. 337).

A pulsão de morte muitas vezes é compreendida como a única pulsão, pois carrega em si um aspecto que Freud sublinha de maneira muito grave, o da repetição. A repetição do desprazeroso (ou do gozoso, segundo Lacan) é algo que ao longo dos escritos de Freud sempre propõe um desafio à sua compreensão da neurose e da pulsão.

Se há uma pulsão de vida, ou de prazer, em primeiro lugar, ela haveria de ao menos ter uma força suficiente para que o sujeito não se colocasse constantemente em situações que lhe causam intenso desprazer - o que os neuróticos comprovam a todo tempo que não ocorre. Em segundo lugar há a importância que a agressividade, a ambivalência, o sadismo e o masoquismo tomaram na teoria psicanalítica ao longo do tempo, principalmente por causa dos casos de neurose obsessiva e melancolia que traziam à tona muito claramente todos esses joguetes da pulsão. Em terceiro lugar, a difícil teorização do ódio que primeiramente é tida como relacionada à pulsão de vida (ou Eros), em segundo lugar à pulsão de morte (ou Thanatos), tendo como pano de fundo os pares antitéticos freudianos. O ódio, ao ser entendido como anterior às relações de amor, parece ter uma ligação com o narcisismo primário, mas borra os limites entre pulsão de morte e de vida (Laplanche & Pontalis, 2006, p. 338).

A expressão *pulsão de agressividade* aparece pela primeira vez com *status* de conceito na obra de Alfred Adler, porém Freud resiste à ideia de uma pulsão agressiva específica e diferenciada. Portanto não utiliza o conceito como uma complementação às já esabelecidas pulsão sexual e pulsão de autoconservação. Freud apenas volta a utilizar o termo (já como *agressionstrieb*) em *Mais além do princípio do prazer* (1920/1977), quando já está inserido no marco dualista das pulsões de vida e morte. O que tem importância no caso dessa pretensa pulsão é que ela é precisamente um dos termos que Freud utiliza poucas vezes e sempre diferenciando-a da pulsão de destruiçao e de dominação (Laplanche & Pontalis, 2006, p. 327).

A pulsão de dominação é de difícil tradução do original em alemão *bemächti-gungstrieb*, e é traduzida de maneiras variadas em diversas línguas. Laplanche e Pontalis sugerem pulsão de apoderamento como a tradução mais fiel ao alemão pelo fato de *bemächtigen* significar apoderar-se e dominar pela força. Principalmente para a leitora habituada a pensar a dominação através do feminismo, tanto a tradução da palavra quanto o seu uso em português são enganadores. O conceito inicialmente é utilizado para "una pulsión no sexual que sólo secundariamente se une a la sexualidad; al comienzo se dirige hacia un objeto exterior y constituye el único elemento presente en la crueldad primitiva del niño" (p. 328).

A pulsão de dominação aparece pela primeira vez em 1905 nos escritos freudianos e não é compreendida como uma pulsão que teria como alvo o sofrimento do outro, na verdade parece simplesmente não levar o outro em conta e, portanto, independe da sexualidade. Em 1913, ao fazer a relação da pulsão de dominação com a fase anal-sádica do desenvolvimento psicossexual, Freud estabelece uma relação da pulsão de dominação com o sadismo, e indica que apenas quando esta está a serviço da sexualidade que pode então ser chamada de sádica (p. 328).

Com a publicação de *Mais além do princípio do prazer* (1920/1977) e a introdução da pulsão de morte, o problema de uma pulsão específica de dominação coloca-se de maneira diferente. Portanto, a relação com o sadismo se vê completamente modificada; ao não mais estar atrelado à pulsão de dominação, o sadismo toma sua face mais reconhecida já que se relaciona com a destruição, tema recorrente da pulsão de morte. A partir desse momento, a pulsão de dominação representa-se como parte de uma figura da qual o sujeito se utiliza para controlar a excitação, seja advinda de suas próprias pulsões ou do exterior (Laplanche & Pontalis, 2006, p. 329).

A pulsão de destruição muitas vezes é utilizada por Freud no mesmo sentido que pulsão de morte, mas pulsão de destruição tem o sentido de pulsão de morte

248 | Dimensões da violência

aplicada à experiência psicológica e biológica, assim como de pulsão de morte aplicada ao mundo exterior. Freud também utiliza o termo pulsão de destruição para delimitar a finalidade da pulsão de morte. Visto que a pulsão em geral é considerada um conceito limítrofe em psicanálise, na qual faz uma necessária imbricação entre a vida psíquica e o exterior ao sujeito; essa delimitação freudiana parece ao mesmo tempo didática e necessária. Entende-se que a pulsão de destruição se refira aos efeitos mais acessíveis e manifestos da pulsão de morte, em especial pela dificuldade que teve Freud de dar exemplos que conseguissem especificar completamente a pulsão, tornando este um conceito limite (visto que a pulsão age exatamente no entremeio sujeito e mundo) de um conceito que em si é definido por limites – estes definidos pela limitação explicativa do conceito, exatamente pelo fato da maior parte dos escritos Freudianos sobre a pulsão terem se perdido (p. 331).

Freud sempre criticou teorias das pulsões ou dos instintos que tentassem catalogá-las. Afirmava que existem tantas pulsões quantas atividades humanas, sendo possível apenas analisar a própria pulsão para compreender os fatores decompostos da pulsão. Estes fatores, ou componentes, são interligados e se relacionam tanto com o corpo do sujeito quanto com o objeto alvo, mesmo que de maneiras diferentes.

Essa inter-relação se situa também no tocante à divisão artificial entre pulsão de vida e pulsão de morte; o que se encontra no sujeito é um amálgama de ambas, não é possível "limitar una o otra de las pulsiones fundamentales a una determinada provincia psíquica. Es necesario poderlas encontrar por todas partes" (p. 339).

Quando se estuda o quadro geral das pulsões encontradas nos sujeitos, vê-se que não é possível compartimentalizá-las (assim como Freud nunca conseguiu um exemplo puro de pulsão de morte, por exemplo), visto que os sujeitos tendem a realizar manifestações a todo tempo contraditórias, com um princípio de prazer, ou Eros, completo. Veem-se sofrendo, repetindo, demonstrando sintomas sem explicação puramente orgânica. Em outras palavras, aquilo que é denominado pulsão de morte está em ação em todos os sujeitos (p. 339).

Contudo, a pulsão de morte não deve ser compreendida apenas como uma negatividade. Existem fatores de suma importância para o chamado "movimento civilizatório" que Freud ressalta em *Por que a guerra?* (Freud, 1930/1980) e são diretamente derivados da pulsão de morte. Como exemplo, toda desestabilização e toda reestruturação são derivadas da pulsão de morte; ou utilizando um exemplo mais objetivo: todos necessitamos de uma dose de pulsão de morte para nos levantarmos da cama todos os dias. Por isso que, em *Mais além do princípio do prazer* (Freud, 1920/1977), Freud ressalta que muitas vezes o próprio princípio de prazer parece se colocar a serviço da pulsão de morte.

O efeito mais radical do pensamento freudiano sobre a pulsão de morte é a centralização desta como liga indissolúvel de conceitos outrora desunidos ou estanques. O desejo, a agressividade, o sexual são todos inexoravelmente atrelados ao desejo de morte (Laplanche & Pontalis, 2006, p. 342) e, dessa maneira, a conceituação e compreensão da violência se tornam possíveis. Ao mesmo tempo que o narcisismo habilita e garante ao agressor se destacar da vítima (ou por vezes se identificar e aí gozar), a pulsão de morte – entremeada pela sexualidade e agressividade – executa o movimento de desestabilização do outro. Assim se faz o jogo sádico encontrado em algumas cenas de violência sexual – devo deixar claro que não todas, e que essa não é uma hipótese exclusiva ou ainda generalizante. Outras teorias ainda têm de explicar outros fatores, para isso confio no feminismo e na teoria *queer*.

Não é apenas o ato violento que produz articulações psíquicas para um sujeito nele envolvido, outras articulações ainda se estabelecem, uma relação inescapável entre o social e seus efeitos no sujeito. Em torno do estupro e do atentado violento ao pudor se assomam o aparato policial, carcerário, políticas públicas de assistência e de prevenção. Esses aparatos e políticas são produtores também de uma subjetividade para estes sujeitos envolvidos com a violência, e nessa produção se imbricam com a constituição própria do sujeito, produzindo enunciados que muitas vezes têm efeito de verdade em sua vida.

Psicanálise, lei e violência sexual

Para compreender como o trauma do abuso sexual intrafamiliar se inscreve na estrutura psíquica – tanto do autor da violência como da vítima contra o qual é perpetrado o ato – é necessária uma breve introdução a um conceito chave da psicanálise, o complexo de Édipo, que pode ser definido como:

> O complexo de ideias e sentimentos relacionados aos desejos incestuosos, suas proibições e seus desdobramentos, ocupa um lugar central na teoria psicanalítica. Em psicanálise, muito da constituição psíquica pode ser definido tomando-se como referência a forma como esse complexo se estrutura no indivíduo. Isso significa que a interdição à realização dos impulsos incestuosos tem uma importância central no desenvolvimento psicológico, sendo considerada como paradigma da possibilidade de reconhecimento, pelo sujeito, de que existem limites para a realização de seus desejos, para sua conduta, e que balizam seu reconhecimento de si. (Faiman, 2004, p. 19)

O conceito inicial de trauma fornece uma importante noção de como Freud pensava inicialmente o abuso sexual incestuoso, encontrado em seu texto *Proton Pseudos* (Freud, 1895/1950). Ele descreve como a compreensão de uma cena de sedução – entendida como a busca de satisfação sexual de um adulto através de

250 | Dimensões da violência

uma criança – não se daria imediatamente na criança, ocorrendo o que Freud denomina de um "cisto mnêmico", um traço de memória ao qual não é possível atribuir um sentido e integrar na cadeia de representações. Mais tarde, com o desenvolvimento da criança e a compreensão do caráter sexual da cena, à criança lhe seria atribuído retroativamente um caráter sexual, desencadeando um fluxo de excitação excessivo ao possível de dominar e elaborar psiquicamente pelo indivíduo, ocasionando o trauma (Faiman, 2004, p. 21).

Sáez (2004) indica que a visão de Lacan sobre a sexualidade mostra que o desejo não está determinado pelo gênero do objeto escolhido, e sim pelo objeto *a*, que é algo independente do gênero. Ao separar desejo de gênero, Lacan separa o desejo da heterossexualidade como norma. Segundo Lacan (1965/1984), no seu Seminário XI, as vias do que é definido como mulher ou homem estão no campo do Outro; são identificações com uma convenção social, com um acordo social sobre o que é homem ou mulher, e isto é propriamente o Édipo. Não existe dentro da psicanálise de Lacan uma essência do que seja feminino ou masculino ou qualquer outro binarismo nesse sentido, o que faz total sentido e ecoa nas teorias feministas.

Ademais, o campo pulsional apresenta-se inscrito no simbólico, proporcionando reconhecimento através da representação; portanto uma pulsão só pode ser conhecida pelo sujeito na estrita medida em que ela encontra solução de expressão no aparelho psíquico, ou seja, sob a forma de um representante (Dor, 1992, p. 139). A primeira experiência de satisfação cria um traço mnésico e, doravante, estará conectada diretamente à imagem/percepção do objeto que proporcionou a satisfação. Esse traço mnésico constituirá a representação no processo pulsional (pp. 139-140).

O desejo nasce de um reinvestimento psíquico de um traço mnésico de satisfação ligado à identificação de uma excitação pulsional. A dimensão do desejo não tem outra realidade que não uma realidade psíquica. Em outras palavras, o desejo não tem objeto na realidade (pp. 140-141). O desejo, porém, é sempre desejo do desejo do Outro, e, portanto, está também ligado à falta e à demanda (entendida aqui como a demanda de amor). Portanto, o desejo só aparece em uma relação simbólica com o Outro e através do desejo do Outro. (p. 144).

A pulsão não seria necessariamente satisfeita por seu objeto, mas faria parte de um circuito pulsional que tem como alvo o objeto de desejo, mas que acaba por circundá-lo e tem como objetivo último a volta da pulsão para a borda erógena (que pode ser qualquer parte erotizável do corpo, ou seja, qualquer parte do corpo) (p. 142). Esse objeto seria o objeto *a*, objeto causa de desejo e objeto do desejo, também entendido como objeto perdido, pois sempre é apenas circundado, mas nunca atravessado. Exatamente por esse conceito que se inscreve no sujeito sempre a possibilidade da falta, a inscrição de um vazio primevo no sujeito do inconsciente (p. 143).

A violência sexual intrafamiliar | 251

Assim, ocorre no Édipo a inscrição da criança no simbólico, na cultura propriamente dita, pela inserção da fala, com a qual vem, necessariamente a falta, através da demanda. A demanda também se relaciona com a necessidade, que seria o princípio desta cadeia e é normalmente explicada como referente à parte biológica do esquema de organização da criança, proporcionando a primeira experiência de prazer através da satisfação dos primeiros impulsos da criança (fome abatida com o seio ou outra fonte). Porém, não é apenas isso que ocorre aí, há um excesso que ultrapassa a questão implícita da satisfação de uma necessidade biológica, e este *a*-mais define o que se estruturará como o gozo (pp. 145-146).

> O surgimento do desejo fica, pois, suspenso à busca, ao "re-encontro" da primeira experiência de gozo. Mas já a partir da segunda experiência de satisfação, a criança, tomada no assujeitamento do sentido, é intimada a demandar para fazer ouvir seu desejo. É, portanto, conduzida a tentar *significar* o que deseja. Ora, a mediação da nominação introduz uma inadequação entre o que é desejado fundamentalmente e o que se faz ouvir deste desejo na demanda. É esta inadequação, aliás, que dá a medida do impossível re-encontro do gozo primeiro com o Outro. Este Outro que fez a criança gozar, por mais que seja buscado e seu encontro esperado, permanece inacessível e perdido enquanto tal, devido à cisão introduzida pela demanda. (p. 146)

É nessa relação com o gozo e com o *a*-mais que podemos encontrar um início de teorização para o que se passa na violência sexual intrafamiliar, caracterizando, assim, um desejo trangressor por um objeto que não necessariamente vai encaixar-se em um quadro de normatividade.

A interdição do incesto é entendida como o paradigma de limite – que é comumente referido como forclusão na tradição lacaniana –, o que diferencia a ordem do caos e representa a possibilidade de que, entre um impulso e sua satisfação, se interponha algo, abrindo espaço para o desenvolvimento de um aparelho mental que opere com representações (Faiman, 2004, p. 22). Assim como também opera a possibilidade do sujeito de adentrar o registro simbólico, ascendendo, então, ao que nos referimos por cultura e civilização.

Mesmo após o abandono da teoria da sedução na etiologia das neuroses, a psicanálise ainda utiliza conceitos como o de pulsão de morte para se referir à agressividade, ao sadismo e à destrutividade do sujeito (principalmente nos textos de 1920 e 1923). Entretanto, o papel estruturante das experiências externas e do trauma nunca foi abandonado. (Fagundes, 2004, p. 30).

A violência parece estar situada no limite do suportável, onde fica demarcada a diferença de lugares. Uma prática violenta necessariamente manifesta uma diferença e implica também o reconhecimento de diferentes lugares e sujeitos. "A violência é um artefato da cultura, um particular do viver social" (Fagundes, 2004,

p. 33). O que não precisa ser necessariamente a divisão entre autor de violência e vítima, mas sim uma definição de limites, mesmo que seja provisório. Há um estranhamento que ocorre quando nos deparamos com a morte ou com alguma violência que carrega o irrepresentável, como o caso da violência sexual. Porém o ato violento por mais que escape à representação parece produzir representações diversas, e aí reside um ponto de possível análise e pesquisa (Hartmann, 2005, pp. 45-47).

Se não existe realidade pré-discursiva e se a violência carrega em si o irrepresentável, podemos supor que o que conhecemos como violências são manifestações derivadas de determinados discursos que tendem a um lugar no qual o discurso não se sustenta enquanto produtor de realidades. Isso quer dizer que a violência toma corpo quando o discurso falta, ou seja, a violência começa onde a palavra acaba (Hartmann, 2005; Gryner, 2003).

Mas a violência somente se dará quando o discurso tocar no limite do irrepresentável (Hartmann, 2005, p. 48). Considerando tal dimensão, a violência é um fenômeno que não se caracteriza apenas pelo uso de força física, mas também pela ameaça de usá-la e por agressões que variam entre xingamentos, exposição pública, gritos entre outras manifestações. A violência conjugal, física ou psicológica acontece uma vez que ambos os membros permitem esse comportamento na relação, ou seja, usar a violência como ferramenta não é sempre uma escolha unilateral. Mesmo nos casos de violência sexual intrafamiliar, ainda assim a vítima dos abusos também é protagonista, mesmo que protagonista do silêncio e do segredo (Alvim & Souza, 2004, p. 47).

Há um paradoxo na posição do sujeito vítima da violência sexual, no qual a violação é entendida como a morte, porém a única maneira de escapar à morte na violação sexual é aceitá-la. A violação é tão aterradora porque é como a morte, e esse medo totalizador desarma, impedindo a vítima de lutar contra o ataque, de sorte que

> ... podemos eludir los limites de una perspectiva empírica si desarrollamos una política de la fantasía y la representación. La violación existe porque nuestra experiencia y el despliegue de nuestros cuerpos es efecto de las interpretaciones, representaciones y fantasías que a menudo nos posicionan de maneras conducibles a la realización del guión de la violación: paralizadas, incapaces de ejercer violencia física, temerosas. (Marcus, 1992, p. 83)

Sharon Marcus propõe uma outra análise sobre a violência sexual *"como um hecho lingüístico arguye que ésta se halla estructurada como una lengua, una lengua que moldea tanto las interacciones verbales como las físicas entre una mujer y su potencial atacante"*(p. 66). Aqui a relação com a psicanálise parece se estreitar ainda mais, visto que uma das máximas lacanianas ("o inconsciente está estruturado

A violência sexual intrafamiliar | 253

como uma linguagem", de seu *O seminário, livro 20: mais, ainda* [Lacan, 1985])
parece permear de maneira patente a teoria de Marcus. Neste momento posso
afirmar meu intuito de passar de um campo a outro e utilizar os conceitos e
práticas psicanalíticas aliados às teorias feministas para realizar uma análise
mais complexificada do campo da violência sexual:

> Otra manera de negarnos a reconocer la violación como un hecho insos-
> layable de nuestras vidas es tratarlo como un factor lingüístico: preguntarse
> cómo la violación está apoyada por los relatos, obsesiones e instituciones
> cuyo poderío deriva no de una fuerza directa, inmutable e invencible sino de
> su poder para estructurar nuestras vidas como guiones culturales que se nos
> imponen. Comprender la violación de esta manera es comprenderla en su
> posibilidad de cambio. (Marcus, 1992, p. 65)

Há aqui a sugestão de que não é necessariamente um dado da realidade
que aparece nas situações de violência sexual, mas um componente imaginário,
entrelaçado ao simbólico, que guia as ações, posturas ou reações ante à possibilidade da ocorrência desse crime: *"Este lenguaje estructura las acciones y las respuestas
físicas tanto como las palabras y las formas, por ejemplo, los sentimientos de poderío del
posible violador y nuestro generalizado sentimiento de parálisis cuando nos amenazam
com la violación"* (p. 67). Ponto que deve ser observado se temos o objetivo de
destrinchar o que se passa não só no social, mas na questão da subjetividade
desses sujeitos:

> Un violador sigue un guión social y representa estructuras convencionales,
> genéricas, de sentimiento y acción que buscan envolver a la mujer blanco de
> la violación en un diálogo que está sesgado en contra de ella. La habilidad
> de un violador para acosar verbalmente a una mujer, para exigir su anten-
> ción, e incluso para atacarla físicamente depende más de cómo se posiciona
> a sí mismo socialmente en relación con ella que de su supuesta fuerza física
> superior. Su creencia en que tiene más fuerza que una mujer y que la puede
> usar para violarla merece mayor análisis que el hecho putativo de esa fuerza,
> porque la creencia a menudo produce como efecto el poder masculino que
> pareciera ser la causa de la violación. (p. 67)

Essa é uma maneira de fazer jus à recomendação de Lacan de que o psicanalista se junte a seu tempo, à subjetividade de sua época, ao aproximar o
psicanalista da política, como um dever de saber, um dever de ato (Couto, 2005, p.
11). Tratando-se de conceitos de origem psicanalítica, a repetição aparece como
uma das condutas marcantes no campo da violência (tanto doméstica quanto
sexual). Couto afirma que as condutas que terminavam em violência doméstica,
das quais muitas vezes as mulheres são vítimas, repetiam-se em seu histórico

254 | Dimensões da violência

familiar, na sua relação com parceiros diferentes – reiteradas por diversas queixas nas delegacias da mulher –, e analisa que este teor inconsciente da repetição necessita uma intervenção capaz de barrá-la:

> Embora não se considere a submissão aos maus tratos como um sintoma neurótico, é posível traçar, com ele, um paralelo. Como o sintoma neurótico, a submissão aos maus tratos também apresenta as três características apontadas por Freud (1895/1978) para a compulsão histérica, quais sejam: 1) é ininteligível; 2) é refratária de qualquer atividade de pensamento; 3) e é incongruente em sua estrutura. (p. 29)

Couto destaca que é possível fazer um paralelo com a filosofia de Hegel, ao pensar "um paralelo entre a violência de gênero e a relação Senhor/Escravo não como algo atribuído apenas a um dos parceiros, mas a uma relação cuja manutenção só é possível enquanto compartilhada por ambos" (p. 17). Compreensão que encontra paralelos também na questão da subjetivação colocada por Judith Butler em seu livro *The Psychic Life of Power* (1997), pensando a performatividade também como constituição reiterada e citacional na violência. "O gozo da posição de escravo é o que mantém a submissão, e a libertação somente se dá pela ruptura com o que a sustenta, através da mudança da posição subjetiva de usufruto de tal gozo" (Couto, 2005, p. 17).

Outras formas de lidar com a violência sexual nasceram no seio das teorias pós-estruturalistas. Marcus (1992) faz uma crítica à noção de que a violência sexual seria um inominável ou um irrepresentável, argumentando que essa definição cai em uma armadilha na qual a violência engole o sujeito (e seu agenciamento) em seus esforços para tentar passar o horror e a iniquidade da violação sexual. Ela argumenta que essa visão se alia potencialmente à cultura masculinista ao comparar a violência sexual com a morte, tendo como efeito último que a única possibilidade de reparação nesses casos seria a via legal, uma vez que não se poderia lutar contra a violação sexual. A autora salienta, também, que ainda não existem pesquisas que apontem que um aumento das penas e condenações por ofensas sexuais tenha tido algum efeito no aumento das condenações ou na diminuição desses crimes (p. 63).

Uma diferenciação necessária existe entre os conceitos de agressão e violência, pois a agressão é normalmente vista como algo inerente ao psiquismo humano e necessário para nossa sobrevivência:

> Agressão é uma coisa, violência é outra. O que distingue definitivamente uma da outra é o fato de que a última tem como resultado a eliminação de um dos sujeitos envolvidos na ação. Essa eliminação pode ser tanto a morte física quanto a morte da estrutura psíquica abalada pela experiência brutal sofrida. (Felipe & Philippi, 1998, p. 12)

No ato violento existe a eliminação do sujeito violentado como autônomo e livre, portanto a "violência é o ato que impõe o ser sujeito de um no lugar do ser sujeito do outro" (p. 13). Em uma leitura das tradições da filosofia e da ética, Felipe e Philippi (1998) estabelecem, através da tradição contratualista, por que o estupro é considerado um crime no Ocidente, propondo que só existe o reconhecimento desse tipo de violência a partir do ponto em que um sujeito se reconhece como um sujeito portador de direitos, uma cidadã ou um cidadão. A partir do momento em que algo, que se considera inalienável, lhes é retirado, podemos considerar que a violência ocorreu. Porém, para que exista a noção de algo que é seu por direito e ninguém mais pode subtrair, é necessário que exista uma construção nesse sujeito que só pode ser realizada através da lei. (p. 20)

A violência mostra nossa fragilidade diante do outro. O simbólico, devido à sua característica inevitavelmente social, concerne força pela união aos humanos. Ao mesmo tempo o simbólico nos possibilita a lei:

> A lei não se faz pelo que ela significa. ... Atualmente o direito e a justiça ocupam-se do significado das leis, de sua operacionalidade. Esta não é a ocupação da psicanálise. Para ela, o significado da lei não é a questão, mas a forma como a lei articula as possibilidades de gozo. A psicanálise não se ocupa do significado da lei. ... A ocupação da psicanálise está mais voltada para o significante lei, ou seja, o que a lei articula na sociedade e que afeta o sujeito. Digamos que a psicanálise está interessada neste NÃO implícito em toda lei. O que conta é o caráter de interdição da lei. O que interessa não é o enunciado, mas sua capacidade de interdição. Essa capacidade de interdição é discursiva, de modo que a lei vai ser um resultado deste discurso. Se o discurso, que funda a realidade social, não sustenta determinada lei, ela não vai ser efetiva. (Hartmann, 2005, p. 49-50)

Em consonância com as teorias de gênero sobre corporificação e materialização, pode-se tecer com a psicanálise, através dos questionamentos sobre a violência, o seguinte: "podemos supor que o que serve de interligação, de solda, entre violência e lei é propriamente o corpo, o gozo e a morte, os três do real" (p. 51).

As análises atuais revelam aspectos da rede de relações que permeiam a violência conjugal e intrafamiliar. Obviamente, a violência também está associada à estruturação social desigual, portanto situações macroeconômicas, estruturações hierárquicas, distribuição de renda e poder desiguais são componentes centrais para a violência doméstica, que aparece também como sintoma dessas situações. Somando-se a isso relações sociais violentas permitidas dentro da invisibilidade do dia a dia e a conivência da população, banalizam-se diversas formas de violência que são diluídas nas miudezas do cotidiano, disseminando-as. Contudo, as produções sobre a temática da violência, principalmente a doméstica, ainda contam com pouca participação masculina como sujeitos de pesquisa e com raras análises dos aspectos relacionais desse fenômeno (Alvim & Souza, 2004, p. 47).

As possibilidades teóricas abertas pela junção entre as teorias feministas pós-estruturalistas e a psicanálise parecem oferecer novas maneiras de conceber a violência sexual, sem cair nas tradicionais linhas de pensamento que priorizam radicalmente o social ou o subjetivo, escapando, assim, da psicologização que não compreende os processos políticos cotidianos e de uma assujeição completa do sujeito ao social.

É necessário que essa temática, que é pano de fundo de inúmeras discussões contemporâneas – como a tão discutida redução da idade penal –, seja melhor trabalhada pelas ciências humanas, sem recorrer à função do ininteligível ou do irrepresentável como forma de escapar à complexidade do campo.

A violência convoca, como parte de nosso *zeitgeist*, a nos imbricarmos nas relações e nas condições que as produzem. E, para isso, é urgente e necessário que se produzam mais pesquisas na área, para que, assim, forme-se uma política coerente tanto no âmbito legal como no político e no social; também nos movimentos sociais, sejam esses pelos direitos da mulher, pela não violência (como o caso da Campanha do Laço Branco – Homens Pelo Fim da Violência Contra a Mulher) ou os movimentos GLBT e feminista, que lutam há décadas pela igualdade e pelo fim da violência de gênero. Ampliar, assim, os parcos investimentos que atualmente estão disponíveis para o atendimento de uma demanda considerada universalmente grave e altamente disruptiva para a vida de todos os envolvidos, mas que também tem efeitos nefastos na vida de todos que se veem como potenciais vítimas desse tipo de crime.

Referências bibliográficas

Alvim, S. F. & Souza, L. (2004). *Homens, mulheres e violência*. Rio de Janeiro: Instituto NOOS.

Araújo, M. de F. (2002). Violência e abuso sexual na família. *Psicologia em Estudo*, 7(2), p. 3-11.

Brecht, B. (1970). *Écrits* sur la *politique* et la société. Éd. L'Arche, Paris.

Butler, J. (1997). *Excitable speech: a politics of the performative*. New York: Routledge.

Butler, J. (1998). Fundamentos contingentes: o feminismo e a questão do pós-modernismo. *Cadernos Pagu, 11*, 11-42.

Couto, S. (2005). *Violência doméstica: uma nova intervenção terapêutica*. Belo Horizonte: Autêntica.

Day, V. P. et al. (2008). Violência doméstica e suas manifestações. *Revista de Psiquiatria*, 25 p. 9-21.

Dor, J. (1992). Introdução à leitura de Lacan: o inconsciente estruturado como linguagem. Porto Alegre: Artes Médicas.

Fagundes, J. O. (2004). A psicanálise diante da violência. In P. C. Sandler (Org.). *Leituras psicanalíticas da violência*. São Paulo: Casa do Psicólogo.

Faiman, C. J. S. (2004). Abuso sexual em família: a violência do incesto à luz da psicanálise. São Paulo: Casa do Psicólogo.

Felipe, S. T. & Philippi, J. N. (1998). O corpo violentado: estupro e atentado violento ao pudor. Um ensaio sobre a violência e três estudos de filmes à luz do contratualismo e da leitura cruzada entre direito e psicanálise. Florianópolis: Ed. UFSC.

Freud, S. (1895/1995). Proton Pseudos. Projeto para uma psicologia científica. In *Edição Standard Brasileira das Obras Psicológicas Completas de Sigmund Freud* (v. I). Rio de Janeiro: Imago.

Freud, S. (1920/1977). Mais além do princípio do prazer. In *Edição Standard Brasileira das Obras Psicológicas Completas de Sigmund Freud* (v. XVIII). Tradução de José Octávio de Aguiar Abreu. Rio de Janeiro: Imago.

Freud, S. (1930/1980). Por que a guerra? (Einsten e Freud). In *Edição Standard Brasileira das Obras Psicológicas Completas de Sigmund Freud* (v. XXI). Tradução de José Octávio de Aguiar Abreu. Rio de Janeiro: Imago.

258 | Dimensões da violência

Freud, S. (1930/1980). O mal-estar na civilização. In *Edição Standard Brasileira das Obras Psicológicas Completas de Sigmund Freud* (v. XXI). Tradução de José Octávio de Aguiar Abreu. Rio de Janeiro: Imago.

Gryner, S.; Mancini, P. C. M. R. & Oliveira, R. C. de (Orgs.) (2003). *Lugar de palavra.* (1ª ed.). Rio de Janeiro: Contra Capa.

Hartmann, F. Violência e discurso. In J. L. Caon; F. Hartmann & N. C. D. F. da Rosa JR. (Org.) (2005). *Violências e contemporaneidade.* Porto Alegre: Artes e Ofícios.

Hermann, L. M. (2007). Maria da Penha Lei com nome de mulher: considerações à Lei n. 11.340/2006: contra a violência doméstica e familiar, incluindo comentários artigo por artigo. Campinas: Servanda Editora.

Krug, E. G. et al. (2002). *World report on violence and health.* Suíca: World Heath Organization.

Lacan, J. (1985a). O seminário, livro 11: os quatro conceitos fundamentais da psicanálise. Rio de Janeiro: Jorge Zahar.

Lacan, J. (1985b). *O seminário, livro 20: mais, ainda.* Rio de Janeiro: Jorge Zahar.

Laplanche, J. & Pontalis, J. B. (2006). *Diccionario de Psicoanálisis.* Buenos Aires: Paidós.

Lessa, M. (2006). Violência doméstica e familiar contra a mulher – Lei "Maria da Penha" – Alguns Comentários. *Revista Eletrônica da Faculdade de Direito de Campos, 1*(1).

Marcus, S. (2002). Cuerpos en lucha, palabras en lucha: una teoría y política para la prevención de la violación. *Debate Feminista, 13*(26), 59-88.

Machado, L. Z. (1998). Masculinidade, sexualidade e estupro: as construções da virilidade. Campinas: Núcleo de Estudos de Gênero – PAGU da Universidade Estadual de Campinas. *Cadernos Pagu, 11,* 231-173.

Sade, M. de. (1972) *La Philosophie dans le boudouir* ou *Les instituteurs immoraux.* Paris: Ed. 10/18.

Sáez, J. (2004). *Teoria queer y psicanálisis.* Madrid: Síntesis.

Saffioti, H. I. B & Almeida, S. S. de. (1995) *Violência de gênero: poder e impotência.* Rio de Janeiro: Revinter.

Souza, C de M. & Adesse, L. (2005). *Violência sexual no Brasil: perspectivas e desafios.* Brasília: Secretaria Especial de Políticas para as Mulheres.

Violência em paralaxe

Gisálio Cerqueira Filho[1]

Advertência preliminar

Paralaxe é uma expressão utilizada por Slavoj Zizek na sua mais recente análise, publicada no *Massachussetts Institut of Techonology* (MIT, 2006)[2]. Ela define uma medida de mudança de posição aparente de um objeto (no caso deste ensaio, a violência no Brasil) quando ele é observado a partir de ângulos diferentes. As hipóteses expostas e os casos narrados têm sido discutidos nas nossas aulas e foram apresentados recentemente no III Congresso Internacional e IX Congresso Brasileiro de Psicopatologia Fundamental, ocorridos na Universidade Federal Fluminense (UFF), Niterói, entre 4 e 7 de setembro de 2008.

No item 1 vemos a violência (simbólica) subjetivada a partir do favor, acrescida de um caso pitoresco; no item 2 vemos a violência subjetivada a partir do traço cultural *exotismo*, ainda frequentemente associado aos trópicos.

Todavia, já em 1983, na Revista *Direito e Avesso*, (Filho & Neder, 1983), dirigida pelo saudoso Roberto Lyra Filho, levantou-se a hipótese de que o debate sobre a violência que então tomava conta da mídia correspondia a uma questão crucial que se denominava de "abertura política": a exigência do Estado quanto ao controle (já que não se falava em desativação completa) da "polícia política" (também conhecida como comunidade de segurança e informações).

Passados 25 anos, sabemos que, nesse campo, avançamos "aos trancos e barrancos". Segundo o deputado federal Marcelo Itagiba (2008), também delegado da Polícia Federal, ainda existe um sistema paralegal que envolve agentes do Estado, da atual Agência Brasileira de Inteligência (ABIN) e da Polícia

---

[1] Professor e pesquisador sênior no Instituto de Ciências Humanas e Filosofia (ICHF) da Universidade Federal Fluminense (UFF), *campus* do Gragoatá.

[2] Tradução para o português pela Editora Boitempo, em 2008, São Paulo.

260 | Dimensões da violência

Federal em ações clandestinas e ilegais que atualizam práticas e ideias da "polícia política". No caso, o uso e abuso do cachimbo no passado fez a boca torta.

Nesse ensaio optamos por tratar da violência de distintas posições subjetivadas. O leitor deve buscar o nexo em reflexões aparentemente distantes umas das outras.

No entanto devemos ressaltar que no dia 13 de maio de 1994, um total de 142 homens e mulheres tomaram posse como delegados de polícia de 3ª classe do estado do Rio de Janeiro. Contra o indício agourento de que tomaram posse numa sexta-feira 13, acreditamos que alguns deles tenham condições reais de, em longo prazo, renovar a polícia carioca e a fluminense em colaboração com alguns oficiais superiores da Polícia Militar dotados de visão estratégica e responsabilidade cidadã.

Falamos com algum conhecimento de causa, pois, afinal, todos foram nossos alunos no Centro Unificado de Ensino e Pesquisa para as Instituições de Segurança Pública (CEUEP), no *campus* da UERJ, no período de abril a outubro de 1993. Aprendemos bastante uns com os outros. Conseguimos formar um corpo docente homogêneo, gabaritado, que testemunhou o clima de camaradagem e companheirismo entre professores, pesquisadores, candidatos a delegados, alguns já policiais, que "contando, ninguém acredita". Mas foi verdade. Houve um apoio inestimável do Laboratório "Cidade e Poder", do Departamento de História da Universidade Federal Fluminense, e também das UFRJ e PUC-RIO, além da própria UERJ, pois foi assinado um convênio entre os reitores dessas quatro universidades e a FAPERJ.

A princípio, surpresos com as ótimas condições de trabalho no CEUEP, nossos alunos se perguntavam, e aos professores também, o que haveriam de aprender na universidade. Aos poucos, no desdobramento das aulas de História da Polícia, Criminologia, Pensamento Jurídico-Penal, Sociologia do Direito, Análise da Conjuntura Política, Direito e Meio Ambiente, História das Famílias, começamos a construir o objeto de nossas preocupações, investigações e análise: as estratégias de controle social no Estado Democrático de Direito. Avançamos no estudo do paradigma indiciário, conforme Carlo Ginzburg, em comparação com o modelo inquisitorial (tortura/confissão), de forte tradição ibérica.

Refletimos muito sobre a relação entre a atividade da polícia ostensiva e a estigmatização étnica e social. A história da cidade do Rio de Janeiro e a história da Polícia entrelaçaram-se na compreensão dessa conjuntura aflitiva que vivemos. Com o auxílio das interpretações do esloveno Slavoj Zizek, procuramos diferenciar os registros do real, simbólico e imaginário sobre a questão da violência na boca do povo e nas práticas de todo dia. De fato, vivemos, ainda, uma transição política que parece não ter fim e já agora, debaixo dos escombros do mundo bipolar do pós-guerra, sob o signo de formidáveis avanços tecnológicos que redimensionam as relações sociais. Fizemos, juntos, uma espécie de levantamento das ideologias jurídico-penais que inspiram a prática policial tantas vezes improvisada.

Os procedimentos didáticos e pedagógicos utilizados, os conteúdos programáticos, a estrutura curricular e os sistemas de avaliação foram apresentados no Congresso Internacional de Criminologia, em Budapeste, em agosto de 1993, e discutidos com policiais e acadêmicos britânicos, húngaros, israelenses, alemães, entre outros. Viajamos para a Espanha e trocamos experiências com os colegas do *European Network on Law and Society*, do *Critical Legal Studies Network*, da Universidade de Harvard, nos Estados Unidos, e do Movimento Latino-americano de Direito e Sociedade. Apresentamos relatórios e vivências na Organização das Nações Unidas para a Educação, a Ciência e a Cultura (Unesco) (Paris), que acompanhou e cooperou com os nossos esforços. O mesmo com relação ao Fundo das Nações Unidas para a Infância (Unicef) e ao *International Research Committee on Sociology of Law*, reunido em Tóquio, em 1995.

Por tudo isso, não perdemos as esperanças no pensamento e na ação dos novos delegados de Polícia do Rio de Janeiro.

Tratava-se, todavia, de um projeto institucional do Estado, levado a cabo no segundo governo estadual de Leonel Brizola e tendo como liderança na área de segurança pública o jurista dr. Nilo Batista. No governo seguinte, de Marcelo Alencar, o projeto foi abandonado. Mas algumas sementes foram plantadas e frutificaram.

Favor, violência simbólica e um caso pitoresco

Feita a advertência preliminar, vamos abordar primeiramente a violência pelo ângulo subjetivo que envolve o debate violência *versus* favor.

Recentemente, ao ler o pequeno artigo de Chico de Oliveira (2007) no livro que homenageia Roberto Schwarz, deparei-me com interessante observação a ressaltar-lhe a capacidade de (Roberto) "valorizar o trabalho dos outros (...) e recusar o jeitinho brasileiro de, sob o pretexto da amizade, às vezes meramente expressão corporativa sem nenhum afeto real, evitar a crítica, substituindo-a pelo compadrio" (pp. 147-149). E, logo em seguida, Chico de Oliveira sugere o ensaio "Discutindo com Alfredo Bosi" em *Sequências Brasileiras* como, talvez, o melhor exemplo, de acordo com Schwarz (1990).

Tenho uma dupla "dívida de gratidão" para com Roberto Schwarz. Entusiasmei-me, primeiramente, com a sua concepção sobre o liberalismo no Brasil e a expressão "ideias fora do lugar", hipótese exposta no capítulo inicial do livro *Ao vencedor, as batatas* de Schwarz (1990). Trouxe-a para a ciência política e para os estudos sobre pensamento político no Brasil, quando iniciei meu doutorado em Ciência Política na Faculdade de Filosofia, Ciências e Letras (FFLCH) da

262 | Dimensões da violência

Universidade de São Paulo (USP), sob a orientação do prof. dr. José Augusto Guilhon Albuquerque, em 1977.

Mais tarde, meti-me numa discussão acerca, de um lado, da propriedade de se designar "ideias fora do lugar" a certo *nonsense* quando o liberalismo é compreendido na sua relação com a escravidão (violência) no Brasil, no século XIX. De resto, debate que Roberto já vinha realizando especialmente com Maria Silvia de Carvalho Franco (1974). Também eu me interrogava se a expressão "ideias fora do lugar" não "carregava nas tintas", exagerando o aspecto postiço e de *nonsense* em detrimento dos reais efeitos que o liberalismo produzia maximizando a exploração, inclusive quando combinado com a escravidão (Filho G. C., 1978, 1980, 1982, 1988, 1989, 1993). Mas, no geral, aceitava a hipótese de Roberto Schwarz.

De outro lado, eu desejava discutir o quanto o favor e a ideologia que lhe são correlatos (ideologia do favor), realizando os efeitos de subordinação política próprios do compadrio e da conciliação, podem e devem ser pensados também como "dádiva de camaradagem"[3], e, nesse caso, desvinculando-se do favor como reificação do poder e controle cravados no "amor do censor".

Procurei avançar sobre uma compreensão mais flexível do quanto as ideias liberais estavam "fora e no lugar" apropriado (os interesses das oligarquias agrárias). Assim, discuti com a professora Gizlene Neder, que preparava sua dissertação de mestrado no Instituto Universitário de Pesquisas do Rio de Janeiro (IUPERJ, 1979), sobre o pensamento político de Joaquim Nabuco com relação à utilização da expressão (des)ajuste para o liberalismo de Nabuco, na virada do século XIX/XX, para uma dialética entre o impróprio/próprio; postiço/adequado; desajustado/ajustado do liberalismo no Brasil com relação aos interesses de classe e grupos sociais específicos.

Desde então a professora avançou muito, seja pesquisando a simultaneidade da impropriedade/propriedade do liberalismo no Brasil, seja quando estuda o iluminismo jurídico-penal luso-brasileiro e o associa ao tomismo vigente (ideias de Santo Tomás de Aquino). Tais questões são cruciais não apenas para o tratamento da questão da violência na sociedade brasileira mas também para a pregnância da lei tanto no sentido jurídico quanto subjetivo (constituição da figura paterna).

Nessa obra, e já desbordando do favor propriamente dito, Gizlene Neder enfatiza o absolutismo ilustrado pombalino que clama por obediência e submissão (*perinde ac cadáver*[4]). A pedra de toque desse mágico projeto é a influência da

---

[3] A expressão "dádiva de camaradagem" é utilizada por Mário de Andrade em carta à cantora Rosetta de Souza Cresta, mãe de Isolda Cresta, datada de 2 de agosto de 1926 e cuja divulgação, pela primeira vez, foi feita por Carlos Drummond de Andrade na sua tradicional coluna do *Jornal do Brasil*.

[4] Obediente como um cadáver.

Universidade de Coimbra (e de sua reforma) na formação jurídica brasileira. Aí, malgrado a expulsão dos padres da Companhia de Jesus no período pombalino, o jesuitismo católico romano fornece régua e compasso para a vida e para a morte exigindo submissão absoluta (*magister dixit*). A autora observa ser o chamado "método sintético e compendário" um dos mais caros expedientes ao processo pedagógico.

Um pouco mais tarde Gizlene Neder (2007) seguirá investigando a influência do catolicismo romano, já agora no Projeto de Código Civil, encomendado pelo imperador Pedro II ao jurisconsulto Teixeira de Freitas e comentado pelo jurista português Visconde de Seabra. Também coordenará um amplo projeto de pesquisa sobre as querelas que o Código Civil Brasileiro, afinal promulgado em 1916, produziu especialmente no que concerne aos debates sobre o casamento como contrato (Código napoleônico) e o casamento como sacramento (Código canônico e novamente a influência do catolicismo romano).

Nesse ponto é que gostaria de comentar um aspecto convergente com o pensamento de Roberto Schwarz em relação a Alfredo Bosi, como sabemos um escritor e pesquisador católico romano.

Mas antes quero relatar o episódio, por pitoresco, que vivi com Roberto Schwarz quando do meu exame de qualificação do doutorado, ocorrido na USP em 29 de junho de 1978 perante a comissão examinadora formada pelos professores doutores José Augusto Guilhon de Albuquerque, Ruth Cardoso e Eunice Durhan.

Já havia feito uma exposição sucinta do plano de trabalho que esperava desenvolver no doutorado, inclusive sobre a formulação das hipóteses; uma delas relativa ao pensamento de Roberto Schwarz e sobre a questão das "ideias liberais fora do lugar". Defendia o meu ponto de vista de que o liberalismo no Brasil estava e não estava no lugar; refletia, sim, interesses específicos, mas também produzia um efeito postiço curioso de *nonsense*. Precisamente nesse momento entra na sala de defesa do exame, no *campus* da USP, alguém um pouco mais velho do que eu, com uma capa de chuva, como um sobretudo, dessas que vai dos ombros ao rés dos pés, de cor bege . Detalhe: fazia sol. Tomei-o por um curioso qualquer, um estudante de pós-graduação interessado no tema ou naquele exame de qualificação. Ou ainda, quem sabe, um orientando de um dos examinadores. Os presentes totalizavam umas dez pessoas.

Mal ficara sentado uns quinze minutos o novo participante já estava falando e justamente sobre a hipótese do pensamento de Roberto Schwarz. Ele dizia não estar plenamente de acordo com o meu raciocínio de que Roberto não contemplasse os interesses específicos de classes e grupos sociais. Recordo-me ter dito que considerava uma "pimentinha" o tal caráter de *nonsense* do liberalismo no Brasil. Houve breve e respeitosa altercação e como ninguém mais participara do debate segui adiante. Terminados os trabalhos, o meu orientador perguntou-me

264 | Dimensões da violência

se eu sabia quem era a pessoa da capa que entrara atrasado e ainda acabara formulando questões e indagações. À minha resposta negativa, Guilhon Albuquerque me disse que se tratava do próprio Roberto Schwarz em pessoa.

Soube depois que ele havia recém-chegado da França e entrara por acaso na sala onde se realizava o exame, cujo anúncio estava num quadro de avisos. Desculpei-me, então, com ele, pois não o conhecia pessoalmente e, sobretudo, agradeci o fato de não ter se identificado na hora do exame, mas somente ao seu término. Caso contrário, eu provavelmente teria ficado muito nervoso e certamente constrangido. Verificava ali, *in locu*, o acerto da assertiva de Chico de Oliveira ao dizer que Roberto era de "valorizar o trabalho dos outros".

Entretanto, por pitoresco, o episódio não se encerrava aí. Mais de vinte anos depois, leio o depoimento de Zulmira Ribeiro Tavares, que, apresentada a Roberto por Gita e Jacó Guinsburg em 1964 ou 1965, diz ter seguido os cursos de filosofia que lá ocorriam ministrados por Anatol Rosenfeld. Diz ainda ter a recordação vaga de encontrar Roberto Schwarz em vários lugares da cidade de São Paulo, mas a lembrança precisa é a de vê-lo na Casa de Goethe ou no Cine Majestic. Pois um dia não mais o encontrava em lugar nenhum. Assim Zulmira narra como soubera da sua partida para a França:

> ... Anatol Rosenfeld trouxe-me a notícia esclarecedora. Àquela hora Roberto já se encontrava em Paris, tendo atravessado conhecida fronteira para sair do Brasil. Houve um complemento à informação transmitida com gravidade mas sem exclusão de certo tom conspiratório e algum humor. Pois na ocasião da partida havia ocorrido uma troca de sobretudos entre os dois amigos. Por certo, o de Anatol estaria mais de acordo com o clima europeu. Contudo, talvez o que ficara consigo fosse de melhor qualidade, ou mais a seu gosto. Para quem aprecia aventuras, ou gosta de reinventar o passado com tinturas amenas, pode-se ainda aventar a hipótese que o motivo fora a cor. Ele teria atravessado a fronteira a pé confundindo-se com as sombras da noite graças ao novo sobretudo.

Desde então Zulmira não veria mais Roberto, embora acompanhasse seus escritos, como eu também acompanhava. Zulmira narra ainda que quando escrevia o ensaio para o livro de Maria Elisa Cavasco e Milton Ohata *Um crítico na periferia do capitalismo: reflexões sobre a obra de Roberto Schwarz* (2007), ele leu o artigo de sua autoria "Com Roberto Schwarz depois do Telejornal". Aproveitou então para perguntar acerca "... do episódio dos sobretudos trocados, se estava correto. Respondeu-me que não se tratava de sobretudos, e sim de capas de chuva. A troca ocorrera porque a de Anatol seria mais dobrável ...".

Se Zulmira prefere deixar que permaneçam os sobretudos para, como diz, "fixar o modo como as primeiras impressões do seu trabalho, atuação e amizade" chegaram até ela; eu, pelas mesmas razões, prefiro que permaneçam as capas de chuva e gosto de imaginar se não teria sido "aquela" a capa de chuva do dia do meu exame de qualificação.

Voltemos agora à instigante análise que Roberto Schwarz faz do livro de Alfredo Bosi e aos pontos de convergência que eu próprio assinalava na página 4 do presente texto. Roberto observa algo que eu e Gizlene Neder temos chamado atenção nas nossas mais recentes pesquisas sobre o tomismo e sua influência na história da formação social brasileira, sempre sobre um fundo de autoritarismo e violência.

Discutindo com Alfredo Bosi, e distanciando-se de qualquer mesura que o favor pudesse comportar, dando razão assim a Chico de Oliveira, Roberto Schwarz observa que Bosi "não é católico para uso apenas particular, mas também nas concepções e na escrita, o que traz uma nota inesperada ao debate". Há aqui uma sutil observação sobre a possibilidade de um tema sociológico ser tratado por um viés religioso (e, às vezes, fundamentalista) que o marque de forma indelével. E não foi o que aconteceu com Augusto Teixeira de Freitas, que preferiu ceder à loucura ao direito canônico, no que concerne ao casamento como sacramento? Não se colocou o eminente jurista contra a ruptura do vínculo do casamento civil (o divórcio), mesmo para os representantes estrangeiros no Brasil e acatólicos, conforme recomendava Nabuco de Araújo no Parlamento imperial?

Roberto Schwarz chama atenção para o fato de que hoje o debate é habitualmente agnóstico. Eu diria parece ser. E ele acrescenta: "se não me engano, o incômodo é semelhante àquele causado por declarações públicas de ateísmo"; indagando a seguir: "por que não guardar para si as convicções sobre assuntos tão privados?".

Essa observação é realizada com *esprit de finesse*, mas sem concessão ao favor e ao compadrio. Ainda mais quando sabemos do notável impacto das ideias religiosas vinculadas ao tomismo, seja combatendo a escola de horário integral (Anísio Teixeira, Darcy Ribeiro, Leonel Brizola), seja tomando posição contra a descriminalização do aborto, a defesa da união civil entre pessoas do mesmo sexo, a pesquisa com células-tronco, para citar alguns exemplos.

No pensamento católico romano no Brasil, o "jansenismo" e o jesuitismo (tomista) são denominações para as ideologias que animam e sustentam o debate sobre as políticas de educação e as reformas desde os tempos de Anísio Teixeira, para não recuarmos muito além do século XX.

O debate rigorismo (jansenismo) *versus* laxismo (os inacianos) avança da confissão sacramental para a penitência e absolvição, requisitos prévios para a comunhão; daí para o meio jurídico-político especialmente português, e, sobretudo, a partir do Marquês de Pombal. A expressão ainda hoje recorrente no foro, nos tribunais, nos julgamentos, utilizada como moeda corrente por advogados, juristas, juízes, sugere o que pode acontecer se escaparmos do jansenismo pascalino e avançarmos na flexibilização sugerida pelos formidáveis agentes da

266 | Dimensões da violência

globalização da fé, os seguidores de Inácio de Loyola. Laxismo, laxante, laxo, descontrole, descontrole dos intestinos, "a merda que vem por aí". Se nos afastarmos dos princípios que regem a educação fundamental de que o "direito de educar é exclusivo da família", como sustentava Étinenne Pascal, chegando a impedir que o filho dele, Blaise Pascal, frequentasse a escola. Desse ponto de vista, e já passados duzentos anos, a escola pública de horário integral e laica será ainda vista como uma aberração que deve ser barrada na França.

Há que se ressaltar ainda sobre a escola pública e de qualidade, mas de massa, certa omissão relativa à identificação da ideologia jansenista e pessimista da predestinação, de natureza teológica agostiniana, que tanto marcou Portugal, na raiz do freio e do travo das lutas e novas conquistas do povo brasileiro (Filho & Neder, 2006).

A crítica de Roberto, todavia, não exclui as contribuições positivas de Alfredo Bosi, "para quem o obscurantista-mor são as nossas elites, as cultas inclusive, devendo ser saudado como verdadeiro acontecimento"[5] e ressalta as conclusões de Bosi, vindas pela *esquerda* do pensamento católico (isso porque recorre à análise metodológica *marxiana*), na crítica à colonização predatória das elites.

Nesse contexto a resistência viria das lutas realizadas pelos setores populares, reservando-se especial lugar "para o encontro produtivo, e, sobretudo não destrutivo, entre as esferas iletrada e letrada, de modo que a identidade popular não se apague ao assimilar a outra".

Se o inverso não chega a ser recomendado claramente, as razões lá estão: "a devoção comunitária e a intimidade animista com a natureza, próprias à cultura popular, poderiam infundir humanidade ao individualismo e ao racionalismo falso da nossa elite ilustrada".

A conclusão mais geral está posta:

> O sentido comunitário, a confiança na providência divina e o materialismo animista que acompanham a arte e o cotidiano do povo não seriam *resíduos*, nem *regressões*, como quer a Ilustração antipopular, mas respostas profundas à falsa racionalidade moderna. Embora gerada em condições de opressão e segregação colonial, essa cultura estaria se contrapondo à nossa república de mentira, também ela segregadora ... Sem dúvida, a posição impressiona pelo desejo de uma sociedade sem as taras da nossa, o que não exclui a possibilidade de se tratar de um preconceito invertido. (Schwarz, 1990).

---

[5] Um grande destaque é dado por Roberto à analise de Alfredo Bosi sobre a poesia sacra de Gregório de Matos. Roberto chega a dizer que este é o ponto alto do livro, derrubando mitos e teses então assentadas.

Roberto Schwarz também está interessado em discutir com Alfredo Bosi sobre como se relacionam liberalismo e escravidão ao longo do século XIX no Brasil.

Para Bosi, trata-se de desfazer "a impressão de impasse, o travo de *nonsense* que costuma acompanhar aquela combinação, em aparência contraditória". Seria possível um liberalismo escravocrata? Nesse aspecto a posição de Bosi segue a de Maria Silvia de Carvalho Franco. Embora nascido na Europa, o liberalismo ajusta-se aos interesses, inclusive escravocratas das oligarquias agrárias, não podendo ser classificado como postiço, excêntrico ou fora do lugar. Para Roberto, Bosi utiliza a noção de filtragem para, de um lado, desclassificar o lugar de origem das ideias, e, de outro, incorporar pelo dispositivo do "filtro" e a ação da "filtragem" o ajustamento das mesmas ideias. Nem sequer admite a hipótese de ajuste/desajuste dialético do liberalismo com relação aos interesses analisados em "contextos específicos". Devidamente coado pelo filtro dos interesses das classes dominantes, e, diga-se, interesses execráveis - com o que estamos de acordo – dissipa-se o desconcerto e *nonsense* que acompanham a associação do liberalismo com a escravidão, com o que estamos em desacordo.

Roberto Schwarz julga improcedente o descarte do sentimento de despropósito que perpassa uma associação tão contraditória quanto iníqua: liberalismo e escravidão. A excentricidade não é uma invencionice, mas uma marca fenomênica cuja explicação há de ser histórica. Em favor da argumentação, podemos dizer que o mote "ideias fora do lugar" deve funcionar mais como uma metáfora, pois embora tais ou quais ideias possam sempre nascer aqui ou ali, uma vez nascidas, já não têm mais lugar territorial. Se as ideias podem ter um "atestado de nascimento", certamente não têm um lugar físico permanente de desenvolvimento ou de "vida ideológica" propriamente dita.

Como demonstração de prova da funcionalidade escravista do liberalismo, porém a serviço de certa feição desconjuntada, Roberto Schwarz exemplifica com as simpatias britânicas de Bernardo Pereira de Vasconcelos que, se não "impedem de promover o tráfico negreiro (o aspecto funcional do liberalismo), por outro fazem que ele pareça monstruoso a um bom inglês, como o reverendo Walsh" (Schwarz, 1990, p. 82-83). Apesar de adaptado, o liberalismo e demais instituições modernas não deixavam de ter uma conotação absurda num país onde prevalecia a escravidão.

O historiador Carlo Ginzburg nos oferece um exemplo bem interessante quando aborda o liberalismo de Voltaire numa perspectiva inusitada, funcional e realista, mas que não deixa de produzir um efeito de *nonsense* no ensaio ironicamente intitulado "Tolerância e Comércio: Auerbach lê Voltaire" (Ginzburg, 2007). Isto por volta de 1756, quando Voltaire trabalhava no *"Essai sur les moeurs"* e no *"Poème sur le desastre de Lisbonne"*, descreve:

Contavam-se, em 1757, na São Domingos francesa, cerca de 30 mil pessoas e 100 mil escravos negros ou mulatos, trabalhando nas usinas de açúcar, nas plantações de índigo, de cacau, que abreviam a sua vida para satisfazer aos nossos novos apetites, atendendo a nossas novas necessidades, que nossos pais não conheciam. Vamos comprar esses negros na Costa da Guiné, na Costa do Ouro, na Costa do Marfim. Há trinta anos conseguia-se um bom negro por cinquenta libras; é mais ou menos mais barato que um boi gordo ... Nós lhes dizemos que eles são homens como nós, que são redimidos pelo sangue de um Deus morto por eles, e os fazemos trabalhar como animais: eles são alimentados; se tentam fugir, cortam-lhes a perna e os mandam girar no braço a roda de um moinho de cana, depois de lhe porem uma perna de pau. E ante isso ousamos falar do direito das gentes! Esse comércio não enriquece um país; ao contrário, faz perecer homens, causa naufrágios; não é, sem dúvida, um verdadeiro bem; mas como os homens criaram para si novas necessidades, ele evita que a França compre caro do estrangeiro um supérfluo que se tornou necessário. (1979, p. 112-139)

Assim, ficam aqui expostas algumas convergências e divergências sobre o favor e recuperado um pitoresco fragmento de lembrança. A questão é pensar o quanto o mundo das ideias é capaz de expressar o desejo (de poder e submissão) e quanto o paternalismo relaciona-se com a violência na sociedade brasileira.

Tropo, trópico e trampa

Vista por outro ângulo particular e subjetivada a partir do ponto de vista do exotismo, condicionado ainda hoje muito frequentemente pelo lugar geográfico, a questão da violência tem sido lida, por muitos, como particularidade dos trópicos.

O tropo "trópico" me evoca a letra da música de Jorge Benjor intitulada "País tropical", "... abençoado por Deus e bonito por natureza ... Que beleza ...". Por outro lado, evoca um quê de tristeza, melancolia e passividade inscrito, por exemplo, no título-síntese da obra de Lévi-Strauss, "Tristes Trópicos".

Benjor canta o Brasil tropical que se diverte na magia do carnaval, do futebol, da mulher e da música ("fevereiro, tem carnaval ... sou flamengo e minha nega continua deliciante ... tenho uma guitarra cantante"). A simpatia ("natural") dos brasileiros, o poder e o algo mais estariam vinculados ao "patropi Brasil" e configurariam uma tópica particularíssima referida à cultura política brasileira; que, por sua vez, garantiria a simpatia do Outro, num permanente ciclo virtuoso.

De um lado, a ideologia corrente e hegemônica apaga, através da conciliação e integração pela música, pelo futebol e sexo, enfim pela inscrição na "cultura do trópico", a possibilidade de sofrimento efetivo que o conflito enseja.

Entretanto, na discussão sobre violência, os tropos "violência" e "poder" (vanglória de mandar, absolutismo afetivo) fazem retornar o que a conciliação e a integração de classes reprimiam: o conflito e o sofrimento, sobretudo o sofrimento psíquico.

Vou, portanto, abordar o sofrimento inscrito na realidade sociocultural brasileira no retorno do reprimido explícito sempre e quando o conflito vem e quer falar e significar. Mas vou também abordar o drible (im)possível no conflito e no sofrimento, inscrito na realidade sociocultural brasileira: é o que indica a palavra trampa. "Trampa", tropo que, originalmente, quer dizer armadilha, trapaça, artifício ou ardil enganoso e doloso, que, no caso, visa precisamente eludir, ocultar, recalcar o sofrimento que o conflito social implica. "Trampa" também tem uma conotação de "resto", daquilo que pouco se aproveita, de excremento, de ninharia, insignificância. Trampa é, pois, um tropo que ao mesmo tempo pretende eludir, mas acaba por aludir ao que quer esconder e desconhecer. O tropo "trampa" não poderia ser considerado um novo nome para o "favor"? Para a "ideologia do favor"?

O conflito forte na raiz da formação social brasileira não é novidade; ao contrário, a violência inscreve-se no "projeto civilizatório e moderno" da colonização ibérica (portuguesa, mas também hispânica), especialmente no estatuto da escravidão.

Sem passado inscrito na memória histórica, o Brasil constituiu-se por suas relações internacionais, no primeiro país em escala planetária (Filho, 1991). O projeto colonial de ocupação envolveu formidáveis recursos econômicos: tecnologia mediterrânea de refinamento do açúcar (Veneza e Chipre), capitais dos Países Baixos (Holanda), para não falar na formidável aliança de classes e grupos sociais (a deteriorada classe senhorial portuguesa, a nascente burguesia comercial, e o estamento do clero). O colonizador é aquele que veio impor a sua língua a uma nova terra, mas de forma totalmente arbitrária do ponto de vista do colonizado. Explorar a terra não é apenas conhecê-la, mas também arrancar brutalmente seus recursos numa perspectiva de gozo extremo. Certamente que o idioma do colonizador (o português) é a língua materna, mas ela será aqui entendida de forma toda peculiar, porque centrada na perspectiva psicanalítica (Filho, 1990).

Para a psicopatologia fundamental e em especial para a psicanálise,

> ... a língua materna não é propriamente a língua que a mãe falou para a sua criança, nem a língua na qual cada um aprendeu a falar. Ela é a língua na qual cada um imaginaria o corpo materno como impossível. Deste ponto de vista, não é uma língua natural e ainda menos nacional; trata-se de uma língua singular; talvez babélica: a língua inconsciente na qual cada um institui a dimensão simbólica de um pai, que o aceite numa afiliação à condição de interditar algo que possa ser o corpo materno. (Calligaris, 1990, p. 16)

Ela é, para cada ser humano, a língua da estrutura simbólica fundamental que o faz subjetividade, e ao mesmo tempo a língua do gozo perdido por ser subjetividade. Se não fosse a coincidência pela qual a língua que interdita é a mesma que permite sonhar com o que foi interditado, poderia ser denominada de língua materna, porque referida ao Nome do Pai (Filho, 1990). "Embora, a língua materna, nesse sentido psicanalítico não seja a mesma coisa que a língua nacional; aquela se confunde com esta por razões socioculturais" (Calligaris, 1990, p. 17).

A imposição da língua materna por parte do colonizador a uma nova terra (Brasil) pode então ser compreendida como

> ... a demonstração da potência paterna (a língua do pai saberá fazer gozar um outro corpo do que o corpo materno) exercendo-se longe do Pai. Pois talvez o pai interdite só o corpo da mãe-pátria (metrópole), e aqui, longe dele, a sua potência herdada e exportada abre acesso a um corpo que ele não proibiu. (p. 17-18)

Sem limites, o explorador maneja a terra como,

> ... se pode sacudir o corpo de uma mulher possuída gritando: Goza Brasil!, e esperando o seu próprio gozo do momento no qual a mulher esgotada se apagará em suas mãos, prova definitiva, suprema, da potência do estuprador. (p. 18)

Nesse sentido, o aviltamento e exploração sem limites terão por horizonte o corpo submetido e submisso do escravo, encarnação máxima da violência. Nesse sentido, a escravidão foi um recurso da colonização predatória que se impôs em função do monopólio do exclusivismo colonial e comercial português.

Formação social marcada pela exploração de caráter colonial e escravista, o Brasil é sintoma de uma tragédia inscrita na nossa memória. Brasil, significante nacional que implica uma decepção irrecorrível. Queremos um significante nacional que possibilite a nossa filiação?

> Eis o Brasil e seremos brasileiros; o que pelo menos até o século XIX, como sabemos, não designa filiação nenhuma, mas é o nome comum de quem trabalha, explorado, na exploração do pau-brasil. Entende-se que a tragédia inscreva no discurso brasileiro um cinismo radical relativamente à autoridade. Uma espécie de impossibilidade de levar a sério as instâncias simbólicas, como se inevitavelmente e sempre elas fossem a maquiagem de uma violência que promete a escravatura dos corpos. (Calligaris, 1990, p. 30)

Podemos então falar que "Brasil" é um tropo que traduz-se em *pathos* de sofrimento e dor; em última instância, de exploração e violência. Na América Latina como um todo, um dos primeiros relatos de testemunho, datado de 1552 e dos mais contundentes, das atrocidades genocidas realizadas pelos europeus (em especial os conquistadores espanhóis) foi o de Frei Bartolomé de Las Casas (1984). Todavia, o Brasil lusitano nada fica a dever ao sofrimento imposto à América espanhola, ambos os projetos nos trópicos.

A nossa hipótese é que o tropo "Brasil" se inscreve simbolicamente num mais-gozar que se articula com um sentimento de mando e de poder absolutista, que podemos denominar de "autoritarismo afetivo". Esse sentimento ou essa postura afetuosa diante do poder absolutista sobre o Outro (vanglória de mandar) articula, por um lado, a exigência contínua por obediência e submissão; por outro lado, tem certa tradutibilidade na posse do corpo do escravo, enquanto perdura a escravidão. Para não falar nas permanências de longa duração para além da abolição da escravidão em maio de 1888.

Por sua vez, tal vanglória de mandar se expressa num conjunto de tropos que compõe uma rede simbólica na linguagem popular. A saber: "mandachuva", "potestade", "supremo", "ter o rei na barriga", "potentado" e muitos outros. A vanglória de mandar se desdobra no "amor do censor" e numa exigência de obediência irrestrita (*perinde ac cadáver*).

Sofrer no Brasil tropical implica, pois, um exercício do poder de mando e nas exigências de que vem acompanhado, mas não só. Aquele que se submete ao poder absolutista se inscreve num círculo perverso de amor ao censor no qual sadismo e masoquismo se complementam.

Interessante é observar que se o sofrimento no trópico (Brasil) aspira ao sintoma inscrito no tropo correspondente ao desejo de tudo poder, tudo saber, tudo querer; se no mundo burguês o sujeito correspondia à ideia de

> ... emancipação racional pela expansão reflexiva, aqui (no Brasil) ele (o sujeito) estava fundado em um princípio imaginário de onipotência, cujo resultado é uma impotência crônica que, sem abrir mão de um núcleo interessado e vazio, da razão, apenas reproduzia a ordem social que garantia o seu predomínio radical. (Ab'Saber, 2007, p. 274)

Essa condição geral que visa à onipotência acaba por tornar o outro um "objeto absoluto" (p. 274). Aqui o sujeito (perverso) funciona na lógica da ignorância simbólica da lei, que Lacan evocou "como o regime (perverso) do sujeito diante da lei simbólica: "sei que ela existe, mas para mim ela não vale" (Ab'Saber, 2007, p. 276). Machado de Assis intuiu e trabalhou precisamente isso, sobretudo a partir de *Memórias Póstumas de Brás Cubas*, segundo Roberto Schwarz nas suas já citadas obras.

272 | Dimensões da violência

Na circunstância, o que vem fazer a trampa, nesse cenário? Aqui a nossa opinião é de que a trampa visa ao contorno do tropo capaz de apontar para uma tópica do conflito e "da política como arte"; visando ainda ao contorno (desconhecimento) do sofrimento pela negação do conflito e afirmação da "ideologia da conciliação".

Tal trampa tem nome; ela bem poderia corresponder à ideologia da conciliação que preferimos nomear de "ideologia de favor", na perspectiva com a qual trabalha Schwarz (1977). E funcionaria como uma tela (armadilha) que, ao mesmo tempo, acolhe e integra na sua rede, mas também reedita o padrão de obediência e submissão somado ao forte sistema de hierarquia e desigualdade social.

Posso dizer resumidamente que a presença muito acentuada das práticas de favor integradas a uma constelação de instituições servis e semiservis (Ibero-América) aliada à forte diferenciação cultural imposta pela origem indígena e/ou africana de uma parcela ponderável da população (Brasil) traduziu-se no bloqueio da concepção ideológica de uma "sociedade de indivíduos" apoiada na tradição do pensamento burguês. Louis Dumont (1967), ao recusar as categorias de "moderno" e "indivíduo" para uma sociedade tradicional, como a Índia, propõe uma clivagem de natureza antropológica utilizando-se das noções de "Ocidente" e "Oriente", muito mais como significantes metafóricos do que áreas geográficas. E recorde-se: não é ocioso "afirmar a pertinência dos processos metafóricos e metonímicos na teia que tece o discurso científico mais autêntico como em toda ideologia" (Albuquerque, 1980).

Dumont sugere que se rastreie a gênese do conceito moderno de indivíduo em relação às concepções da política e do Estado a partir do século XIII. Recorda com Max Weber, cuja reflexão também se inscreve na disjuntiva "Ocidente/Oriente", o fato de que expressões como "individualismo", "atomismo", "secularismo" sirvam tão somente para tipificar a sociedade moderna em relação à sociedade tradicional. De um lado, os conceitos de "indivíduo", "liberdade", "igualdade", "cidadania", "autonomia", "independência", caracterizando o Ocidente. De outro, os conceitos de "parentesco", "dependência", "interdependência", "clientelismo", "favor", "hierarquia", caracterizando o contexto ideológico do Oriente. Assim, o ser moral, independente, autônomo e (essencialmente) não social, como o conhecemos na atualidade, é particularidade da ideologia moderna do homem e da sociedade.

Nos muitos estudos realizados sobre Machado de Assis, renomado mestre na periferia do capitalismo e cada vez mais reconhecido internacionalmente, Roberto Schwarz refere-se a uma sociedade

> ... cindida tresloucada em contradições reais, mas plenamente instalada e satisfeita, do ponto de vista do senhorio, é claro, não teria a ideia nem a força de produzir um "Kant do favor", um normatizador das condições de

possibilidades da operação social contra, mas também, ao contrário, articulada com a norma liberal do tempo. (Ab'Saber, 2007, p. 19)

Desse modo, quero chamar atenção para a hipótese do sofrimento inscrita nos tropos linguísticos que signifiquem aspiração completa ao poder absoluto (absolutismo afetivo), vanglória de mandar (vã glória de mandar), perfeccionismo e idealização (aspiração à completude). Ressaltamos, todavia, que tais sentimentos são vividos como "ideologia afetiva", pois o sentimento é político e inscreve-se num mar de trampas e armadilhas gozosas que realizam uma espécie de desconhecimento e resistência ao mais-gozar inscritos na ideologia da conciliação e integração.

Referências bibliográficas

Ab'Saber, T. A. M. (2007). Dois Mestres: crítica e psicanálise em Machado de Assis e Roberto Schwarz. In M. E. Cavasco & Ohata, M. (Orgs.). *Um crítico na periferia do capitalismo: reflexões sobre a obra de Roberto Schwarz* (p. 274). São Paulo: Companhia das Letras.

Albuquerque, J. A. G. (1980). *Metáforas do poder.* Rio de Janeiro: Achiamé/Socii.

Calligaris, C. (1990). *Hello Brazil!* São Paulo: Escuta.

Dumont, L. (1967). *Homo hierarquicus.* Paris: Galimard.

Ferraz, R. M. G. (1990). Projeto de pesquisa sobre pensamento político latino-americano. Rio de janeiro: Mimeo.

Filho, G. C. (1980). *A questão social no Brasil: análise do discurso político.* (Tese de Doutorado – USP, 1980). Rio de Janeiro.

Filho, G. C. (1978). Conciliação e violência na história do Brasil: uma interpretação dos aspectos ideológicos da literatura didática do 1º grau (coautoria com Neder, Gizlene.). In *Encontros com a Civilização Brasileira.* Rio de Janeiro: Editora Civilização Brasileira.

Filho, G. C. (1979). *Reflexões em torno de uma Teoria do Discurso Político.* Rio de Janeiro: Edições Achiamé.

Filho, G. C. (1988). *Análise social da ideologia.* São Paulo: E.P.U.

Filho, G. C. (1990, jan./mar.). O nome do oai pronunciado pela mãe. In *Revista PUC-CIÊNCIA, 3.*

Filho, G. C. (1993). *A ideologia do favor e a ignorância simbólica da lei.* Rio de Janeiro: Imprensa Oficial.

Filho, G. C. & Neder, G. (1983). A violência na boca do povo. *Revista Direito e Avesso, III*(3), 167-187.

Filho, G. C. (2006). Criminologia e poder político: sobre direitos, história e ideologia. Rio de Janeiro: *Lúmen Júris.*

Filho, G. C. (2007). Sinfonia inacabada: Augusto Teixeira de Freitas, a consolidação da legislação e o esboço de Código Civil para o Brasil. In G. Neder (Org.). *História e Direito* (pp. 95-109). Rio de Janeiro, Editora Revan/FAPERJ.

Franco, M. S. C. (1974). *Homens pobres livres na ordem escravocrata.* São Paulo: Ática.

Ginzburg, C. (2007). Tolerância e comércio: Auerbach lê Voltaire. In *O fio e os rastros: verdadeiro, falso, fictício* (pp. 112-139). São Paulo: Companhia das Letras.

Las Casas, F. B. (1984). *Brevísima relação da destruição das Índias Ocidentais (1552)*. Porto Alegre: LPM Editora.

Lima, L. G. de S. (1991). Reinterpretação do sistema internacional: uma perspectiva crítica a partir da periferia moderna. Rio de Janeiro: Mimeo.

Marx, K. (1984) *O Capital*: crítica da economia política. Livro Primeiro. Tomo II. São Paulo, Abril Cultural, 1984, pp. 261-30

Melman, C. (1990). *Le langage e l'insconscien*. Paris: Ass. Freudienne.

Neder, G. (1995). *Discurso jurídico e ordem burguesa no Brasil*. Porto Alegre: Sergio Fabris Editor.

Neder, G. (2000). *Iluminismo jurídico-penal luso-brasileiro: obediência e submissão*. Rio Janeiro: Freitas Bastos Editora/Instituto Carioca de Criminologia.

Neder, G. & Filho, G. C. (2007). *Idéias jurídicas e autoridade na família*. Rio de Janeiro: Editora Revan.

Oliveira, F. de. (2007). Um crítico na periferia do capitalismo. In: M. E. Cavasco & M. E. Ohata (Orgs.). *Um crítico na periferia do capitalismo: reflexões sobre a obra de Roberto Schwarz* (pp. 147-149). São Paulo: Companhia das Letras.

Schwarz, R. (1977). *Ao vencedor: as batatas*. São Paulo: Editora Duas Cidades.

Schwarz, R. (1990). Discutindo com Alfredo Bosi. In *Sequências brasileiras* (pp. 61-86). São Paulo: Companhia das Letras.

Schwarz, R. (1990). *Machado de Assis: um mestre na periferia do capitalismo*. São Paulo: Editora Duas Cidades.

Schwarz, R. (1992). *Dialética da colonização, de Alfredo Bosi*. São Paulo: Companhia das Letras.

Tavares, Z. R. (2007). Com Roberto Schwarz depois do Telejornal. In M. E. Cavasco & M. Ohata (Orgs.). *Um crítico na periferia do capitalismo*. São Paulo: Companhia das Letras.

Sobre os autores

Alex Simon Lodetti

Psicólogo. Mestre em Psicologia pelo Programa de Pós-graduação em Psicologia da Universidade Federal de Santa Catarina (UFSC). Experiência na área de Gênero e Feminismos, atuando nos temas: violência, paternidade, adolescência, cuidados, masculinidades e mídia.
E-mail: alex.lodetti@gmail.com

Ana Maria de Toledo P. Rudge

Psicanalista. Professora no curso de Psicologia da Pontifícia Universidade Católica do Rio de Janeiro (PUC-Rio). Membro psicanalista da Sociedade de Psicanálise Iracy Doyle. Doutorado em Psicologia Clínica pela PUC-Rio. Bolsista do CNPq. Membro da Associação Universitária de Pesquisa em Psicopatologia Fundamental.
E-mail: arudge@puc-rio.br

Christophe Dejours

Psiquiatra e psicanalista. Professor titular da cadeira *Psychanalyse, santé, travail* do *Conservatoire National des Arts et Métiers* (CNAM), diretor do *Laboratoire de Psychologie du Travail et de l'Action*, diretor da revista *Travailler*. Criador da *Psicodinâmica do Trabalho*. Autor de *A loucura do trabalho* (Cortez), *A banalização da injustiça social* (FGV) e *O fator humano* (FGV); coautor de *Psicodinâmica do trabalho* (Atlas), além de numerosos artigos, capítulos de livros e entrevistas em periódicos científicos.
E-mail: christophe.dejours@cnam.fr

Edwige Rude-Antoine

Doutora em Direito, jurista, socióloga e psicanalista. Diretora do *Centre de Recherche Sens, Ethique, Société/CNRS/Université Paris-Descartes* (CERSES). Membro responsável do convênio de cooperação internacional Dependências, vulnerabilidade e fragilidade social, envolvendo o CNRS/CERSES, a PUC-Minas e a Universidade Federal de Minas Gerais (UFMG). Autora de diversos artigos e trabalhos no Brasil e no exterior.
E-mail: edwige.rude-antoine@parisdescartes.fr

Denise Teles Freire Campos

Psicóloga e psicanalista. Doutora em Psicopatologia pela *Université de Provence*, França. Professora no Departamento de Psicologia na Universidade Católica de Goiás (UCG). Experiência na área de psicologia, com ênfase em psicanálise e psicopatologia.
E-mail: phd2001@terra.com.br

Gérard Rabinovitch

Pesquisador do *Centre de Recherche Sens, Éthique et Société* (CERSES/CNRS), da *Université Paris-Descartes*. Pesquisador do *Centre de Recherches Psychanalyse et Médecine*, da *Université Paris-Diderot*. Sob o título *Behemoth, a ética democrática e o espírito do crime*, realiza pesquisas sobre o tema da violência no mundo contemporâneo. Autor de *Schoah: Sepultos nas Nuvens* (Perspectiva), além de diversos artigos em periódicos científicos.
E-mail: gerard.rabinovitch@orange.fr

Francisco Martins

Psicólogo clínico, psiquiatra e psicanalista. Professor titular no Departamento de Psicologia na Universidade de Brasília (UNB). Pós-doutorado na Kent University. pós-doutorado na Universidade de Louvain. Autor de *Psicopathologia I e II* (Editora PUCMinas); *O complexo de Édipo* (Edunb); *Footanálise* (Editora Universa); *O Aparentar, o dever, o pensar e o devenir* (Edunb).
E-mail: fmartins@unb.br

Gisálio Cerqueira Filho

Professor associado no Instituto de Ciências Humanas e Filosofia da Universidade Federal Fluminense (UFF). Pós-doutorado na Biblioteca Nacional de Lisboa. Professor de Sociologia (aposentado) da Universidade Cândido Mendes (UCAM). Membro da Associação Universitária de Pesquisa em Psicopatologia Fundamental e do *Research Committee on Sociology of Law*. Editor de *PASSAGENS*, Revista Internacional de História Política e Cultura Jurídica.
E-mail: gisalio@superig.com.br

Jacqueline Barus-Michel

Doutora em Psicologia Social Clínica. Professora emérita do *Laboratoire de Changement Social, Université Paris 7*. Autora de dezenas de artigos em periódicos e capítulos de livros, no Brasil. Autora de *O sujeito social* (Editora PUCMinas)

e co-organizadora do *Dicionário de psicossociologia* (Lisboa, Editora Climepsi). Cofundadora e membro do *Centre Internationale de Recherche, Formation et Intervention en Psychosociologie* (CIRFIP) e da *Nouvelle Revue de Psychosociologie*.
E-mail: j.barus@orange.fr

José Newton Garcia de Araújo

Mestre em Filosofia (UFMG), doutor em Psicologia (Université Paris-Diderot), pós-doutorado no CERSES/CNRS/Université Paris-Descartes. Professor da PUC-Minas, pesquisador do CNPq. Membro do Centre International de Recherche, *Formation et Intervention em Psychosociologie* (CIRFIP, França). Co-organizador, entre outros, dos livros *Figura paterna e ordem social* (Eds. Autêntica e PUC-Minas); *Psicossociologia - análise social e intervenção* (Autêntica); *L.E.R. - dimensões ergonômicas e psicossociais* (Health).
E-mail: jinga@uol.com.br

Luis Roberto Cardoso de Oliveira

Professor titular no curso de Antropologia da Universidade de Brasília (UNB). Doutorado em Antropologia pela Harvard University. Foi presidente da Associação Brasileira de Antropologia. Pesquisador visitante na Université de Montreal - Canadá e na Maison des Sciences de l'Homme - França. Subcoordenador do Instituto de Estudos Comparados em Administração Institucional de Conflitos (INCT-InEAC). Autor de *Droit légal et insulte morale dilemmes de la citoyenneté au Brésil, au Québec et aux États-Unis* (Les Presses de l'Université Laval); *Direito legal e insulto moral* (Relume Dumará); *Ensaios antropológicos sobre moral e ética* (Tempo Brasileiro).

Maria Juracy Filgueiras Toneli

Professora no curso de Psicologia da Universidade Federal de Santa Catarina (UFSC). Doutora em Psicologia Escolar e do Desenvolvimento Humano pela USP. Pós-doutorado em Psicologia Social pela UFMG. Pesquisadora do CNPq. Co-coordenadora do Núcleo *Margens*: modos de vida, família e relações de gênero. Organizadora de livros e autora de artigos sobre as temáticas de gênero, violência, direitos sexuais e reprodutivos, organizações familiares, masculinidades.
E-mail: juracy@cfh.ufsc.br

Maria Regina Greggio

Psicóloga. Mestre em Psicologia pela PUC-Minas. Consultora em Psicologia do Trabalho, junto a entidades sindicais. Pesquisadora na área de Psicologia do Trabalho, junto ao CEREST-MG.
E-mail: mareggio@gmail.com

Mériti de Souza

Professora no curso de Psicologia da UFSC. Psicóloga. Doutora em Psicologia Clínica pela PUC-SP. Pós-doutorado no Centro de Estudos Sociais (CES), da Universidade de Coimbra; membro da Associação Universitária de Pesquisa em Psicopatologia Fundamental. Cocoordenadora do GT da Anpepp "Processos de subjetivação, clínica ampliada e sofrimento psíquico". Autora de *A experiência da lei e a lei da experiência* (Fapesp-Revan) e co-organizadora de *Lugares, sujeitos e conhecimentos: a prática docente universitária* (Editora da UFSC).
E-mail: meritidesouza@yahoo.com

Paulo Endo

Psicanalista. Professor no Instituto de Psicologia da USP. Pós-doutorado no CEBRAP. Pesquisador do Laboratório de Psicanálise, Arte e Política (UFRGS). Expert no Centro pelo Direito e pela Justiça Internacional. Membro do Grupo Independente e Interdisciplinar de combate à tortura e à violência Institucional da SEDH. Autor de *A violência no coração da cidade: um estudo psicanalítico* (Escuta) e coautor de *Freud: ciência, arte e política*.
E-mail: pauloendo@uol.com.br

Pedro Humberto Faria Campos

Psicólogo. Professor no curso de Psicologia da Universidade Católica de Goiás (UCG). Doutorado em Psicologia Social pela *Université de Provence*, na França. Bolsista do CNPq. A linha de pesquisa envolve o estudo das estruturas e dinâmicas das Representações Sociais, bem como o estudo da mediação semiótica.
E-mail: phd2001@terra.com.br

Roberto Moraes Cruz

Psicólogo. Professor no curso de Psicologia da UFSC. Doutor em Engenharia de Produção pela UFSC. Membro da *Psychometric Society e da Sociedad Europea de Psicología del trabajo y de las Organizaciones*. Vice-diretor da Revista

Electronica de Investigación e Docencia (Reid). Diretor da coleção Trabalho Humano e da Coletânea Avaliação Psicológica da Casa do Psicológo.
E-mail: robertocruz@cfh.br

Suzana da Rosa Tolfo

Psicóloga. Professora no curso de Psicologia da UFSC e na Pós-graduação em Administração da UFSC. Doutorado em Administração na UFRGS. Subcoordenadora do Núcleo de Estudos do Trabalho e Constituição do Sujeito (UFSC). Membro do Grupo Interdisciplinar de Estudos da Inovação e do Trabalho (GINEIT/PPGA/UFRGS) e do Grupo Trabalho e Contemporaneidade da Anpepp. Pesquisa sobre transformações, sentidos e subjetividade no mundo do trabalho, assédio moral no trabalho.
E-mail: srtolfo@cfh.ufsc.br

impressão acabamento
rua 1822 n° 341
04216-000 são paulo sp
T 55 11 3385 8500
F 55 11 2063 4275
www.loyola.com.br